中学受験用

企画・編集 日能研

入試によく出る 歴史人物60人

改訂第2版

NICHINOKEN BOOKS

歴史のとびら

平成
昭和時代
大正時代
明治時代
平安時代
鎌倉時代
古墳時代
弥生時代
60
59
58
57
56
55
54
53
52
51
50
49
48
47
46
45
44
43
42
41
21
20
19
18
17
16
15
14
13
12
11
2
1

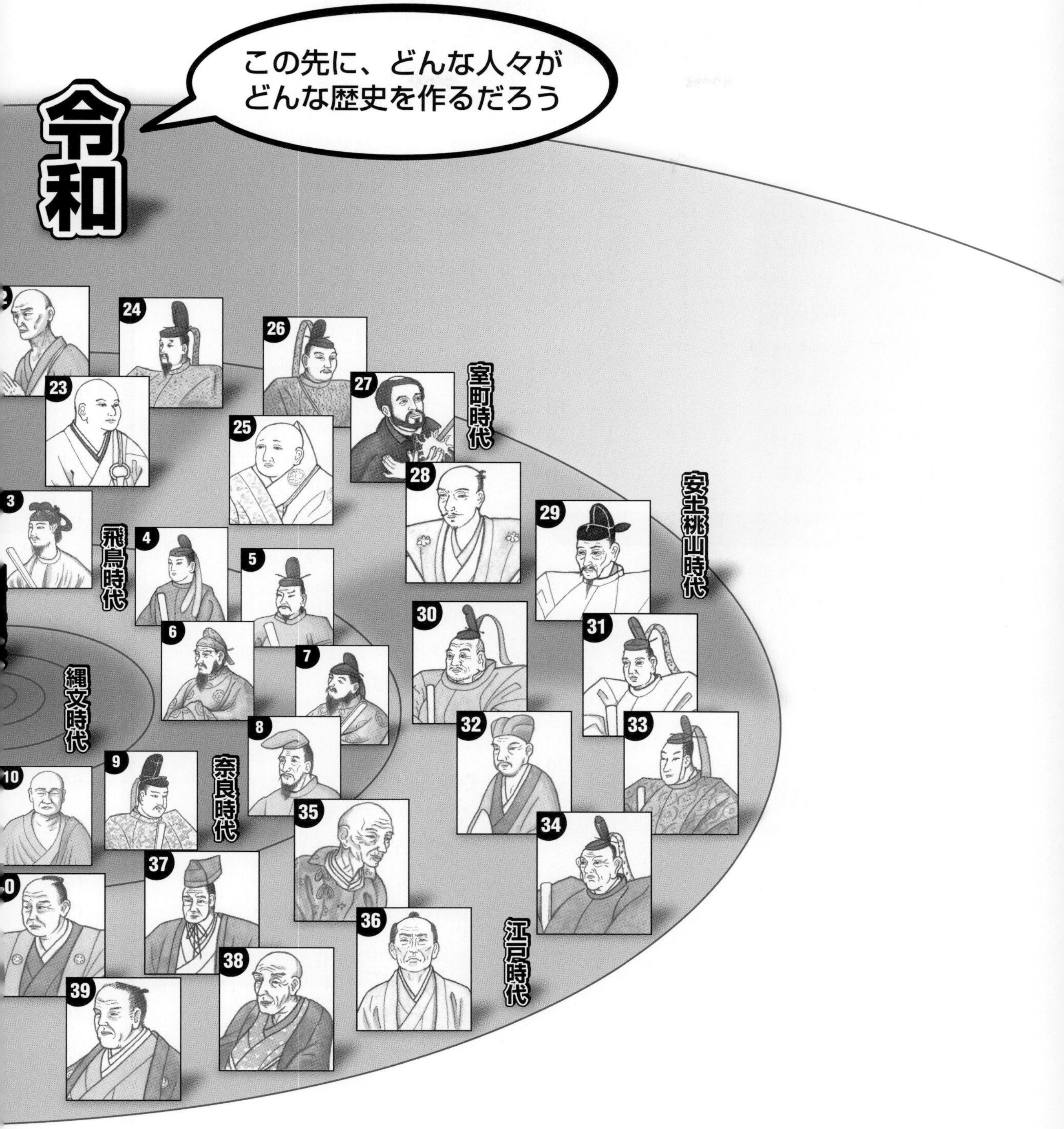

この先に、どんな人々が
どんな歴史を作るだろう

室町時代

安土桃山時代

飛鳥時代

縄文時代

奈良時代

江戸時代

24 26 23 27 25 28 29 3 4 5 30 31 6 7 32 33 8 9 10 35 34 37 36 38 39

もくじ

明治・大正・昭和（戦前）時代

昭和（戦後）時代

資料編

1

300	400	500	600	700	800	900	1000	1100	1200	1300	1400	1500	1600	1700	1800	1900	2000

弥生 古墳 飛鳥 奈良 平安 鎌倉 室町 安土桃山 江戸 明治 大正 昭和 平成 令和

卑弥呼

3世紀

争いの絶えなかった国を「神のおつげ」で治めた女王

女王のクニ「邪馬台国」。どこにあったのかわからないっていうけど、なぜわからないのだろう？

直径何十メートルという大きな墓がつくられ、そこに生きたままの奴隷が100人以上うめられた。女王卑弥呼が死んだときのことだ。女王の死後、邪馬台国（📖p151）では男の王が代わりに立ったが、国の平和は乱され、人びとはたがいに争って殺しあうようになってしまったという。

当時の日本は、「ムラ」どうしが争いをくりかえし、ようやく「クニ」ができてきたころ。邪馬台国は30ほどの国の頂点に立つ女王の国だった。周囲の強い願いのもとに女王になった卑弥呼という女性。この女王はいったいどんなやり方で人びとの心をつかみ、国を治めていたのだろうか。

卑弥呼は、おそらく日本の歴史上で名前のわかる最古の人物だ。とはいっても、当時の日本にはまだ文字がないから、ほんとうに「ひみこ」と発音したかどうかもわからない。邪馬台国や卑弥呼に関することは、中国の歴史書である『魏志』倭人伝（📖p151中国の歴史書に見る日本）にたよるしかないのだ。『魏志』倭人伝によると、卑弥呼は「鬼道を事とし、よく衆をまどわす」とある。これは女王が神のおつげを聞く力を持ち、まじないによって国を治めていたということだ。今の世の中なら、「神のおつげやまじないで決めた」といわれてもだれも従わないだろう。しかし、自然と深く結びつき、自然におそれを持って暮らしていた当時、自然を支配する神はとても重要な存在だったにちがいない。

また、卑弥呼はいつも厳重に守られた宮殿の奥深くにひっそりと住んでいた。身のまわりの世話をする男性がたった１人そばにいるほかは、ふだんのようすはおろか顔すら見せなかったという。一生結婚もせず、政治は女王の指示を受けた弟が行っていた。神の声が聞こえる女王は神秘的な存在でなくてはいけなかったのかもしれない。

卑弥呼は中国の魏の国に、贈り物と使者を送ったといわれている。そして、そのお礼として紫のくみひもと銅鏡、「親魏倭王」の称号と金印をもらったという記録もある。これらの品が発見されれば、邪馬台国のなぞもとけるにちがいないと、たくさんの歴史学者が今も注目しているのだ。

入試でのポイント

●邪馬台国の女王

中国の歴史書『**魏志**』**倭人伝**に記されている。

周辺の約30の国を支配した。

まじないや占いをし、弟が政治を助けた。

●魏に使いを送り、「親魏倭王」の称号をさずかる

魏から金印と銅鏡100枚をもらった。

●邪馬台国の位置は今も不明

近畿説と北九州説が有力。

歴史のあれこれ

身分の高い人に会ったら草むらに？

女王はもちろん特別な存在ですが、社会にも身分の差がありました。それが「大人」と「下戸」です。下戸は大人と道で会ったら「後ずさりして草むらに入り…」、また話をするときは「うずくまったり、ひざまずいたり…」したと『魏志』倭人伝にあります。

「温暖なため、冬も夏も生野菜を食べ、みな、はだしで生活している…」『魏志』倭人伝にはこんなことも書いてあります。そのほかにも、衣服のようすや髪型など、このころの人びとの生活がかなり細かく書かれているのです。すべてが倭の国のことなのか疑わしいところもありますが、現在見られる卑弥呼の想像図などは、だいたいがこうした文献をもとにつくられているようです。

まだまだ続く？　邪馬台国さがし

邪馬台国はいったいどこにあったのだろう？　このなぞを解明するために江戸時代から現代まで多くの学者が、論争をくり返してきました。今のところ有力なのは「近畿説」と「北九州説」の２つですが、結論はいまだに出ていません。

『魏志』倭人伝には、朝鮮半島から邪馬台国への行きかたが書かれてはいます。しかし、書かれたとおりにすなおに読むと、九州のはるか南の海の中にこの国があったことになってしまいます。北九州にあるとすれば距離を、近畿にあるとすれば方位を修正しながら読まなければならないのです。しかも、『魏志』倭人伝を書いた陳寿も、現地に行ったことはなく、人からの報告をもとに書いたのだというからもうお手上げ！

最近では、奈良の黒塚古墳で発掘された三角縁神獣鏡や、「卑弥呼の墓では？」といわれる奈良の箸墓古墳近辺の発掘調査により、やや「近畿説」が有力になっているけれど…。

⬆邪馬台国推定図

関連人物

明帝　？～？年

卑弥呼が、使者をつかわしたとき（239年）の魏の皇帝。この皇帝は三国時代の魏の基礎を築いた曹操の孫にあたり、名前は曹叡といった。238年に朝鮮半島の北部の公孫氏をほろぼし、支配を広げたので、翌年それを祝うために卑弥呼が使者を送ったといわれている。

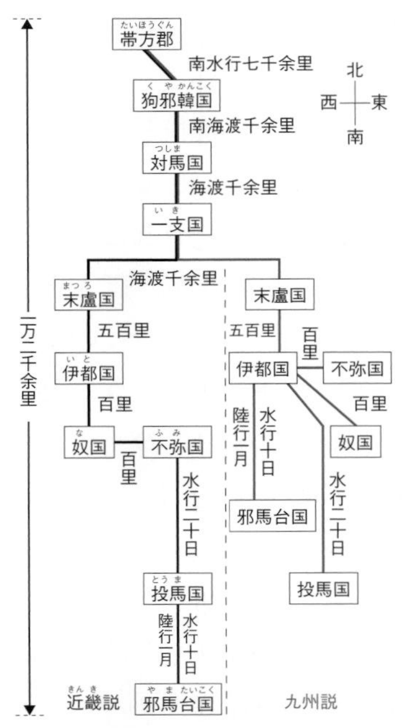

⬆『魏志』倭人伝による邪馬台国までの道程

2

300 400 500 600 700 800 900 1000 1100 1200 1300 1400 1500 1600 1700 1800 1900 2000

弥生 古墳 飛鳥 奈良 平安 鎌倉 室町 安土桃山 江戸 明治 大正 昭和 平成 令和

倭王武

5世紀

日本列島の統一を進めた倭の王

倭の王たちは、どうして中国の皇帝に自分の一族の手柄をじまんしたのだろう？

「私の祖先はよろいかぶとに身を固めて、山をこえ、川をわたって、落ち着くひまもなく、東では五十五の国を、西では六十六の国をたいらげ、さらに海をわたって九十五の国を従えました。」これは、倭（日本）の王が中国の皇帝に送った手紙の一部だ。王の名は「武」といい、今では雄略天皇のことであるということがわかっている。武という名には「たけだけしい者」という意味があり、当時の中国風に漢字１字で王の名をあらわしたものらしい。

この手紙を読むと、ずいぶんと軍事的な活躍をじまんしているように感じるかもしれない。五十五とか九十五といった数が大げさなのか、ほんとうなのかは別として、武の一族がこのころ日本列島を統一していったということはまちがいない。なぜなら、この一族こそが大和政権（📖 p151）のリーダー、大王の一族であり、のちの天皇一族なのだから。

アジア大陸の東のはしにある倭の国は、代々中国の皇帝に認めてもらうことで、国内や朝鮮半島での地位を保っていた。卑弥呼の時代は魏の皇帝に使いを送っていたように、倭王武の時代である５世紀は、宋の皇帝に使いを送っていた。宋の歴史書『宋書』倭国伝（📖 p151中国の歴史書に見る日本）によれば、421年から武が使いを送った478年までの間に、なんと５回もの使者と手紙を送っている。こうして大陸とつながりを深めることが、日本の人びとを従えるうえでとても重要なことだったのだ。

しかし、５代にわたって続いた倭の王からの使いは、武の代でぱったりととだえてしまう。なぜだろうか？　それは、宋の力を借りる必要がなくなってきたことを意味する。埼玉県の稲荷山古墳で見つかった鉄剣に刻まれていた「ワカタケル」の文字。これが大泊瀬幼武、つまり雄略天皇であり倭王武だということがわかったのは1978年のこと。同じ文字が熊本県の江田船山古墳の鉄剣にも刻まれていたことで、武の勢力は関東から九州地方にまでおよんでいたことがわかったのだ。つまり、大和政権の支配が日本列島にゆきわたり、もう宋の力を借りなくても治められるようになったのだ。

↑稲荷山古墳で見つかった鉄剣（埼玉県）
（国（文化庁保管）写真提供　埼玉県立さきたま史跡の博物館）

入試でのポイント

●『宋書』倭国伝に記される「倭の五王」のひとり
雄略天皇、ワカタケルノオオキミともよばれる。

●稲荷山古墳（埼玉県）と江田船山古墳（熊本県）
ワカタケルの文字が刻まれた**鉄剣・鉄刀**が出土。大和政権の勢力は関東から九州までおよんでいた。

●このころ、古墳がさかんにつくられる
大仙古墳（大阪府）は日本最大で、倭の五王のひとりである**仁徳天皇**の墓とされる。**前方後円墳**。

歴史のあれこれ

王たちの巨大な墓「古墳」

「こふん」って聞いたことがありますか。近くで見ると木がおいしげっていて大きな山としか思えません。でも周囲に堀があったり、上から見るとかぎ穴みたいな不思議な形…。これこそが有力豪族や王たちの墓、古墳です。かぎ穴みたいな形の墓は「前方後円墳」。前が四角い、つまり方形で（正方形とか長方形っていうよね）、後ろが円形をしていることからこうよばれるのです。日本独自の前方後円墳の中でもひときわ大きいのが大阪府にある大仙古墳。仁徳天皇の墓だといわれています。このサイズの墓を古代のやり方のままでつくると、１日2000人が動員されても15年ほどかかるそうです。

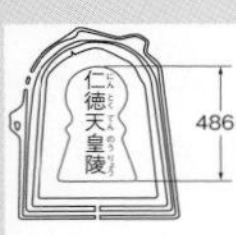

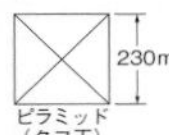

倭の五王

倭の五王とは、武もふくめて宋の国に使者を送った５人の王。『宋書』倭国伝には讃・珍・済・興・武の５人の名が記されています。現在の研究では、右の図のように天皇をあてはめる説が有力です。

しかし、卑弥呼の時代から五王の時代まで日本はどんなようすだったのか？　これはいまだにわからず、空白の世紀ともいわれているのです。

関連人物

仁徳天皇

？〜？年

五世紀の初めの天皇。倭の五王のうちの讃ではないかといわれる。『日本書紀』や『古事記』によると、弟の自殺後に即位し、仁徳ある（困っているものに心から手をさしのべる）政治をしたという。その墓だといわれる大仙古墳は面積では世界最大で、エジプトのクフ王のピラミッドより大きい。

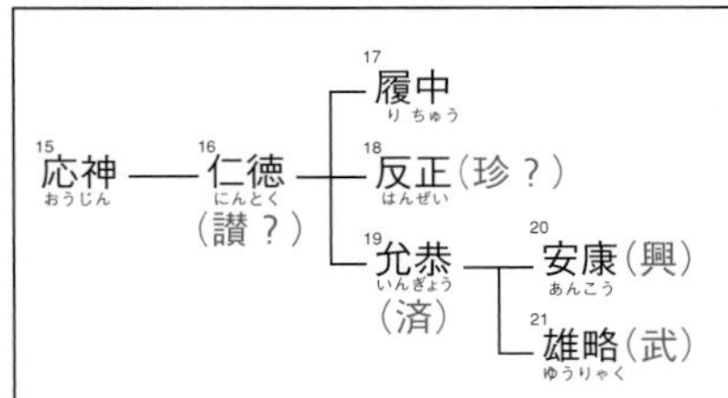

⬆倭の五王

⬆**大仙（大山）古墳**（大阪府）　仁徳天皇の墓といわれている。

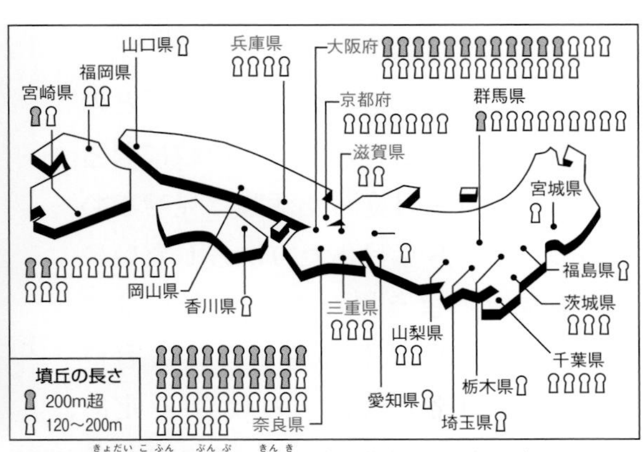

⬆**日本の巨大古墳の分布**　近畿地方に集中しているのがわかる。

3

300 400 500 600 700 800 900 1000 1100 1200 1300 1400 1500 1600 1700 1800 1900 2000
弥生 古墳 飛鳥 奈良 平安 鎌倉 室町 安土桃山 江戸 明治 大正 昭和 平成 令和

聖徳太子

574〜622年

天皇中心の政治を目指した斑鳩の皇子

天皇中心の政治を目指し、聖徳太子はどんな政策を行ったのだろう？

聖徳太子（厩戸皇子）は、用明天皇の子として生まれた。20歳という若さで叔母の推古天皇の摂政となって政治を行うようになった。時代を問わず、若い時期というのはさまざまなことを学び、感じとって、のちの人生に大きな影響をあたえるものである。太子もそれまでにさまざまなできごとを見てきた。

当時の朝廷では、政治の中心にいた蘇我氏と物部氏という２つの有力な勢力の争いをはじめ、豪族どうしの対立、天皇家への反乱、そして暗殺など血なまぐさい事件が絶えなかった。

このような事件を目のあたりにしたことがのちに、天皇を中心とした強力で安定した国づくりへ向かわせたといってもいいかもしれない。

太子の政治は推古天皇、蘇我馬子との共同執政だったといわれる。摂政になってしばらくは、目立った活躍は見せないものの、７〜８年目あたりからしだいに動きを見せるようになる。603年には家がらではなく個人に位をあたえる冠位十二階（📖 p152聖徳太子の政治）を定め、604年には役人の心がまえを示す十七条の憲法（📖 p152同）を定めた。こうした政策には、いずれも仏教や儒教の教えが取り入れられ、国の中心としての天皇への服従が強調された。このほか、607年には小野妹子を中国（隋）に使節としてつかわし、大国中国と対等の立場で国交を開こうとする。また、朝廷の力を示すために馬子とともに『天皇記』『国記』という歴史書もつくった。しかし志なかば、天皇家の勢力を十分高められないまま、49歳の若さで亡くなってしまった。60歳をこえた推古天皇も蘇我馬子もまだ活躍している最中に。

仏教に熱心であった太子は、現存する最古の木造建築物として知られる法隆寺をつくった。この寺院には、中ほどにふくらみ（エンタシス）を持たせた柱がある。これは遠くギリシャの神殿にも見られる技法である。

⬆世界最古の現存木造建築物といわれる法隆寺（奈良県）

入試でのポイント

●**初の女帝である推古天皇の摂政となる**

蘇我馬子と協力して政治を行う。

冠位十二階→能力や実績で役人を採用。

十七条の憲法→役人の心がまえを示す。

●**小野妹子を隋に派遣、対等な国交を開こうとする**

●**奈良の斑鳩に法隆寺をつくる**

現存する**世界最古の木造建築物**。

このころ栄えた文化を**飛鳥文化**という。

歴史のあれこれ

本当の名は？

聖徳太子という名は亡くなってから贈られた名で、もとの名は厩戸皇子といいました。これは、太子が馬小屋の近くで生まれたことから名づけられたといいますが、同じく馬小屋で生まれたとされるキリストの話と似ています。また、豊聡耳皇子とよばれたこともあります。これは非常によい耳を持っているということ、つまり、ものわかりがよく判断力にすぐれているという意味です。また、仏教に熱心で仏法にくわしいことから法大王とよばれたこともありました。「一度に10人の人の話が聞けた」とか「４歳で南無仏と唱えた」とか多くの伝説が残る太子ですが、これらはあとからつくられた「お話」のようです。

蘇我氏の冠の色は？

冠位十二階は、家柄にかかわりなく位をさずけるものでしたが、強力な政治力のあった蘇我氏の中には、この冠位をあたえられた者は見あたりません。のちに、冠位の最高位（大徳）が律令の４位に対応していることから、蘇我氏などの最上層豪族や皇族は授与対象から外されていたようです。ちなみに、冠位は徳、仁、礼、信、義、智の６つをそれぞれ大と小に分けて12。色やかざりで見分けがつくようになっていました。

➡ギリシャのパルテノン神殿のエンタシス

法隆寺回廊に見られるエンタシス➡
（撮影　飛鳥園）

関連人物

小野妹子

?～?年

聖徳太子の命を受けて隋にわたった遣隋使

推古天皇の時代に隋との交渉において活躍した豪族。妹子は近江国（現在の滋賀県）滋賀郡小野に勢力を持っていた地方豪族の出身であったが、冠位十二階のうちの５位にあたる「大礼」という冠位を持っていたことから、朝廷にその才能が認められていた有能な人物であったようである。遣隋使として２度隋にわたり、609年帰国。

蘇我馬子

?～626年

６世紀後半～７世紀前半の大臣。父・稲目の代に、仏教が正式に日本に伝わると、仏教の導入をめぐって物部氏と対立したが、朝廷の財政関係をつかみ、天皇家と姻戚関係を結ぶことで勢力を強めた。馬子の代には物部氏をほろぼし、古代における政治の主導権をにぎった。

4

300 400 500 600 700 800 900 1000 1100 1200 1300 1400 1500 1600 1700 1800 1900 2000

弥生 古墳 飛鳥 奈良 平安 鎌倉 室町 安土桃山 江戸 明治 大正 昭和 平成 令和

中大兄皇子

626～671年

唐の制度を導入し新しい政治を始めた皇子

古代における最大の改革。それはどのようにして成しとげられたのだろう？

日本の歴史上の大きな改革を３つあげた場合、大化の改新(p152)・鎌倉幕府(p156)の成立・明治維新(p163)があげられる。その最も初めの改革である大化の改新に生涯をささげたのが中大兄皇子(のちの天智天皇)である。

蘇我馬子が死んだ年に生まれた中大兄皇子は、馬子の子の蝦夷と孫の入鹿の権力が、朝廷内でしだいに強くなり天皇家をしのぐ勢いを持つようすを見て育った。おそらく、蝦夷・入鹿が聖徳太子(p10)の子、山背大兄王ら一族を滅亡させたことも知っていただろう。そのとき、中大兄皇子は改革を決意したのだろうか。その事件の２年後である645年(大化元年)に蘇我氏をたおし、改革を始めた。

改革に反対する豪族のことは予想していて、そうした声をおさえながら改革は進められた。しかし、思いどおりにはいかないこともあった。たとえば、日本と仲のよかった百済を助けるために朝鮮半島の白村江に出兵(p153白村江の戦い)し、唐・新羅の軍に大敗したことがある。その後、日本への攻撃に備えて守りを固めるためにいったん改革を中断せざるを得なくなった。また、改革をともに進めてきた中臣鎌足が亡くなったことも大きな痛手だった。こうしたことを乗りこえて改革を進めてきた中大兄皇子(すでに即位し天智天皇)だったが、自らも病気となり、46歳の若さで改革半ばにして亡くなった。

大化の改新で目指されたものは、天皇を中心とした国のしくみをつくることだった。そしてその中心にあるのは、唐の制度にならった、豪族の持っている土地や人民をすべて国のものにするという公地公民の原則(p152大化の改新)であった。そしてその原則にもとづいて法令や税制度、国の制度、戸籍などが整えられた。日本で初めての全国的戸籍である庚午年籍は、天智天皇のもとでつくられたものである。

しかしこうしたしくみはまだ十分なものではなく、その後、701年に大宝律令(p152)が成立するまで、新しい政治に向けた努力が続けられることになる。

入試でのポイント

●蘇我氏をたおす

645年、**中臣鎌足**らと協力して**蘇我入鹿**を討つ。

●大化の改新を始める

公地公民の制、地方制度の整備→**国・郡・里**、**班田収授の法**、新しい税→**租・調・庸**

●白村江の戦いで唐・新羅に敗れる

●都を大津に移し、天智天皇となる

●日本初の戸籍をつくる→庚午年籍

歴史のあれこれ

焼けてしまった日本の歴史

現在、最も古い歴史書として『古事記』『日本書紀』が知られています。しかし、それ以前に聖徳太子と蘇我馬子が協力してつくった『天皇記』『国記』という歴史書がありました。しかし、それらは、蘇我蝦夷が中大兄皇子にせめられて屋敷に火をつけて自殺したときに、ともに焼けてしまいました。もし、『天皇記』『国記』が残っていたら、日本の古代の歴史はもう少しちがったものになっていたかもしれません。

仕事も恋も力強く

自ら剣を持って蘇我入鹿をたおし、改革を強行した中大兄皇子からは、決断力と実行力に富んだ、たくましい人間像がうかび上がります。それは恋においても発揮されました。なんと弟(大海人皇子、のちの天武天皇)の妻で歌人として知られた額田王を強引に自分の妻にしてしまったのです。のちに弟は、政治においてたびたび兄と対立することになります。その原因はさまざまですが、このこともそのひとつであることはまちがいないでしょう。

国家をはげました女性

百済を助けるために、朝鮮半島へ向けて援軍を進めていたときのことです。この戦いは、じつは反対意見も多く、それを強行しての出兵でした。そうした状況の中、一行が伊予国(愛媛県)の現在の道後温泉あたりに到着し、準備を整え出発のタイミングをはかっていたとき、ある女性が次の歌をよみました。

熟田津に　船乗りせむと　月待てば
潮もかなひぬ　今はこぎ出でな

歌の意味は、熟田津という港で船を出そうと月を待っていたが、いよいよ潮の流れがよくなってきた。さあ、今こそ船を出そう。というものです。

戦争という国家の一大事において集団をまとめようとするかのような力強さを持つこの歌は、額田王という女性がよんだものです。額田王は、美人で聡明な歌人として知られていたようですが、男性顔負けの勇武な一面も持っていたのかもしれません。

関連人物

中臣鎌足 614～669年

中大兄皇子とともに大化の改新を進めた豪族

宮廷の祭祀に仕える中臣氏の一族として生まれる。中臣氏は物部氏とともに蘇我氏と対立し、このころ勢力がおとろえていた。鎌足は政治改革の必要性を感じて中大兄皇子に近づき、ともに蘇我氏をたおして大化の改新を進めた。その功績により、死の直前、「大織冠」という最高の位と「藤原」の姓を天智天皇からさずけられた。

蘇我入鹿 ?～645年

蘇我蝦夷の子であり、父とともに国政を主導。祖父・馬子の性格に似て、積極的に政治にかかわり、国政の第一人者としての地位を固めていた。ときには、比較的性格がおだやかな父・蝦夷をおしのけて自分の考えを実行しようとするほどだったといわれている。

5

300 400 500 600 700 800 900 1000 1100 1200 1300 1400 1500 1600 1700 1800 1900 2000

弥生 古墳 飛鳥 奈良 平安 鎌倉 室町 安土桃山 江戸 明治 大正 昭和 平成 令和

天武天皇

631 ～ 686年

人びとから神のようだといわれた天皇

天武天皇は、はじめ大臣を置かなかったという。それはなぜだろう？

兄弟の仲はもともとよくなかったと伝えられるが、新しい政治をしようという気持ちでは同じだった。だからこそ、大化の改新(p152)をかげで支えて兄・中大兄皇子(p12)の目指す新体制づくりに積極的に協力してきたのだった。大海人皇子(のちの天武天皇)にとって、皇位はすんなり自分のものになると思っていたのではないだろうか。

このころ新しくつくられた太政大臣(p155)は、次の天皇の位を約束する意味合いがあった。その地位に兄の子、大友皇子がついたとき、大海人皇子は皇位を実力でうばおうと思ったのではないだろうか。なぜなら彼は、それまで太政大臣と同じような仕事を続けてきたのだから。

天智天皇(中大兄皇子)の死後まもなくおきた大海人皇子と大友皇子の対立は、壬申の乱とよばれる。この乱において大海人皇子は勝利を収めたが、それで改革が中止されたわけではない。乱の原因は皇位をめぐる争いで、政治的な目標は大海人皇子も兄と同じであった。したがって、天武天皇として即位後は、前にもまして強力に改革をおし進めた。のちの大宝律令(p152)につながる飛鳥浄御原令を整えたり、『古事記』や『日本書紀』の編さんを始めたのもこのころと思われる。とくに、初めのころは大臣を置かず自ら政治を進め、天皇の権威を高めることにつとめた。大化の改新の目的は、天智天皇の治世の終わりごろにはいくつかつまずきが見られたらしいが、天武天皇のときにふたたびもり返し、その目的の大部分が実現したともいわれている。こうしたたくましい天皇を見て、人びとが「天皇は神のようだ」とあがめたとしても不思議はないだろう。

↑**薬師寺東塔**(奈良県)　(撮影 飛鳥園)

入試でのポイント

- 天智天皇の弟で、大海人皇子とよばれた
- 天智天皇の死後、壬申の乱で大友皇子をたおす
  都を飛鳥浄御原宮に移し、即位する。
- 律令国家建設のため、改革を強力におし進める
  『古事記』、『日本書紀』の編さんを命じる。
  天皇を称号として初めて使ったとされる。
- 后の持統天皇は、藤原京をつくる
- 孫の文武天皇のころ、大宝律令が完成

歴史のあれこれ

はた迷惑な兄弟ゲンカ

もともと兄弟仲はあまりよくなかった中大兄皇子と大海人皇子ですが、ときには弟がいきなりあばれ出してしまったこともあったようです。天智天皇の即位の宴会で突然大海人皇子が長い槍を持ち出して舞を舞い、その槍を床板につきさしました。天智天皇は激怒し、「大海人皇子を殺せ」と言いましたが、中臣鎌足が必死で間に入り、収めたそうです。改革のとちゅうで国内がまだ安定していないときに、天皇が弟を殺すなどという事件がおきたらたいへんです。ともに有能な兄弟だけに、鎌足もさぞ苦労したことでしょう。事実、鎌足が亡くなるとさらに仲が悪くなったそうです。

虎に翼をつけて放す

天智天皇は死の直前に、病の床に大海人皇子をよんで「私が死んだら、あとのことはたのむ」と言いました。しかし、大海人皇子はこれを断りました。そうしなければ天皇になろうとしたと疑われ、殺されていたかもしれないからです。その後、皇子は吉野へ仏教の修行に行きましたが、すでにすぐれた政治家として知られていたため、人びとは「虎に翼をつけて放したようなものだ」と言ったそうです。

こおれる音楽

奈良にある薬師寺は、天武天皇が后の鸕野讃良皇女（のちの持統天皇）が病気になったとき、その回復をいのって建てた寺院です。金堂の手前に東西に三重の塔がある立派なつくりですが、その後何度か火災にあい、東塔（左ページの写真）以外はのちの時代に再建されたものです。三重の屋根の下に小さいかざり屋根がつく美しい形をしたこの塔は、アメリカ人の日本美術研究家フェノロサをして「こおれる音楽」と言わしめたほどで、天武天皇の后に対する愛情の深さがうかがえるようです。

関連人物

大友皇子 648～672年

天智天皇の子として生まれる。このころは、天皇の子といえども母親の身分が低いと次の天皇にはなれなかった。しかし、天智天皇はあえてそれを行おうとしたために弟の大海人皇子と対立し、のちの壬申の乱を招くこととなった。

持統天皇 645～702年

持統天皇は天智天皇の娘として生まれ、天武天皇の后となる。天武天皇の死後、子の草壁皇子が即位するはずだったが、草壁皇子は28歳の若さで病死してしまったため、自ら即位して持統天皇となった。そして、孫の文武天皇が即位するまで、政治にかかわった。

6

300	400	500	600	700	800	900	1000	1100	1200	1300	1400	1500	1600	1700	1800	1900	2000

弥生　古墳　飛鳥　奈良　平安　鎌倉　室町　安土桃山　江戸　明治　大正　昭和　平成　令和

藤原不比等

659～720年

国の土台をつくった太政官の高官

藤原氏の繁栄はどのようにして築かれていったのだろう？

藤原不比等は、中大兄皇子(p12)とともに蘇我氏をたおした中臣鎌足(p13)の次男として生まれた。不比等という名はもとは「史(ふひと)」といい、この史は、かつては文書や記録などをつかさどる渡来系の氏族のことをさしていた。そのよび名を次男の名前につけたということは、不比等の父・鎌足は、自分の出身氏族の役職(中臣氏＝儀式や祭祀をつかさどる氏族)よりも、学問で活躍することを望んでいたのかもしれない。

不比等は、700年に文武天皇から大宝律令(p152)の制定を命じられる。律令とは中国(唐)でつくられた、体系化された基本法典のことだ。当時は改新の最中で、まだ十分な国のしくみが整っていなかった日本にとって、急いで取り入れなければならないものだった。これは、あの聖徳太子(p10)も取り入れようと考えていたといわれ、大化の改新以来の改革の最も大きな目的でもあった。この大宝律令の制定は天武天皇(p14)の子の刑部親王が責任者で、不比等の役目は刑部親王を助けることであったが、実際は法律の専門家である不比等が中心となった。その意味では父の期待どおりに学問で出世したといえるだろう。

このころ、律令などの法律にくわしい政治家はまだ少なく、大宝律令制定にかかわり、日本の律令を知りつくした不比等は、政治家として朝廷でしだいに勢力を強めていく。そのうえ、娘の宮子は文武天皇の后であり、その子はのちの聖武天皇(p24)であるが、その后も不比等の娘であった。つまり、聖武天皇は孫で、かつ聖武天皇の母も后も娘ということになり、不比等は天皇家とより強いつながりを持つことになる。こうして、政治家としてだれもかなわないほどの力を持つことになった。

このような不比等をはじめとする藤原氏の繁栄はずっと続くものと思われたが、不比等の死後に一時おとろえてしまう。それは天然痘(疱瘡または痘瘡)とよばれる病気が流行したためであった。この病気により、4人の子もつぎつぎに死んでしまった。けれども、不比等の子孫たちが努力してふたたび栄えさせていくことになる。そして、藤原道長(p36)に代表されるような藤原氏の全盛時代をむかえる。

入試でのポイント

- ●**中臣鎌足の子、藤原の姓を名乗る**
- ●**刑部親王とともに大宝律令を制定**
  唐の律令を手本につくられる。
  律は刑罰、令は行政制度を定めたきまり。
  律令の完成で、天皇中心の政治体制が整う。
- ●**娘の光明子は聖武天皇の后となる**
- ●**藤原氏は平安時代になると大いに栄える**
  藤原道長、**頼通**は**摂関政治**の全盛を築く。

歴史のあれこれ

不比等は自信家？

不比等という名は「史」からきていることは本文でのべましたが、この「不比等」という名は、等しく並ぶべき（比べるべき）者がいないほどすぐれているという意味です。父・鎌足と同じくなるべく政治の表面に出ないようにし、太政大臣という今の総理大臣のような位につくようすすめられたときもこれを断っています。常にひかえめにふるまっていた不比等ですが、じつはとても自信家であったのかもしれません。

藤原氏はすべて不比等の子孫

大化の改新の功績により、中臣鎌足は死ぬ直前に「大織冠」という位と「藤原」という姓を天智天皇からたまわっています。のちにこの「藤原」という姓は不比等の子孫のみに名乗ることが許され、そのほかの藤原氏はみな、もとの中臣氏にもどされています。つまり、その後の歴史で数多くの藤原氏が活躍しますが、彼らの祖先はすべて藤原不比等ひとりなのです。

❶藤原氏の系図

- 鎌足
  - 不比等
    - 安宿媛（光明皇后）
    - 宮子（文武天皇妃）
    - 麻呂（京家）
    - 宇合（式家）
    - 房前（北家）
      - ┊ 道長
    - 武智麻呂（南家）

律令は明治まで続いた？

701年に定められた『大宝律令』は、その後多少の修正が加えられたり、武家政権の成立によって適用の範囲が制限されたりしましたが、長く朝廷における根本法典として存在し、明治維新のときの官制にも大きな影響をあたえました。実際、1885年に内閣制度が発足するまで太政官制がしかれ、律令制に定められているものと同じ太政大臣や左大臣・右大臣といった役職が使われていたのです。

関連人物

刑部親王

?～705年

天武天皇の第９皇子。大津・草壁・高市各皇子の死後、天武天皇の子の中で最年長となるが、即位することなく持統朝・文武朝を支えた。終始目立った活躍はないが、そのために皇位をめぐる争いや権力争いなどにまきこまれずにすんだと考えれば、他の皇子たちに比べて幸せな一生だったといえるだろう。

元明天皇

661～721年

天智天皇の娘で天武天皇の子の草壁皇子の后となる。文武・元正両天皇の母でもある。子の文武天皇の死後、707年に即位。710年には唐の長安をモデルにした平城京をつくり、都を移した。

時代コラム

渡来人

日本各地には古代の朝鮮とつながりがある地名が多く残っている。たとえば「奈良」という地名は朝鮮語で「国」を意味する「ナラ」なのだ、という説があるし、奈良県北葛城郡には「百済」という地名が見られるんだ。また、かつて志楽とよばれていた埼玉県の志木市は「新羅」に、東京都の狛江市は「高句麗」に由来している。このように古代の朝鮮半島との関係を彷彿とさせる地名が日本の各地で見られるのはなぜなんだろうか？

●古代の朝鮮半島情勢　三つ巴の争い

4～7世紀、朝鮮半島では高句麗・新羅・百済の３つの国がたがいに勢力を争って戦乱が絶えなかった。この戦乱をさけて多くの人びとが朝鮮半島から日本へとわたってきた。こうした渡来人が技術集団として住みつき、村をつくったところなどに古代朝鮮の国ぐにの名に由来する地名が残っている。

➊三国時代の朝鮮半島地図（５世紀中ごろ）

●渡来人がやってきたころの日本

渡来人が大量にやってくるようになった４世紀ごろというのは、大和政権が勢力を拡大して全国を統一し、また古墳がさかんにつくられるようになった時代の転換期だった。これは、すぐれた武器をつくる製鉄技術や稲作の灌漑や古墳づくりに必要な土木技術、そして土器や埴輪をつくる技術などの大陸の先進技術が渡来人によってもたらされたからだ。

●大和政権に招かれた渡来人

日本も先進技術を持つ渡来人を歓迎して受け入れていたようだ。ときには積極的に朝鮮半島から技術者を招いたこともあった。これは、仁徳天皇の父とされる応神天皇が百済の王に「すぐれた技術を持った人物を日本によこしてください」とたのんだ、という記述が『日本書紀』にあることからうかがえる。

日本に派遣された人物のひとりである王仁は、日本に『千字文』（漢字の教科書）と『論語』（儒教の教科書）を持ってきたといわれている。当時ものごとを記録するための文字を持たなかった日本に、漢字を伝えた王仁の功績は大きく、その子孫は文筆をもって代々政権に仕えた。

王仁のように、この時代の政権には大陸の先進技術をいかし、官僚として日本の政治や文化にたずさわっていった渡来人が多くいた。

●飛鳥文化と渡来人

６世紀後半になると、蘇我氏が朝廷で大きな力を持つようになるが、この蘇我氏が勢力を強めた背景にも渡来人の存在があった。538年、百済の聖明王が仏像・仏典を日本に贈ってきたが、このとき、仏教の導入に積極的だったのが蘇我馬子の父、稲目だった。その後、蘇我氏は朝鮮半島からやってくる渡来人を保護して大陸

「瓦」は渡来人によって伝えられた

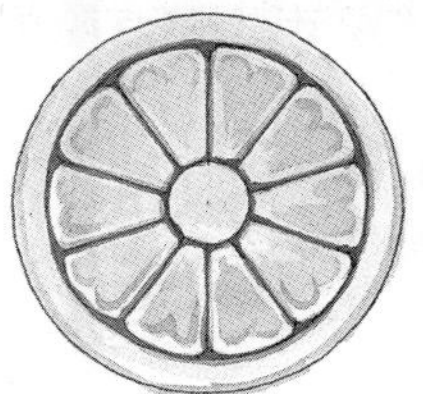

渡来人は、中国・朝鮮の文化のみならず、世界各地の文化、技術をも日本に伝える役割を果たした。たとえば、日本の建物にあたりまえのように使われる「瓦」は、古代のインドのことばで「頭蓋骨」を意味する「カパーラ」がもとになっている。このはるか遠くの国で始まった瓦も寺院建築の技術とともに渡来人によって伝えられたものだ。そして、この2つの絵。左が蘇我馬子が建てた飛鳥寺の瓦。右が百済のもの。2つはそっくりだ。

文化の移入につとめ、その技術力を背景に勢力を強めた。やがて、蘇我氏は聖徳太子と協力して政治改革にあたる。この改革で定められた「十七条の憲法」には朝鮮半島を経由して伝えられた儒教や仏教、そして中国の政治制度の考えが多く取り入れられている。また、蘇我氏や聖徳太子は仏教寺院を建立し、これらの仏教建築・美術は飛鳥文化として今日まで残されている。この飛鳥文化を代表する法隆寺の釈迦三尊像をつくったのは鞍作止利という渡来人だった。これ以外にも、現存する飛鳥時代の建築・美術には古代朝鮮の建築・美術との共通点が非常に多く見られる。つまり、この時代の日本の社会や文化は渡来人によってつくりあげられたのだといってもいいくらいだ。

●日本人の祖先となっていった渡来人

古代の日本の社会・文化に大きな影響をあたえた渡来人は「外国人」としてではなく、やがて「日本人」として帰化、同化していった。こうした渡来人を祖先とする人物が「日本人」には多くいる。たとえば、奈良時代に各地で仏教を広めながら用水路などをつくり、また聖武天皇の大仏づくりに協力した行基や、平安時代に東北地方へと遠征した坂上田村麻呂は渡来人の血を引いている。そして、このコラムの最初では、日本各地に古代朝鮮に由来する地名が残っていることを紹介したが、同じように現在の私たち日本人の名字の多くにも、この時代に朝鮮半島から移住した渡来人を祖先とする技術集団に由来している名字が多く見られるんだ。

神社にも見られる古代朝鮮との関係

日本固有のものと考えられがちな神社にも古代朝鮮の影響が見られる。埼玉県の高麗神社は高句麗系の、長野県の善光寺は百済系の渡来人によってつくられたものだ。また、神社のお祭りにはおみこしやお酒がつきものだが、おみこしを担ぐときの「ワッショイ、ワッショイ」というかけ声は朝鮮語で「(神様が)やって来た」を意味する「ワッソ」が、こうじを発酵させて(くさらせて)つくる「さけ」は「くさらす」を意味する「サック」が語源となったのだといわれる。そもそも、「かみ」ということば自体、朝鮮語から派生したという説もある。朝鮮の神話では、もともと熊だった女性から神様が生まれて国をつくったことになっている。朝鮮語では「熊」のことを「コム」というが、この「コム」がなまって日本語の「かみ」になったのだ、と主張する学者がいるのだ。

7

300 400 500 600 700 800 900 1000 1100 1200 1300 1400 1500 1600 1700 1800 1900 2000

弥生 古墳 飛鳥 奈良 平安 鎌倉 室町 安土桃山 江戸 明治 大正 昭和 平成 令和

太安万侶

?～723年

日本で初めての歴史書を文字に残した文官

日本で最初の歴史書『古事記』。歴史書なのに神話で始まっているのはなぜだろう?

1979年、奈良県奈良市の茶畑の中から、ひとつの墓が見つかった。その墓誌の板にはこんなふうに刻まれていた。

「平城京の左京四条四坊に住む従四位下勲五等太安万侶、養老七年七月六日死亡」

これによって、太安万侶は、実在の人物であることが証明された。

安万侶は現存する最古の歴史書、『古事記』(p153)を編さんした人物として知られる。しかし、くわしいことはわかっていない。『古事記』の中にも安万侶の名前が出てこないため、編者はほかにいるのではないかとさえいわれていたのだ。

日本という国がいつ、どうやってできて、支配者はどこから来たのだろう。こうした疑問に対する答えが、古代の歴史書である『古事記』や『日本書紀』(p153)には書いてある。これらの歴史書の編さんを命じた天武天皇(p14)は、古くからの言い伝えや天皇家の系図がなくなってしまうことを心配して、歴史書づくりを始めた。歴史書とはいっても、今の歴史の教科書とはずいぶんとちがう。この本の始まりはイザナギとイザナミという２人の夫婦神の話、つまり神話なのだ。神話の神々こそが天皇家の祖先なのだから、日本は天皇が治めるべきなのだ、ということ。天武天皇はこのことをのちの世に伝えていきたかったのではないだろうか。

安万侶は、天武天皇の命で稗田阿礼が暗記していた天皇家の系譜や神話を、整理して文字に残すという大事業をやってのけた。天武天皇が亡くなり、しばらく中断していた歴史書づくりは712年、元明天皇(p17)のときにようやく完成する。『古事記』は『万葉集』と同様にすべてが漢字で書かれている。日本古来の歌や固有名詞などについては、日本人の発音に漢字の音や訓をあてはめて苦心して書かれたようすがうかがえる。

こののち、日本では朝廷の命令で、なんと６つもの歴史書がつくられた。これらをあわせて六国史とよぶが、どれにも共通しているのが「天皇家を中心にした歴史」が書かれているということ。つまり、このころの歴史書は「天皇支配がいかに正しいか」を示すためにつくられていたともいえるのだ。

入試でのポイント

●日本最初の歴史書、『古事記』を編さん

天武天皇の命令により編さんが始まる。

稗田阿礼が暗誦したものを安万侶が筆記。

神話の時代から推古天皇までの歴史を収める。

●同じころ、舎人親王らは『日本書紀』を編さん

神話の時代から持統天皇までの歴史を収める。

●江戸時代の国学者、本居宣長は『古事記』を研究

『古事記伝』をあらわし、**国学**を大成する。

歴史のあれこれ

神話による日本の国の始まり

神話の世界では、日本の国はイザナギ、イザナミという２人の夫婦神が、日本の国土である大八島を生み、ついで日の神(アマテラス)、月の神(ツクヨミ)、スサノオなどの神々を生んだとされています。そして、このあと神々のさまざまな物語が続きます。ヤマタノオロチを退治する話、因幡の白うさぎの話、海幸彦と山幸彦の話など、ひとつくらいは知っているものもあるのではないでしょうか。『古事記』や『日本書紀』では、この山幸彦の子孫が日本の初代天皇とされている神武天皇だということになっています。

『日本書紀』って、『古事記』とどうちがうの？

『古事記』が712年に完成したのに対し、『日本書紀』は720年。あつかわれている時代もほとんど同じ、日本の国生みの神話から始まるところも同じです。では、ちがうところは？

『古事記』は物語の形をとった人物描写中心なのに対し、『日本書紀』は編年体といって年代の順を追って書かれています。また、『古事記』が国語の表現を使っているのに対し、『日本書紀』は全体が漢文で書かれています。

こうしたことから、編年体という中国の歴史書をみならった『日本書紀』のほうが、公式の書物という色あいが強いようです。

書　名	収められている年代	完成年・天皇	撰集者名
古事記	神代～推古(　～628)	712(和銅５)・元明	太安万侶
日本書紀	神代～持統(　～697)	720(養老４)・元正	舎人親王
続日本紀	文武～桓武(697～791)	797(延暦16)・桓武	藤原継縄・菅野真道
日本後紀	桓武～淳和(792～833)	840(承和７)・仁明	藤原冬嗣・藤原緒嗣
続日本後紀	仁明(833～850)	869(貞観11)・清和	藤原良房
日本文徳天皇実録	文徳(850～858)	879(元慶３)・陽成	藤原基経
日本三代実録	清和～光孝(858～887)	901(延喜元)・醍醐	藤原時平

六国史（日本書紀～日本三代実録）

⬆古代につくられた歴史書

関連人物

稗田阿礼　?～?年

記憶力にすぐれていたといわれる舎人(天皇のそばで、護衛や雑務をする人)。天武天皇の命で『帝紀』や『旧辞』を暗記し、太安万侶に筆記させた。『帝紀』・『旧辞』とは古代の天皇の伝承や歴史、神話などを集めたもののことである。生没年、性別ともに不明。

舎人親王　676～735年

天武天皇の第３皇子で、『日本書紀』の編さんにおいて中心的な役割を果たした。のちに、太政大臣になっている。それまで、天皇の男の子どもは皇子とよばれるのがふつうだったが、大宝律令ができてからは親王とよばれるようになった。

300	400	500	600	700	800	900	1000	1100	1200	1300	1400	1500	1600	1700	1800	1900	2000

弥生　古墳　飛鳥　奈良　平安　鎌倉　室町　安土桃山　江戸　明治　大正　昭和　平成　令和

山上憶良

660～733年

農民の声と、親の気持ちを和歌にたくした万葉の歌人

山上憶良は、役人なのにどうして農民の歌をつくったのだろう？

日本で和歌がつくられ始めたのは、飛鳥時代だといわれる。しかし、たくさんの歌を集めた「歌集」がつくられたのは、奈良時代にできた『万葉集』が最初のこと。全20巻からなっており、4500首ほどの歌が収められている。天皇や貴族から、農民などの一般庶民まで、はば広く、さまざまな人びとの歌がのせられていることが最大の特色だ。

その中でも、山上憶良は農民の暮らしや、社会のようすをよんだ歌人として知られる。彼はなぜ、こうした題材を選んだのだろうか。

憶良について、40歳ごろまでのことはほとんどわかっていない。伝統ある豪族でもない憶良が、42歳のとき突然遣唐使に選ばれたのは、文章を書く才能があったからだといわれる。父親が百済出身の渡来人だったことで、幼いころから漢字の読み書きには親しんでいたのだろうか。

唐から帰国した憶良は、ようやく伯耆(現在の鳥取県)の国守になる。役人としてはかなりおそい出世である。その後、聖武天皇(p24)の幼年期の家庭教師をつとめるなどして、九州の筑前(現在の福岡県)の国守になったのは、すでに67歳のときであった。しかし、この筑前にいたころに、憶良は味わい深い歌を最も多くつくった。当時、大宰府(p153)の長官だった大伴旅人と知りあったこともその理由のひとつだろう。

中でも、農民の貧しさや人生のかなしさ、むなしさをよんだのは、憶良の生いたちにも関係があるだろう。ほかの役人とちがい、もともと財産のある家に生まれたわけでもなければ、高級役人の家系に生まれたわけでもない。そうとう貧しい暮らしをしていたにちがいない。だからこそ、農民の気持ちを歌にしたのではなかろうか。また、親が子を思う気持ち、家族のあたたかさをよませたら、彼の右に出るものはいないといわれる。憶良の歌は『万葉集』の中に約80首、残されている。

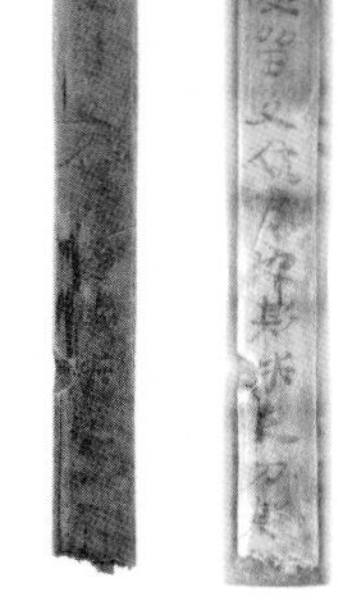

万葉がなが記された木簡 ➡
右は赤外線を用いて撮影したもの。
(大阪市指定文化財　写真提供　大阪市文化財協会)

入試でのポイント

●『万葉集』に多くの歌を残す

●「貧窮問答歌」で農民の苦しい暮らしをよむ

●『万葉集』は日本最古の歌集

大伴家持らが編さんした。

漢字の音を日本語にあてはめた万葉がなで表記。

柿本人麻呂、額田王らの歌が収められる。

天皇や貴族だけでなく、**「防人の歌」**など庶民のよんだ歌も収められる。

歴史のあれこれ

山上憶良のよんだ「貧窮問答歌」

そまつな小屋の土の上にワラをしいて、父母は枕のほうに、妻や子は足のほうに囲んで、なげき悲しみながらねむる。かまどには火が立つこともなく、米をむすこしきには、クモの巣がはっているというのに、むちを持った里長の「税を出せ」とどなる声が、ねているところまで聞こえてくる。こんなにまで、やるせないものか、世の中というものは。

これは、憶良がよんだ長歌で貧者の問いと窮者の答えという自問自答の形を取っています。ここに抜粋したのは窮者の答えの一部です。

『万葉集』のテーマはほんとうにさまざま

山上憶良は農民や家族をテーマにしたけれど、ほかの人はどうだったのでしょう。約4500首の歌は大きく３つのグループに分けることができます。

ひとつは相聞歌、これは相手の気持ちを心にかけた歌で、ほとんどが恋の歌。ふたつめは挽歌、これは亡くなった人を思ってよむ悲しみの歌。そして雑歌、これは自然や旅、生活などさまざまなことがよまれています。

14巻めの「東歌」と20巻めの「防人の歌」はちょっと特別で、中央から遠くはなれた関東地方の庶民の暮らしや九州の警備をさせられた防人の故郷を思う気持ちなどがよまれています。

万葉がなって何？

『万葉集』はぜんぶ漢字で書いてある、といっても中国語とはちょっとちがうのです。まだ日本が独自の文字を持っていなかったこのころ、和歌を書きあらわすのに、漢字の音だけをあてはめて使っていたのです。それが「万葉がな」。現在では「瓜食めば子ども思ほゆ…」と書くところを「宇利波米婆胡藤母…」というように書かれています。

関連人物

大伴家持 ?～785年

『万葉集』の編者ではないかといわれている歌人で大伴旅人の子。越中守をはじめ、地方や中央の役人を歴任した。景色を歌の中にじょうずに取り入れた繊細な歌風。『万葉集』の中には、最多の479首を残している。

柿本人麻呂 ?～?年

飛鳥時代の歌人。天皇の旅の供などしながら歌をよみ、長歌の才能があったという。宮廷に奉仕した歌人であることから、天皇を称讃する歌や、皇族の死を悲しむ歌も多い。『万葉集』には457首の歌が残っている。

300	400	500	600	700	800	900	1000	1100	1200	1300	1400	1500	1600	1700	1800	1900	2000
弥生	古墳		飛鳥	奈良	平安				鎌倉		室町		安土桃山	江戸		明治 大正 昭和	平成 令和

聖武天皇

701～756年

仏教による安らかな世の中を願い続けた天皇

聖武天皇は、なぜ奈良の東大寺に大仏をつくったのだろう？

世界最大級の木造建築といわれる東大寺の大仏殿には、これも世界一の大きさの金銅仏が置かれている。これだけのものをつくった奈良時代というのは、どれほど繁栄していた世の中だったのだろうか。

これらをつくることを進めたのは聖武天皇。文武天皇の子として生まれ、首皇子とよばれていた。小さいころから病弱だったこともあってか、早くから仏教に親しみ、天皇に即位するころにはかなりの知識を持っていたらしい。

当時、政治の世界では権力争いが激しくなり、反乱もおきた。社会的には凶作が続いた年もあり、疫病も流行した。少なくとも繁栄した世の中のようすとはいえなかった。仏教の知識が豊富で信仰もあつい聖武天皇が、こうした世の中を仏教の教えによって安らかに治めたいと考えたとしても不思議ではない。その思いの強さは、全国につくられた国分寺（📖 p154）・国分尼寺、都である奈良につくられた国分寺の東大寺（📖 p154）にあらわれた。大仏をつくるときには、行基のような朝廷の制度にそむく僧にすら、協力を求めた。その後、天皇は出家し、来日した鑑真（👤 p26）から、皇后の光明子とともに菩薩戒という戒を受けたという。

そこまで仏教の教えを信じ、安らかな世の中になることを願っていた天皇の思いとはうらはらに、現実には律令政治はくずれ始めていた。また、社会を支える農民の苦しい生活も、重い税によってさらに厳しさを増していた。

⬆東大寺大仏（奈良県）（東大寺蔵）（写真提供 奈良県ビジターズビューロー）
752年に開眼供養が行われた。その後、2度焼き打ちされた。現在の頭部は1690年につくられたもの。

⬆正倉院（奈良県）

入試でのポイント

●国ごとに国分寺・国分尼寺をつくる
●奈良の都に東大寺・大仏をつくる
大仏造立の詔を出す→**行基**の協力
●墾田永年私財法を出す
全面的な土地の私有を認める→**荘園**の発生
●唐から高僧の鑑真を招く
●遺品は正倉院に納められている
このころ栄えた文化を**天平文化**という。

歴史のあれこれ

さまよう天皇

ある年の秋、「ちょっと思うところがあるので出かける」と言って、聖武天皇は現在の京都府加茂町に恭仁京をつくって都を移してしまいました。その翌年には現在の滋賀県信楽町に紫香楽宮という離宮をつくり、そこで大仏づくりを命じます。２年後には現在の大阪市に難波京をつくって都を移しますが、翌年には紫香楽宮に都を移し、さらに平城京にもどりました。大仏づくりも平城京でふたたび始められました。乱れた社会をさけるように各地を転々としたのではないかと考えられており、国の中心である天皇が落ちつかないことでも政治がさらに乱れてしまったとする説があります。

アジアの博物館

壮大な東大寺の裏側にあたるところに、聖武天皇の遺品を収めた倉庫がひっそりと建っています。これは正倉院とよばれ、中には中国やインド、また、シルクロードなどをとおって遠くペルシアなどの西アジアからはるばる日本に運ばれた約9000点ものさまざまな品物が収められています。

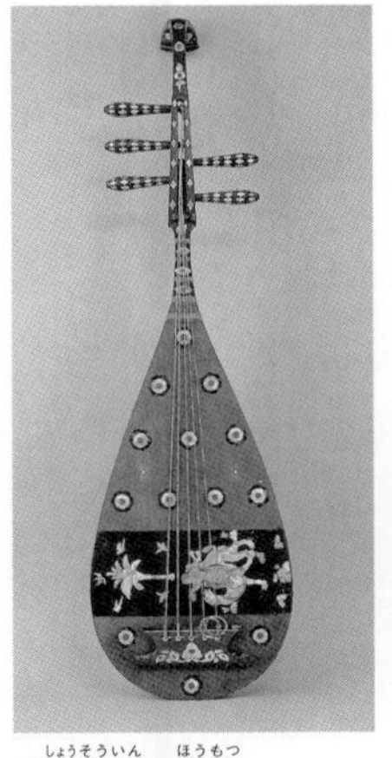

↑正倉院の宝物
中国やインドなどの国内でもめずらしいほどの宝物が、数多く収められているといわれている。左から、螺鈿紫檀五絃琵琶（インドが起源とされる楽器）、漆胡瓶（ペルシア風の水さし）、紺瑠璃坏（西アジアから伝わったガラスのコップ）。

関連人物

行基　668～749年

民衆を助け、大仏造立に貢献した僧侶

百済系の渡来人で、用水路や橋の建設、貧しい人や病気の人のための施設をつくるなどの社会事業に力を入れた。これは当時の法律（大宝律令）に違反していたため、朝廷により厳しく弾圧されたが、のちにその活動が認められ、大仏づくりにも積極的に協力した。

光明子　701～760年

藤原不比等の娘で、皇族以外で初めて皇后となった。聖武天皇に負けぬほど仏教の信仰があつく、国分寺・国分尼寺建立の詔が出されたときには、不比等の邸宅を寺にし、都である奈良の国分尼寺として法華寺を建てた。また、悲田院・施薬院などをつくり、貧しい人びとや病人などの救済につとめた。

10

300 400 500 600 700 800 900 1000 1100 1200 1300 1400 1500 1600 1700 1800 1900 2000

弥生 古墳 飛鳥 奈良 平安 鎌倉 室町 安土桃山 江戸 明治 大正 昭和 平成 令和

鑑真

688～763年

日本の仏教界の先生とされる唐の高僧

唐の高僧が、なぜわざわざ日本に来ることになったのだろう？

55歳。日本の２人の若い僧がはるばる自分をたずねてきたとき、鑑真は何を思っただろうか。今でもこの年齢で命の危険をともなう冒険をしようという人はなかなかいない。平均寿命が50歳に満たなかったこのころに、鑑真はこれを行おうとした。

日本では一人前の僧になるためには国家試験のようなものがあったが、その戒律をさずけるすぐれた僧(先生のような人)がいなかった。そこで、唐からすぐれた僧を招くために２人の若い僧が派遣されることになったのだった。この２人の熱意に打たれて鑑真は日本にわたる決意をしたものの、それからが苦難の連続で、渡航に５回も失敗したうえに自分をたずねた２人のうちの１人が死に、自分も失明してしまった。なかなか日本へわたることができなかったのには航海が危険という以外にも理由があった。鑑真という人は、その名声をしたう僧たちが広い中国から集まって来るほどであり、膨大な仏教の書物を始めから終わりまで何十回も講義し、弟子の数は４万人をこえたともいわれるほどのすぐれた僧であった。そのため、日本へ行ってしまうことをおしんで妨害しようとする者たちが多くいたのだ。

こうした困難をこえて６回目にようやく日本をおとずれた鑑真は、すでにつくられていた日本で初めての僧の受戒の場である東大寺の戒壇院で、多くの僧に戒律をさずけ、76歳の生涯を閉じた。すでに天皇の位を退いていた聖武天皇(p24)も鑑真から戒を受けたという。

ちなみに、鑑真はいくつかの船のひとつに乗って日本に来たのだが、ほかのもうひとつの船には阿倍仲麻呂という人物が乗っていた。彼は留学生として唐にわたり、この船で35年ぶりに日本へ帰るところだった。このとき、鑑真や阿倍仲麻呂らの乗った船は嵐にあい、鑑真らの船は日本へ、阿倍仲麻呂らの船は大陸へもどされてしまった。

阿倍仲麻呂は、唐の朝廷で出世し皇帝にも好まれたことから、なかなか日本へ帰ることができないでいた。日本にもどることを強く望んでいたのだが、またしてもかなわぬこととなったのだ。失明しながらも目的地へついた鑑真とはことなり、二度と日本へもどることなく阿倍仲麻呂は唐で生涯を終えることになる。

入試でのポイント

●奈良時代の日本仏教には戒律がなかった

仏教は６世紀に朝鮮半島の百済から伝わった。

聖武天皇は戒律を伝えられる僧を求めていた。

●苦難の末に来日する

６度目の航海でやっと日本に到着。

阿倍仲麻呂の乗った船は嵐にあい、帰国できず。

●平城京に唐招提寺を建てる

日本における律宗の開祖となる。

歴史のあれこれ

大使の気分が運命を決めた

鑑真は６回目に日本にわたるとき、遣唐使船を使うことになりましたが、大使の藤原清河は唐内に日本渡航反対者の多い鑑真を大使の乗る第一船に乗せることをいやがり、副使の大伴古麻呂が自分の乗る第二船にこっそり乗せたのです。その後、嵐で第一船はベトナムに流されて大使らは唐へもどりました。そして、藤原清河と阿倍仲麻呂は唐で一生を終えたのです。一方、第二船はなんとか薩摩半島に流れついたのです。もし大使が快く第一船に乗せていたら、鑑真は日本へ来ることはなかったかもしれません。

唐招提寺

鑑真は、はじめ戒師として東大寺に住んでいましたが、のちに聖武天皇より新田部親王の家をさずけられました。新田部親王は聖武天皇が幼いときに補佐役となっていた人です。そうした人の家をさずけられるのですから、いかに鑑真が朝廷に大切にされていたかがわかります。その後、鑑真はそこに戒壇を設け、私立学問所をつくりました。それが唐招提寺のおこりです。さらにのちに講堂を加えますが、それは平城宮にあった建物を移して建てかえたものです。このころ、朝廷に保護され、莫大な税金を使ってつくられる派手な寺院が多い中、このようなひかえめな成り立ちを持つ唐招提寺は、いかにも仏教界の先生とされる鑑真の寺らしいといえます。

↑唐招提寺金堂（奈良県）　（撮影 飛鳥園）

関連人物

阿倍仲麻呂　701～770年

唐で役人として活躍しその生涯を終えた遣唐使

留学生として唐にわたり、帰国はかなわず唐で役人として生涯を終えたが、唐を出発して日本へ向かうさいにつくった次の歌が知られている。

天の原　ふりさけ見れば
春日なる
三笠の山に　出でし月かも

吉備真備　693～775年

吉備地方(現在の岡山県)出身の豪族である吉備真備は、阿倍仲麻呂や僧・玄昉とともに唐へわたり、18年間を過ごす。帰国後、聖武天皇に気に入られ、重要な役職について活躍する。751年副使としてふたたび唐へわたり、２年後、仲麻呂・鑑真をともなって帰国しようとするが仲麻呂は失敗、第三船に乗船した真備は帰国に成功する。

11

300	400	500	600	700	800	900	1000	1100	1200	1300	1400	1500	1600	1700	1800	1900	2000

弥生 / 古墳 / 飛鳥 / 奈良 / 平安 / 鎌倉 / 室町 / 安土桃山 / 江戸 / 明治 / 大正 / 昭和 / 平成 / 令和

桓武天皇

737～806年

平安京をつくり、京都に都を移した天皇

桓武天皇は、なぜ京都に新しい都をつくったのだろう?

「カーン」、「カーン」と新しい都の造成工事の槌音が四方でひびく中、ひとりの人物がこの工事を見つめていた。この人物こそ京都に新しい都をつくることを命じた桓武天皇だった。

桓武天皇は、784年に長岡(現在の京都府向日市など)に都の造営を始めたが、さまざまな理由からとちゅうで断念した。その後、今の京都市に改めて都をつくり、794年に都を移したのであった。この都を平安京(📖 p154)という。この都は、奈良に造営された平城京(📖 p153)と同じように唐の都の長安をまねてつくられたものである。東西約4.6km、南北約5.3kmの長方形の土地で、土地の周囲には、高さ3mほどの土手(羅城)をめぐらせてあった。都の主要路は大内裏から南へまっすぐに通じる、幅85mほどの朱雀大路である。また、この朱雀大路に平行に、あるいは直角に交わる大小の道がつくられ、都の中を坊・保・町・門などの区画に分けていた。これらの区画された土地に朝廷の役所や天皇・貴族・一般の人びとの住居があった。さらにこの都に住む人たちを相手にする市もあって、絹・糸・薬・干し魚のほか、家畜として牛や馬なども売られていた。この都は、まさに日本最大の都であった。

それではなぜ、天皇は、新しい都をつくることを命じたのだろうか。その理由を明らかにするためには、奈良時代にもどらなければならない。奈良時代、朝廷の手厚い保護を受けていた仏教が、しだいに力を増すようになると、僧侶が政治に干渉するようになり、政治が混乱したからである。このことを裏づけるように、平安京には平城京の寺院の移転を禁止することが決められ、その徹底ぶりがうかがえる。

また、ほかに天皇がやらなければならない仕事があった。それは、これまでの政治制度を支えていた律令制度を再建(📖 p154律令政治のくずれ)するという仕事であった。この仕事は農民の負担を軽くすることから始まった。当時、律令で定められた農民による兵士の制度を改めたり、班田収授の法も改めて農民の実情に合うようにしたのである。さらに地方に派遣した国司の不正を取りしまるための役人を新しく設置した。

しかし、天皇の努力もむなしく私有地である荘園は増え続け、律令制度は形ばかりの制度となっていた。

入試でのポイント

●794年、都を平安京(京都)へ移す

寺院勢力の強い平城京(奈良)からはなれる。

平安京で律令政治の立て直しをはかる。

京都はこのあと**約1100年間日本の都**となる。

●坂上田村麻呂を東北へ派遣する

征夷大将軍として、朝廷に従わない蝦夷を征服。

●最澄、空海を唐へ派遣する

帰国後最澄は**天台宗**、空海は**真言宗**を開く。

歴史のあれこれ

平安京の建設は、とちゅうで中止

桓武天皇は幼いときから農民の生活を見て育ったので、農民の苦しみを知っていました。この平安京の建設が半ばを過ぎたころ、家臣からこの工事に借り出された農民の困ったようすを聞き、工事を中止しました。このため、平安京の右京と南部は、荒れ地のまま放置されていました。のちにこの場所は盗賊の隠れ場所になったり、お化けが出るといわれたりしました。

平安京の市は物売りだけではない

当時、市は正午を合図に店が開かれ、日が暮れるまでの半日間が営業時間でした。平安京には東市と西市の2つの市があり、半月交代で開かれていました。また、市では犯罪者に対する刑罰も行われていました。これは、市にはたくさんの人が集まるためで、犯罪を防止するという意味では、最も適した場所だったからです。

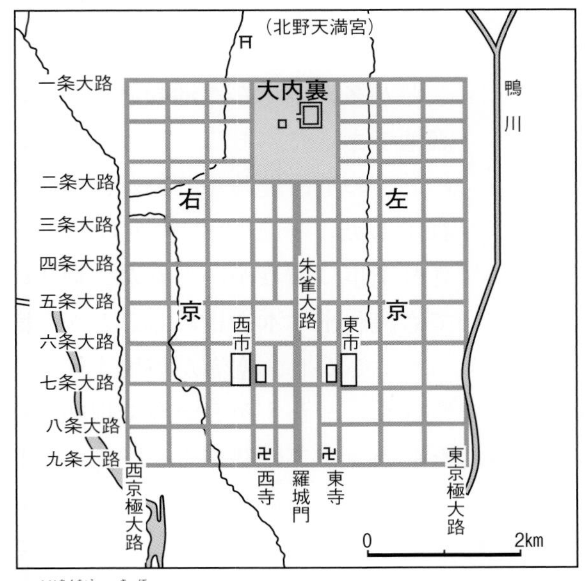

➊平安京の規模

関連人物

坂上田村麻呂

758~811年

征夷大将軍となり蝦夷の反乱をしずめた武将

平安時代初めの武将で、渡来人の子孫。桓武天皇の命を受けて、東北地方でおこった蝦夷の反乱をしずめた武将である。この乱をしずめるにあたって、天皇から征夷大将軍の位をさずけられた。この位は、のちに武士の最高の位になった。

道鏡

?~772年

奈良時代の僧。修行によって得たまじないの力で孝謙上皇(のちの称徳天皇)の病気を治したことで、信任を受け、朝廷の政治に大きな影響力を持つようになった。その後、道鏡の後ろ盾であった称徳天皇が死ぬと、朝廷から追放された。

12

300	400	500	600	700	800	900	1000	1100	1200	1300	1400	1500	1600	1700	1800	1900	2000

弥生 古墳 飛鳥 奈良 平安 鎌倉 室町 安土桃山 江戸 明治 大正 昭和 平成 令和

空海

774～835年

新しい仏教を開いた僧侶

空海の真言宗は、なぜ貴族の支持を得たのだろう？

804年、空海は第16回の遣唐使に加わって唐へわたった。31歳のときである。船が九州を出発してから１か月あまりも海上をただようなどの危険にあいながら、唐の都の長安にたどりついた。

空海は、唐で位の高い僧であった恵果阿闍梨について一心に仏教を学んだ。恵果阿闍梨は空海の熱心なようすに深い感銘を受け、数か月間にわたって真言密教の秘法のすべてをさずけた。この恵果阿闍梨にはおよそ千人の弟子がいたそうだが、密教の秘法をさずけられたのは、空海のほかにはただひとりだったといわれている。いかに空海が優秀で将来を期待されていたかがわかる。その優秀さは、詩文や書の面でも発揮され、唐の人びとをおどろかせたほどであったという。こうして、仏教だけではなく唐の文化にも精通した空海は、806年に唐を去り、日本に帰国した。そして、唐からの帰国後、真言宗を開いてそれまでの仏教の世界に新しい流れをもたらしたのであった。

この新しい仏教の流れとは何であったのだろうか。それまでの日本の仏教は、僧が自分の悟りを得るために修行するものであった。しかし、空海の開いた真言宗は、仏の力を借りて人びとを苦しみや悩みから救うことを目的とするものであった。やがてこの教えは、貴族を中心に支持されるようになり、高野山の金剛峯寺（和歌山県）や京都の東寺を中心に広く信仰され、その後の日本の仏教に大きな影響をあたえたのである。

また、空海は貴族の支持を得た僧というだけでなく、当時、宗教と無縁の農民たちにもその名前を知られた数少ない僧のひとりだった。空海と農民にまつわる有名な話のひとつに空海の出身地である讃岐国（現在の香川県）の満濃池の話がある。讃岐国は大きな川がなかったので、田植えのときなどはため池から水を引くことが多い。そんな池の最大のものが満濃池であった。ところが平安時代の初めに、この池の堤防がこわれ、池の水が流れ出した。そこで朝廷から役人が派遣され工事に取りかかったが、何年かかっても流れ出す水を止めることができなかった。しかし、空海が農民を使って工事を行うと、わずか３か月で堤防は完成したという。この話からも空海が仏教以外の方面でも功績を残した人物であるということをうかがい知ることができる。

入試でのポイント

●唐へ派遣され、帰国後に真言宗を開く

同じく唐に派遣された**最澄**は**天台宗**を開く。

●高野山に金剛峯寺（和歌山県）を建立

最澄は比叡山に延暦寺（滋賀県）を建立。

●讃岐国（香川県）の満濃池を修築

●庶民の教育を目的に京都に綜芸種智院を開く

●死後、弘法大師の名が贈られる

最澄には死後、伝教大師の名が贈られる。

歴史のあれこれ

病気や災いを取り除く「加持祈とう」

平安時代になると、「加持祈とう」とよばれるやくよけやまじないをする儀式が、ひそかに行われることが多くなりました。この目的は、病気を治したり、災いを取り除いたりするためでした。空海や最澄も自分たちが開いた宗派にこの儀式を取り入れていました。これが貴族の間で評判となり、多くの貴族が空海や最澄のもとに集まったのでした。現在と比べて科学が発達していなかったことが、「加持祈とう」がもてはやされた理由のひとつでしょう。

日本で最初の私立学校

空海は僧侶というだけでなく、教育家でもありました。当時の学校といえば、貴族の子どもを対象にしたものしかなく、教育を受けることのできる子どもたちは限られていました。

空海は、綜芸種智院という私立の学校を京都につくり、学問をしたくても学校に行くことができない庶民の子どもに入学を許可しました。さらにこの学校で学ぶ生徒に対して経済的な援助もしました。

この学校では、孔子の教えである儒教や仏教がおもに教えられていました。

関連人物

最澄

766～822年

空海とともに唐にわたり、天台宗を開いた僧侶

平安時代の僧。空海とともに唐にわたった。帰国後、天台宗を開き、現在の滋賀県と京都府にまたがる比叡山に延暦寺を建てた。その教えは、法華経の教えに従って修行をすれば、だれでも仏になれると説くものである。最澄の死後も弟子の円仁や円珍がその教えを広め、多くの人びとの信仰を得た。

⬆空海が建てた高野山金剛峯寺（和歌山県）　（写真提供　金剛峯寺）

⬆最澄が建てた比叡山延暦寺（滋賀県）　（写真提供　延暦寺）

13

300 400 500 600 700 800 900 1000 1100 1200 1300 1400 1500 1600 1700 1800 1900 2000

弥生 古墳 飛鳥 奈良 平安 鎌倉 室町 安土桃山 江戸 明治 大正 昭和 平成 令和

菅原道真

845〜903年

遣唐使の停止を進言した右大臣

道真はなぜ、遣唐使を停止させたのだろう?

九州の大宰府(p153)に少数のお供につきそわれた人物が京都から着任した。この人物が中央(都)の貴族であった菅原道真だった。

この人物、代々学者の家として高名な菅原氏の出身であったが、当時朝廷の中で、権勢をほこった藤原氏のねたみを買い、天皇に対してはかりごとをくわだてたという理由で大宰府に左遷されたのであった。大宰府につくまでの間、道真が思いをめぐらしたものはいったい何だったのだろうか。かつて天皇の側近のひとりとして公務につとめていた京都での日々、中でも天皇に遣唐使の停止(p154)を進言し、受け入れられたあの日が、人生で最も印象に残る日だったのではないだろうか。

ここで道真の進言によって停止された遣唐使についてふれておく必要がある。この遣唐使は、630年に始まり、894年に停止が決定されるまで18回続いた。この間、唐の進んだ政治制度や仏教などに関係するさまざまな知識や経典が日本にもたらされたのであった。その後、唐に留学していた僧から朝廷に手紙が届いた。それによると、唐の国内では政治が乱れ、治安が悪化しているという。一方、朝廷も遣唐使を派遣する費用に困るほど財政が苦しくなっていた。さらに航海はとても危険であった。このことを考え合わせ、これ以上遣唐使を派遣しても唐から学ぶものはないと考えた道真は、遣唐使の停止を求めた建議書を朝廷に提出した。このことが朝廷の決断をうながすきっかけとなり、894年、260年あまり続いた遣唐使は停止されたのであった。その後、道真は宇多天皇から信任を受け、醍醐天皇のときには右大臣になったのである。しかし、一方で道真に対する貴族たちのねたみも大きくなり、ついに藤原氏の策略にあい、朝廷内から大宰府へ追放されたのであった。そして903年に、失意のまま着任先の大宰府で生涯を閉じたのである。道真のよんだ歌に次のような歌がある。

東風吹かば　においおこせよ
梅の花
主なしとて　春な忘れそ

この歌は、都から大宰府に左遷されるときに、庭の梅の木を見てよんだものだといわれている。この歌からも都からはなれがたい道真の気持ちをうかがい知ることができる。

入試でのポイント

●894年、遣唐使の停止を提案する

停止の理由は唐のおとろえ。

停止後、唐の影響が弱まり、**国風文化**が発達。

●藤原氏の策略で九州の大宰府へ追放される

「東風吹かば　においおこせよ　梅の花…」

●死後、京都の北野天満宮などにまつられる

たたりをしずめるため、各地の神社にまつられる。

現在は学問の神様として知られる。

歴史のあれこれ

雷神になった菅原道真

藤原氏によって大宰府に左遷された道真が、大宰府で不遇の死をとげると、都では雷が落ち、火事がおこったり、朝廷内では原因不明の死に方をする者が出たりしました。人びとはこの不吉なできごとをたたりと考え、道真を雷神(天神)さまとよぶようになりました。そして、たたりをしずめるために各地に道真をまつった神社を建てました。その代表的な神社として京都の北野天満宮や福岡の太宰府天満宮があげられます。また、道真はすぐれた学者であったことから、今では学問の神様として有名です。

⬆太宰府天満宮(福岡県)　　(写真提供 太宰府天満宮)

西暦	使節	留学生その他
	遣隋使	
607	小野妹子	
608	小野妹子	高向玄理
614	犬上御田鍬	
	遣唐使	
630	犬上御田鍬	
653	吉士長丹	
654	高向玄理	
659	坂合部石布	
665	守大石	
669	河内鯨	
702	粟田真人	山上憶良
717	多治比県守	阿倍仲麻呂 吉備真備
733	多治比広成	
752	藤原清河 吉備真備	鑑真渡来
759	高元度	
761	仲石伴	中止
762	中臣鷹主	中止
777	小野石根	
779	布施清直	
804	藤原葛野麻呂	橘逸勢、 最澄、空海
838	藤原常嗣	
894	菅原道真	遣唐使停止 (中止)

⬆遣隋使・遣唐使の派遣

関連人物

藤原良房　804～872年

平安時代の貴族。文徳天皇のときに皇族以外で初めて太政大臣になった。その後、清和天皇のときに藤原氏一族の中で最初に摂政に就任し、のちの摂関政治の基礎を築いた。なお、摂政とは天皇が幼いときや女性であるとき、病弱なときに天皇の政務を助けるための朝廷の役職である。

藤原基経　836～891年

平安時代の貴族。藤原良房の養子で、摂政・太政大臣となり、やがて藤原氏一族の中で最初に関白に就任した。良房と同様に、のちの摂関政治の基礎を築いた。なお、関白とは成人した天皇の政務を助けるための朝廷の役職である。

14

300 400 500 600 700 800 900 1000 1100 1200 1300 1400 1500 1600 1700 1800 1900 2000

弥生 古墳 飛鳥 奈良 平安 鎌倉 室町 安土桃山 江戸 明治 大正 昭和 平成 令和

平 将門

?～940年

関東に独立国を築いた反逆の武将

なぜ、将門をまつった神社が関東各地にあるのだろう?

平安時代、関東地方で大きな反乱がおこった。935年から940年にかけておこった平将門の乱である。

ある日、将門のもとに常陸(現在の茨城県)からひとりの男がやって来た。事情を聞くと、「私は、国司の厳しいやり方に反抗したために国司の追手に追われています。どうぞ私を助けてください。」という。

この話を聞いた将門は、この男をかくまった。そして自ら兵を率いて常陸の国府に向かい、国府をせめて焼きはらい、次に上野(現在の群馬県)の国府もせめ落とした。勢いに乗った将門は、下総(現在の千葉県北部と茨城県の一部)の猿島に本拠地を構え、「新皇」と名乗るようになったのだ。さらに朝廷に無断で一族や家臣たちを国司や長官に任命するなどして関東一円に勢力を広げていった。

一方、朝廷は、将門を反乱軍と見なし、平貞盛らに将門征伐を命じた。940年、平貞盛と藤原秀郷に率いられた朝廷の大軍は、将門のいる下総をせめた。この戦いで将門はついに戦死したのであった。

ところで、この関東での戦いにまきこまれた多くの農民たちは、反乱の中心人物の将門をどう思っていたのだろうか。それを知る手がかりは関東各地の神社にある。これらの神社には、将門がまつられているのである。しかも関東からはなれた岐阜の大垣にもある。このことから将門は、農民たちの信仰の対象になっていたことがわかる。農民にとって、自分たちをしいたげていた朝廷の役人をこらしめてくれたという思いがその背景にあったのだろう。

また、この反乱は、関東に朝廷を相手に戦うことのできる新しい勢力ができつつあったことを示したできごとであった。その後、各地に武士団が形成されるようになると、朝廷もその強力な武力をたよりにするようになった。平安時代、各地にできた武士団の中でも関東地方を中心とする東国に勢力を持った源氏、瀬戸内海や近畿地方にかけて勢力を持った平氏は、当時の武士団の二大勢力であった。そして、これらの武士団は、のちに自らの実力を背景にして、貴族に代わって政権の座につくのである。

入試でのポイント

●関東で反乱をおこし、新皇を名乗る

関東一帯を支配下に置くが、朝廷の軍に敗れる。

同じころ瀬戸内では**藤原純友**が反乱をおこす。

将門と純友の乱を**承平・天慶の乱**とよぶ。

●このころ各地で武士団ができる

平氏や源氏は武士団の棟梁となり、勢力を拡大。

平氏は桓武天皇の血筋を引く一族。

源氏は清和天皇の血筋を引く一族。

歴史のあれこれ

将門は名門の出身

平将門の祖父にあたる高望王は平安京の建設に力を注いだ桓武天皇の血筋を引いた人物でした。やがて高望王は国司の次官として関東に赴任し、その後も関東にとどまり、勢力を広げました。

国司は役人かそれとも盗賊か

当時、朝廷から地方に国司として派遣された者の中には、国司の仕事を忘れて私利私欲のために人びとの土地や財産をうばう者もいました。中でも尾張国の国司であった藤原元命は、朝廷に納めなければならない税やさまざまな品物の一部を横取りして、都の自分の屋敷に送ったり、農民に重い税をかけたりしていました。このような国司による不正な行為は各地で見られ、朝廷もその対策に手を焼いたほどでした。

将門はなぜ、新皇と名乗ったのか

939年、平将門が常陸の国府を焼き打ちしたとき、興世王という人物が「朝廷の国府を討っただけでもあなたの罪は軽くありません。どうせのことなら、坂東も手に入れたらどうでしょう。」と言いました。それに対して、将門は「ならば、坂東ばかりか、京までせめ上ってやろう。」と言ったそうです。そして、この乱につき従ってきた巫女が八幡大菩薩のおつげと称し、「皇位を将門にさずける」と口走るのを聞いた将門が、のちに自らを「新皇」と名乗るようになったのではないかということです。

関連人物

藤原純友　?～941年

瀬戸内海の海賊を率いて乱をおこした役人

伊予国(現在の愛媛県)の役人。のちに海賊の首領となり、瀬戸内海沿岸地域を勢力下に置き、939年から941年にかけて反乱をおこした。この乱を藤原純友の乱という。しかし、この乱は、朝廷が派遣した源経基などによって平定された。

平　忠常　967～1031年

平安時代の武士。平安時代の後期、関東の国府をおそうなど、およそ3年間にわたって朝廷の軍と戦い続けたのち、甲斐の国司としてつかわされた源頼信らに降伏した。この戦いをきっかけにして源氏は、その勢力を東国におよぼすようになった。

15

300 400 500 600 700 800 900 1000 1100 1200 1300 1400 1500 1600 1700 1800 1900 2000

弥生 古墳 飛鳥 奈良 平安 鎌倉 室町 安土桃山 江戸 明治 大正 昭和 平成 令和

藤原道長

966〜1027年

栄華をきわめた太政大臣

道長は、どのようにして政治の実権をにぎったのだろう？

1018年、10月16日をむかえた藤原道長は、得意の絶頂にあった。この日は道長の三女の威子が後一条天皇の后になる日だったからである。「自分の娘たちが相次いで一条、三条天皇に嫁ぎ、今度も天皇に嫁いだ。こんなにうれしいことはない。私の願いはすべてかなえられたのだ。」と。このとき道長53歳だった。

宮中での結婚の儀式が終わると、道長は多くの貴族を自分の屋敷に招き、宴会を始めた。この宴会の最中、道長は大納言の藤原実資を招きよせて、「じつは、この日の喜びを歌によもうと思うのです。あなたもぜひ、歌をひとつよんでくれませんか。」といった。そして、

この世をば　わが世とぞ思う
もち月の
かけたることも　なしと思えば

という歌をよんだのである。この歌に対して、大納言は返歌ができなかったのである。その代わり、この歌を全員が２度、３度合唱したという。この話から道長が天皇家と親戚関係を築いてきたことがわかる。

しかし、天皇家と親戚関係を結んだことのほかに、藤原氏が朝廷内で実権をにぎり続けることができた背景にもふれておく必要がある。それは、藤原氏の財力である。当時、藤原氏が全国に所有する荘園からの収入は、朝廷のそれを上回るほどであった。この財力を背景にして、政敵を退けたり、多くの貴族を味方に引き入れたりすることができたのである。

さらに、朝廷内での人事は、実力よりも家柄を重んじる傾向が強かった。つまり、大化の改新（📖 p152）を中大兄皇子とともに成しとげた中臣鎌足（のちの藤原鎌足）を先祖に持つ藤原氏にとって、天皇家とともに歩んできたという事実が有利にはたらいたのである。

道長の生きていたころは、まさに摂関政治（📖 p155藤原氏の摂関政治）の全盛期であった。息子の頼通も父親の道長の財力と権力を背景に朝廷内での地位を着実に固めており、藤原一族の栄華は永久に続くと思われていた。しかし、頼通と血縁にあった天皇に跡継ぎが生まれてこなかったことから、藤原氏と姻戚関係がなかった後三条天皇（👤 p41）が即位すると、藤原氏一族の権勢はしだいにおとろえていった。

入試でのポイント

●藤原氏による摂関政治の全盛を築く

1016年、摂政の位につき、政治の実権をにぎる。

４人の娘を天皇にとつがせ、親戚関係を結ぶ。

「この世をば　わが世とぞ思う　もち月の…」

●息子の藤原頼通は平等院鳳凰堂をつくる

極楽浄土の姿をこの世にあらわそうとした。

平等院鳳凰堂は現在の10円硬貨の絵柄である。

このころ栄えた文化を国風文化という。

歴史のあれこれ

寝殿造の屋敷のようす

寝殿造とは、平安時代の貴族の屋敷の建築様式です。敷地のほぼ中央には大きな建物が配置され、東・西・北には家族の住む建物がつくられていました。そして、それぞれの建物は渡り廊下で結ばれ、行き来ができるようになっていました。さらに敷地内には大きな池があり、舟遊びができるようになっていました。しかし、寝殿造の屋敷は窓がほとんどないうえに便所もありませんでした。

平安時代の女性の着物、十二単

平安時代の身分の高い女性の着物に十二単があります。この十二単を着ると、着物の厚さだけでもおよそ17㎝にもなります。それでは、なぜ、当時の女性がこれほどの着物を着たのでしょうか。それは、この時代が寒冷期にあたり、寒かったからで、ぜいたくのためだけではありませんでした。また、十二単を着ると、かなり重くなり、自由に動くことができないため、移動する際はお付きの者が前後についていました。

↑平等院鳳凰堂（京都府）　（写真提供 平等院）

関連人物

藤原頼通

990～1074年

父の跡を継ぎ摂関政治の全盛期を築いた貴族

平安時代の貴族。藤原道長の息子で、摂関政治の全盛期に朝廷の重要な役職である「摂政」や「関白」についた。また現在の京都府宇治市に平等院鳳凰堂を建立した人物でもある。この平等院鳳凰堂は現在の10円硬貨のデザインにも使われている。

空也

903～972年

平安時代、念仏を広めた僧。若いころから仏の教えを説いていた。とくに「一度でも南無阿弥陀仏と唱えれば、だれでも極楽浄土に行くことができる。」として市中を布教して回った。また、各地で橋をかけたり、井戸を掘るなどの活動を行い、人びとにつくした。

16

300 400 500 600 700 800 900 1000 1100 1200 1300 1400 1500 1600 1700 1800 1900 2000

弥生 古墳 飛鳥 奈良 平安 鎌倉 室町 安土桃山 江戸 明治 大正 昭和 平成 令和

紫式部

？〜？年

国文学の最高傑作『源氏物語』の作者

平安時代に、多くの女流文学者が活躍したのはなぜだろう？

『源氏物語』の作者として知られる紫式部は、生前すでにその作品が評価されていたが、本名や生没年すら定かではない。はじめは、父藤原為時の官職名式部丞にちなんで、藤式部とよばれたが、のちに『源氏物語』で「紫の上」を書いたことに関連して、紫式部といわれるようになったと考えられている。

式部は、幼いころから文学的才能にめぐまれていたが、家庭的にはあまり幸せではなかった。生後まもなく母と死に別れ、たよりにしていた姉もはやく亡くなっている。その後、同じ中流貴族の藤原宣孝とおそい結婚をして一女賢子をもうけるが、夫宣孝は結婚してわずか2年半ほどで病死してしまう。『源氏物語』は、このようなさびしさをまぎらわすため、筆をとっているうちに生まれたものと伝えられている。

こうした中、式部は一条天皇の中宮彰子の女官に取り立てられる。執筆中の『源氏物語』が評判となり、時の権力者左大臣藤原道長（p36）に推薦されたためである。道長は、式部の文学的才能を高く評価していた。

宮仕えをするようになった式部は、彰子の家庭教師をするかたわら、宮廷生活のさまざまな体験をもとに『源氏物語』を書き続けた。そして、全54帖の『源氏物語』の完成には、10年あまりの歳月がついやされた。式部は、貴族社会の理想的人物である光源氏を中心とする、華やかな貴族の世界を美しい文体と豊かな想像力でえがいた。

こうした源氏物語をはじめとして、平安時代に女流文学が花開いたのはなぜだろうか？

平安時代は、藤原氏による摂関政治（p155）の時代である。藤原氏などの貴族は、自分の娘を天皇の后にして、生まれてきた天皇に代わって、あるいは天皇を補佐しながら、絶対的な権力をにぎろうとした。そのため、こうした貴族は、自分の娘を宮中に入れるとき、その侍女として教養ある女性を求めた。また、当時は、感情や感覚を表現しやすいひらがながおもに女性によって使われていたため、女流文学者が活躍することになったとも考えられる。

わが国の歴史をたどってみても、平安時代ほど多くの女流文学者が活躍した時代は見られない。

入試でのポイント

●かな文字を使って小説『源氏物語』をあらわす

このころ栄えた文化を国風文化という。

●かな文字を使った多くの文学作品が生まれる

当時、かな文字はおもに女性が使う文字だった。

清少納言→随筆『**枕草子**』をあらわす。

紀貫之→女性のふりをして『**土佐日記**』をあらわす。

歌集『**古今和歌集**』を編さん。

『**竹取物語**』→かな文字による最古の文学作品。

歴史のあれこれ

光源氏

「光源氏」とは、もちろん『源氏物語』の主人公。ところで、この光源氏の「源氏」ですが、これはどこからついたのでしょうか。紫式部の頭の中には、天皇の子で臣下に下り、源という姓を名乗った貴族があったようです。源氏は武士となった一族が有名ですが、宮中で活躍した一族もいるのです。それから、もうひとり、藤原道長も光源氏のモデルになっているということです。

男まさり

紫式部の父藤原為時は、有名な詩人・文学者として知られていました。幼くして母に死に別れた式部は、文学者の父に育てられました。式部が幼いあるとき、為時が式部の兄に『史記』を教えていたところ、それを聞いていた式部が、兄よりも先に覚えてしまいました。これを見た為時は、「女であることが残念だ。」となげいたということです。

かな文字

平安時代に発明された「ひらがな」「カタカナ」は、漢字をくずしたり、漢字の一部を取ってつくられました。これによって、自分の考えや感情を自由に書きあらわすことができるようになり、国文学がめざましく発達しました。そして、かな文字はおもに女性によって使われたため、女性によるすぐれた文学作品が生み出されたのです。

↑『源氏物語絵巻』

関連人物

清少納言　?～?年

三大随筆のひとつ『枕草子』をあらわした女官

一条天皇の中宮定子に仕えた。定子の命により『枕草子』を書き始める。この作品は、宮廷生活の見聞を中心に、自然と人生についての感想などを述べた随筆で、紫式部の長編小説『源氏物語』と並ぶ平安文学の代表的傑作である。

紀　貫之　?～945年

わが国最初の勅撰和歌集『古今和歌集』の編者のひとり。土佐守の任期を終えて、都へ帰るとちゅうのできごとをつづった『土佐日記』の作者としても知られている。『土佐日記』は、女性が書いたことにしてひらがなを使っている。

17

白河上皇

1053～1129年

院政を始めた日本最強の天皇

白河天皇は、どのようにして政治の実権をにぎったのだろう？

11世紀前半、藤原氏は全盛をほこっていた。藤原道長と、その子頼通のころ、藤原氏の一族は朝廷の高い位をほぼ独占し、地方の豪族から寄進された荘園（📖 p154律令政治のくずれ）や、国司からの贈り物によって、多くの富を得ていた。しかし、藤原頼通には、天皇の跡を継ぐ孫が生まれなかった。そのため、11世紀半ばに位についた後三条天皇は、藤原氏に遠慮することなく政治の改革を行った。

わずか4年で天皇の位を退いた後三条天皇に代わって、天皇の位についたのが白河天皇であった。白河天皇も、父の後三条天皇と同様に、藤原氏に遠慮することなく政治を行った。14年の在位ののち、白河天皇は1086年、当時8歳であった皇子に天皇の位をゆずって、自らは上皇として政治を行った。上皇の住んでいる御所を院といい、ここで政治が行われたことから、上皇による政治を「院政」（📖 p155）という。上皇はその後、40年あまりも院で政治を続け、「院政」の基礎を築いた。その間に、藤原氏による摂関政治（📖 p155）はすっかりおとろえ、政治の実権は完全に上皇に移っていった。

上皇が絶対的な権力をにぎるようになると、これまで藤原氏に寄進されていた荘園が上皇に集中するようになり、また、地方の国司も院に贈り物をするようになった。

こうした中、興福寺や延暦寺などの大寺院は、僧兵を多く集め、他の寺院と争ったり、朝廷や上皇の住む院にたびたびおしかけて、無理な要求をとおそうとした。そこで上皇は、源氏や平氏の武士を採用して、院の警備にあたらせた。この武士の集合場所を院の北側に置いたことから、彼らは「北面の武士」とよばれた。

「北面の武士」は、のちには上皇の親衛隊として警備にあたるようになる。そして、上皇とこの親衛隊が強く結びつくことによって、上皇の勢力はますます強力となり、武士である源氏や平氏がやがて宮廷内でも力を持つようになっていった。

上皇は1096年、娘の死を悲しんで出家し法皇となった。もともと仏教を深く信仰していたため、法皇が建立した寺は数多く、仏像にいたっては6000体以上にものぼるといわれる。一方で、上皇は法皇となってからも引き続き政治を行い、天皇が代わっても、法皇の権力はおとろえを知らなかった。

入試でのポイント

●院政を始める

1086年、天皇の位をゆずり**上皇**となる。

上皇や法皇となったあとも政治の実権をにぎる。

上皇や法皇が行う政治を**院政**という。

都ではたびたび僧兵が暴れ、上皇をなやませた。

院の警備にあたった武士を**北面の武士**という。

●院政が始まると藤原氏の摂関政治はおとろえる

●白河、鳥羽、後白河上皇のころを院政期という

歴史のあれこれ

院政期とは？

上皇（院）が政治の実権をにぎっていた時期を院政期といい、平安時代末期の白河（天皇３代44年間）・鳥羽（天皇３代28年間）・後白河（天皇５代35年間）の３人の上皇による政治をさします。いずれの上皇も仏教への信仰があつく、出家して法皇となり、寺院を建てたり、寺院に荘園を寄付したりしました。

「加茂川の水、双六の賽、山法師、是れぞ朕が心にしたがはぬ者……」

白河上皇は、以下の３つのものは上皇の意のままにならず、なやみの種であったことを認めています。

○加茂川の水……加茂川の水が氾濫すること。

○双六の賽……博打の流行をおさえるために禁止令を出すが、効果がなかったこと。

○山法師……延暦寺の僧兵の横暴。

雨を器にとって獄に入れる？

白河上皇は、天皇の在位中に六勝寺のひとつ法勝寺を建立しています。のちにその法勝寺で盛大な法会（死者への供養）を営むことになったのですが、大雨のために予定日が３度延期となったのです。４度目もやはり雨でしたが、このときはついに法会を決行しました。激しくおこった上皇は、役人に命じて雨を器に取り、獄に入れさせたということです。

➊武装して強訴する延暦寺の僧兵　（滋賀県立琵琶湖文化館蔵）

関連人物

後三条天皇　1034～1073年

後朱雀天皇の第２皇子。兄の後冷泉天皇が跡継ぎなく亡くなったあとに即位。藤原氏を外戚に持たないため、摂政・関白をおさえて親政を行う。記録所を設置して荘園を整理減少し、藤原氏の摂関政治を有名無実なものとしていった。

71後三条―72白河―73堀河―74鳥羽
74鳥羽の子：75崇徳、76近衛、77後白河
77後白河の子：78二条―79六条、80高倉
80高倉の子：81安徳、82後鳥羽
82後鳥羽の子：83土御門、84順徳

数字は天皇の代を示す。
赤字は政治の実権をにぎった上皇を示す。

➊院政を行った天皇（上皇）

18

300 400 500 600 700 800 900 1000 1100 1200 1300 1400 1500 1600 1700 1800 1900 2000

弥生 古墳 飛鳥 奈良 平安 鎌倉 室町 安土桃山 江戸 明治 大正 昭和 平成 令和

平 清盛

1118〜1181年

初めて太政大臣となった武将

平氏政権が、20年たらずと長続きしなかったのはなぜだろう？

平清盛が、名実ともに平家の棟梁となったのは、父の忠盛が1153年に58歳で亡くなり、多くの財産と兵力を受け継いでからのことである。当時、藤原氏などの貴族、あるいは院や朝廷の内部では、権力を求めて対立することが多くなっていた。そして、武士の力を借りて争うようにもなってきた。

1156年、清盛が38歳のとき、天皇と上皇が対立し、摂関家の中でも摂政・関白の地位争いがおこった。後白河天皇(p45)と崇徳上皇の２つの派に分かれ、両派はそれぞれ武士を集めて戦った。これが「保元の乱」(p155)である。清盛は、源義朝とともに後白河天皇方に、崇徳上皇方には、清盛のおじの平忠正と義朝の父の源為義らがついた。天皇や貴族の争いに、源氏も平氏も、親子・兄弟・おじとおい、それぞれ敵味方に分かれて加わり、血を流しあった。

清盛は、忠正や為義らを討ち、その手柄によって播磨(現在の兵庫県)の国守に任ぜられた。そして、３年後におこった「平治の乱」(p155)では、武士のもう一方の棟梁であった義朝を破り、しだいにその力を強めていった。

1167年、清盛は、武士として初めて太政大臣(p155)という最高の位についた。そして、10年後には、娘の徳子を高倉天皇にとつがせて、そこに生まれた安徳天皇の外祖父としてその地位を固めた。平氏の一族もみな高い位につき、また、全国66国のうち30国以上を支配し、500か所以上の荘園を持って、「平氏にあらずんば、人にあらず」というほどの栄華をほこった。一方、清盛は宋との貿易(p155平氏政権)にも力を入れ、大輪田泊(現在の神戸港)を修築したり、新たな航路を開いたりした。

こうした清盛と平氏一族による政治の独占に対して、1180年、後白河法皇の皇子以仁王と源頼政が京都で兵をあげると、これをきっかけに、伊豆に流されていた源頼朝の勢いがみるみるふくれあがっていった。そして、源氏が平氏を各地で打ち負かすようになったとき、清盛は激しい熱病におかされ、1181年、そのまま息を引き取った。

壇ノ浦(p155源平の戦い)(山口県下関市)で平氏が滅亡したのは、その４年後のことである。

入試でのポイント

- ●保元の乱、平治の乱に勝利する
- ●武士として初めて太政大臣の位につく
  娘を天皇にとつがせ、天皇家と親戚関係を結ぶ。
  一族の繁栄→「平氏にあらずんば、人にあらず」
- ●大輪田泊を修築し、日宋貿易を行う
  宋銭が輸入され、国内で流通する。
- ●厳島神社を整備し、平氏の氏神をまつる
- ●清盛の死後、壇ノ浦の戦いで平氏は滅亡

歴史のあれこれ

藤原氏をまねた政治

清盛は、藤原氏の摂関政治にならって天皇と親戚関係を結び、朝廷での地位をさらに高めようとしました。つまり、1177年には自分の娘である徳子を高倉天皇の中宮とし、翌年生まれた安徳天皇の外祖父となってその地位を固めたのです。しかし、こうした平氏の貴族化は、他の武士たちの強い反感を買い、平氏滅亡の時期を早める結果となりました。

清盛の遺言

『平家物語』には、つぎのような清盛の遺言が見られます。「……一つ思い残すこととしては、伊豆国に流された源頼朝の首を見なかったことがまことに残念である。自分が死んだあとは、葬式など出す必要はない。堂や塔も建てなくともよい。すぐに追手を派遣して頼朝を討ち、その首を私の墓の前に供えよ。それが何よりの供養である。……」

	保元の乱	
後白河天皇(弟)	皇室	崇徳上皇(兄)
関白忠通(兄)	藤原氏	左大臣頼長(弟)
清盛(甥)	平氏	忠正(叔父)
義朝(子・兄)	源氏	為義(父) 為朝(子・弟)

➊「保元の乱」の敵対関係

	平治の乱	
通憲(信西)	藤原氏	信頼
平氏　清盛		源氏　義朝

➊「平治の乱」の敵対関係

桓武天皇—□—□—平 高望—□—将門
　　　　　　　　　　　　└国香—貞盛—維衡—□—□—正盛—忠盛—清盛┬重盛—維盛
　　　　　　　　　　　　　　　　　　　　　　　　　　　　　　　　├宗盛
　　　　　　　　　　　　　　　　　　　　　　　　　　　　　　　　├知盛
　　　　　　　　　　　　　　　　　　　　　　　　　　　　　　　　└徳子(建礼門院)

➊平氏の系図

関連人物

源　義朝 (1123～1160年)

源為義の長男で、頼朝の父。鎌倉に本拠を置き勢力を拡大。のち京都に上り、保元の乱では平清盛とともに後白河天皇側に立ち、勝利を収める。その3年後の平治の乱では清盛と対立し、敗れる。逃走中、尾張国で殺される。

平　徳子 (1155～1213年)

平清盛の次女。高倉天皇の中宮であり、安徳天皇の母。壇ノ浦の戦いで平氏滅亡のさい、安徳天皇らと入水するが、救助される。その後、京都におくられ出家。大原の寂光院で余生をおくる。建礼門院として知られる。

➊平氏の氏神とされた厳島神社(広島県)

19

300	400	500	600	700	800	900	1000	1100	1200	1300	1400	1500	1600	1700	1800	1900	2000

弥生 | 古墳 | 飛鳥 | 奈良 | 平安 | 鎌倉 | 室町 | 安土桃山 | 江戸 | 明治 | 大正 | 昭和 | 平成 | 令和

源　義経

1159～1189年

平家をほろぼした悲劇の武将

源平合戦の立役者といえば、牛若丸こと義経。その義経が鎌倉を追われたのはなぜだろう？

1160年、父が平氏との戦いで敗死したとき、乳飲み子の牛若丸(のちの義経)は命を救われた。この赤ん坊の命をここで絶っておかなかったことがのちの歴史を大きく変えた。命拾いした義経は、京都の鞍馬寺で修行を積んでいた。そんなある日、自分が源氏の大将の血を引くと知る。義経は平氏をたおすことを心に決め、源氏と縁の深い平泉の奥州藤原氏(p156)のもとへ身をよせた。義経は得意の武術にみがきをかけ、かたき討ちの日をじっと待った。

1180年、兄の源頼朝(p48)が平氏打倒の兵をあげたと聞くと、義経は鎌倉を目指す。数日後、義経は兄との数十年ぶりの再会に涙を流し、ともに戦うことをちかった。義経に最初にあたえられた仕事は、頼朝とライバル関係にあり、一足早く京都から平氏を追い出した、いとこの源義仲の首をとること。いくら京都の町で乱暴をして評判が悪いとはいえ、同じ目的を持ついとこを討つ指示を出すとは…。

武士のための新しい世をつくるという目的のためなら手段を問わない頼朝の姿勢は厳しかった。のちの運命を知るよしもない義経は、兄に言われるままに義仲の首をとった。天才的な戦上手であった義経は、奇襲戦法などを使いながら、平氏を西へ追いまくる。そしてついに1185年、壇ノ浦の戦いで平氏をほろぼした。

しかしここから義経の運命は急展開し、義経は罪人として頼朝に追われる身となった。兄のこの突然の心変わりにおどろき悲しみながら、義経は東北へ落ちのびた。しかし結局、頼朝のいかりをおそれた藤原泰衡に裏切られ、衣川の館で不意討ちにあい、わずか30年の劇的な人生を終えた。

それほど兄をおこらせた原因とは…。

義経は戦いのあと、京都で朝廷から検非違使(p155)という位をさずかっただけ。しかしこれが朝廷から距離を置いていた頼朝の気にさわったらしい。戦にかけては天才であっても、政治的な気配りに欠けていた義経は、頼朝にとっては、たとえ弟であってももう必要のない人物であったのかもしれない。

入試でのポイント

●1185年、壇ノ浦の戦いで平氏をほろぼす

平治の乱で、父の源義朝が平清盛に討たれる。

幼少期、平泉の奥州藤原氏のもとに身をよせる。

兄の頼朝が挙兵すると、協力して平氏と戦う。

奇襲を得意とし、一ノ谷、屋島で平氏に勝利。

壇ノ浦の戦いに勝利し、平氏は滅亡。

●平氏滅亡後、源頼朝と対立し追われる身となる

奥州平泉に落ちのびるが、追いつめられ自害。

歴史のあれこれ

弁慶

鞍馬寺で修行中の少年義経は京都の五条橋でひとりの大男と出会います。義経はこの大男の攻撃を軽々とかわし、打ち負かしました。この大男こそ、のちに義経の右腕となる僧兵の弁慶です。弁慶は義経が頼朝に追われてにげるときはいつもそばにひかえ、衣川でも、義経を守るために全身に矢を受けたまま、仁王立ちになって死んだといわれています。

ひよどり越えの逆落とし

一ノ谷の戦いは、源氏の苦手とする海での戦いでした。このままでは勝ち目はないと思った義経は軍を二手に分け、一方は正面から、もう一方は険しい谷の北側から包囲しました。「続け！」という声を合図に、軍勢はいっせいに谷底へとかけおり、これにおどろいた平氏は、あわてて海へとにげていきました。

義経は生きていた！？

「義経は生きのびて大陸へわたり、モンゴル民族をまとめたチンギス・ハンとなった」あるいは「北海道ににげのびて、アイヌの王となった」なんていう信じがたい話がのちの世まで伝えられています。義経はまちがいなく首をとられたはずですが…。

当時、東北から鎌倉に義経の首を運ぶまで時間がかかりくさってしまったため、本当に義経の首だったのか判断ができなかった。このことが人びとにさまざまな義経伝説をつくらせたのでしょう。

関連人物

藤原秀衡 ?～1187年

平安後期の陸奥の豪族。前九年合戦、後三年合戦で勝利後、支配を固めた清衡を祖父に、基衡を父に持つ。秀衡のころ、奥州藤原氏は最盛期をむかえる。義経は秀衡をたよったが、1187年に死亡。義経を最後まで守りきれなかった。

後白河法皇 1127～1192年

鳥羽天皇を父に持つ。兄の崇徳上皇と皇位をめぐり対立し、保元の乱で勝利。そののち上皇となる。上皇となったあとも源氏と平氏とを戦わせて朝廷の力を保とうとした。源平の戦いに勝った源頼朝に、最後まで征夷大将軍の位をあたえなかった。

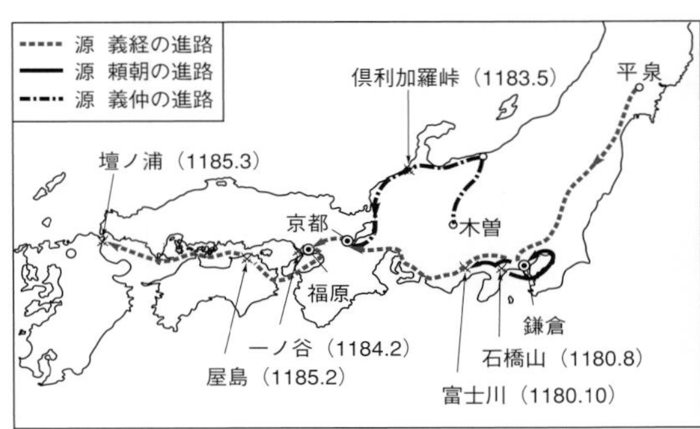

➊源平の戦い

➊安徳天皇御入水（壇ノ浦の戦い）

（写真提供 林原美術館）

時代コラム

宮廷の女性たち

華やかで、優雅な宮廷生活。美しい十二単を身にまとい、和歌をよんだり、日記を書いたり…。平安時代の女性たちのイメージはたいていこうだ。でも、ほんとう？　彼女たちの社会的な立場ってほんとうはどの程度のものだったの？

●本名が残ってない？　女性たち

女性も文化の創造に重要な役割を果たしてたってことは、みんなも知っているとおり。

宮廷を舞台にしたスケールの大きな恋愛小説『源氏物語』を書いた紫式部、貴族の生活をユーモラスに、ときには皮肉を交えた視点でえがいた『枕草子』の作者、清少納言。でも、ちょっと考えてみて。彼女たちの本名って何だろう？じつは、わからないというのがその答え。

紫式部は、宮廷内では「藤式部」ってよばれていたんだ。それだって、父親の名である藤原為時と、その位である式部大丞を合わせたもの。のちに源氏物語の登場人物「紫の上」にちなんで紫式部ってよばれるようになったけど…。

考えてみたら、平安時代に有名な文学作品を残した女性たちってみんなそうだ。『蜻蛉日記』を書いたのは藤原道綱の母、『更科日記』は菅原孝標の女。みんな父、兄弟、夫などにちなんだ名しか残っていない。華やかに見える宮廷女性たちの一面がこんなところにも見えかくれする。やっぱり、男性優位の社会であることには変わりないんだ。

●平仮名は女性の専売特許？

ひらがな、カタカナは平安時代に生まれた日本独特の文字。漢文が真名とよばれていたのに対し、仮名とよばれていたんだ。仮名を使ってしたためられた和歌や小説は、いかにも優雅でやさしい雰囲気がするもの。でも、この仮名は当時「女手」ともいわれ、教養ある女性が必ず身につけなければいけないもののひとつだった。逆に、漢文は「男手」といって男の必修科目だ。『土佐日記』を書いた紀貫之が、女性のふりをして日記を残したのも仮名で書かれていたから。仮名は女性のもの、という価値観があるから仮名で書くのは少し気はずかしい、でも漢文では

⬆『源氏物語絵巻』

自然な文章は書きづらい。こんなもどかしさが、彼に「女のふり」をさせたんだ。

ところで、平安時代には三筆・三蹟といわれた書の達人がいた。でも、みな男性ばかり。決して女性が書が苦手だったわけではない。女性にもすばらしい文字を書いたといわれる人物の記録は残っていたんだけど、作品が残っていない。女性の作品を残そうとしなかった社会背景について、ちょっと考えてみるのもいいかもしれない。

●公の場での晴れ着「十二単」

十二単って聞いたことがあるかな。そう、3月3日の桃の節句にかざるお雛様が着ているあの着物が十二単だ。何枚も何枚も重ねられた、美しい絹の織物。あれは、平安時代、宮廷に仕える女房たちが着ていた服装（女房装束）の代表格で、成人女性の正装なんだ。総重量はなんと、20kg！　正式な儀式の場以外で身につける袿だって、そうとうの重さで動きにくい。ここで、意外な話をひとつ。ほんとうに身分の高い天皇や皇后といった人たちは、必ずしもこの重い正式な着物を着なくてもよかったらしい。身分の高い人ほど、たくさん重ねるの？　と思いがちだけどじつは逆。略式のものですましても許されるのがほんとうにエライ人というわけだ。

ただし、赤や青といった特別な色や特別な文様の着物は皇后や一部の女御にしか許されなかった。どうしても着たいときは勅許（天皇の許可）が必要だというから、びっくりだ。

それにしても、クーラーもない暑い夏の日に長い髪の毛で、顔を白くぬり、眉毛をえがいて、十二単…。考えるだけで汗がふき出してきそう。実際、平安女性たちは汗やからだのよごれをとても気にしてたんだって。シャワーやおふろだってないから、たよるのはにおい消しのお香。これを着物にたっぷりとふくませてごまかしていたんだね。

束帯と十二単

300	400	500	600	700	800	900	1000	1100	1200	1300	1400	1500	1600	1700	1800	1900	2000

弥生 | 古墳 | 飛鳥 | 奈良 | 平安 | 鎌倉 | 室町 | 安土桃山 | 江戸 | 明治 | 大正 | 昭和 | 平成 | 令和

20 源 頼朝

1147〜1199年

武士の世をつくりあげた鎌倉幕府初代将軍

頼朝が京都ではなく、鎌倉に幕府を開いたのはなぜだろう？

頼朝の初陣は、13歳の平治の乱（p155）。このとき父の義朝（p43）は、平氏との戦いに負けて殺されてしまった。頼朝と幼い弟の義経（p44）は命を助けられ、頼朝は伊豆（静岡県）へ流された。

それからの20年間、頼朝は海と山ばかりの伊豆で青年時代を過ごすことになる。のちに妻となる伊豆の豪族の娘、北条政子と出会ったのもこのときだった。

1180年、34歳となった頼朝のもとへ「平氏を討て！」という朝廷（以仁王）からの命令が届く。すぐさま頼朝は平氏をたおすための兵をあげた。しかし、初戦の石橋山の戦いでは力不足か、敗北。命からがら安房（現在の千葉県）にのがれた。その後は東国の武士たちの協力が得られて、富士川の戦いでは勝利を収めた。そこでちょうど東北からかけつけた弟に再会。頼朝は義経に平氏追討を命じ、自分は鎌倉へもどった。

義経らが西へ西へと平氏を追いつめている間、頼朝は鎌倉で武士による政治を行うための準備を着々と進めていた。平氏がほろぼされるころにはほぼその準備は終わる。後白河法皇（p45）の亡くなった1192年、頼朝は朝廷から征夷大将軍（p156）に任命され、名実ともに武士の大将となった。これにより長く続いた貴族の世が終わり、武士の世が始まったのだ。

頼朝のつくった新しいしくみの根本にあるのは、「御恩と奉公」（p156）という、土地を仲立ちとした主従関係だ。これにより、将軍と家来である御家人はかたいきずなで結ばれた。このようなしくみのもと、鎌倉幕府は永遠に続くものと思われた。しかし、カリスマ的存在であった頼朝が思ったより早く死んでしまってから、源氏の悲劇が始まった。跡を継いだ息子の２代将軍頼家・３代将軍実朝がつぎつぎと殺され、頼朝の血を引く将軍はあっけなく絶えてしまったのだ。その後は源氏の遠い血筋にあたる将軍を京都からむかえた。形だけの将軍である。政治の実権はというと、将軍の補佐役であった頼朝の妻の家、つまり北条氏がにぎった。幕府成立からわずか二十数年でこんなことになってしまうとは……。

さすがの頼朝も、あの世で悲しんでいるにちがいない。

入試でのポイント

●平治の乱で平清盛に敗れ、伊豆に流される
●平氏打倒のため挙兵→源平の戦い
●弟の源義経が、壇ノ浦の戦いで平氏をほろぼす
●1192年、朝廷から征夷大将軍に任命される

●鎌倉に幕府を開き、武家政権を確立
鎌倉に**侍所**・**政所**・**問注所**を置く。
国ごとに**守護**、荘園ごとに**地頭**を置く。
将軍と御家人は**御恩**と**奉公**の関係で結ばれる。

歴史のあれこれ

頼朝が鎌倉を選んだのは…

鎌倉は三方を山に囲まれ、一方が海に面しているため、敵を防ぎやすかったのです。当時鎌倉に入るには切通しという、馬が一頭とおれるほどのせまい道が数か所つくってあるだけでした。もうひとつの理由は、源氏の祖先は東北地方の反乱をしずめるたびに家来をたくさんつくり、関東を中心に大きな勢力を持っていたからです。このような点から、頼朝は鎌倉を選んだのです。

頼朝は朝廷ぎらい?

頼朝が鎌倉に幕府を開いた理由がもうひとつありました。頼朝は平氏の勢いがさかんであったころのようすも、ほろびていくようすもその目で見ています。京都で公家のような政治を行い、平氏のようなあやまちをくり返すことをおそれたのでしょう。その生涯のうち京都へ足を向けたのはほんの数回です。また、頼朝はのちに朝廷から官位をさずかっていますがすぐに返しています。こうした徹底した姿勢が、武士の世をつくっていくために必要だったのですね。

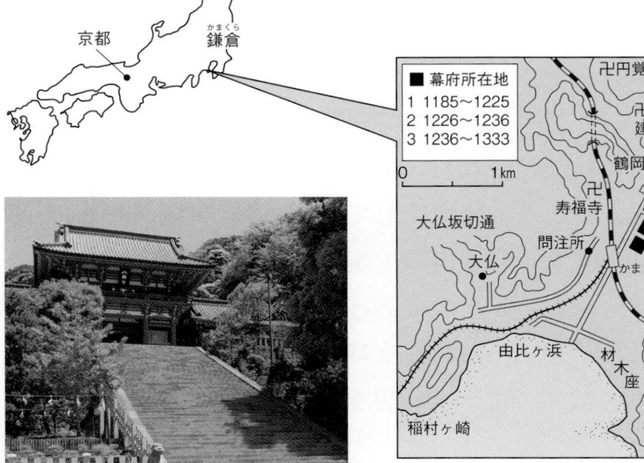

鶴岡八幡宮(神奈川県)
(写真提供 鶴岡八幡宮)

関連人物

北条政子 1157～1225年

頼朝亡きあとの鎌倉幕府を取りしきった尼将軍

伊豆の豪族北条氏の娘。北条氏は平氏の流れをくむ豪族だったため、頼朝との結婚は、はじめ父に猛反対された。頼朝の死後、政子は出家をするが、2代・3代将軍の母として幕府を支えたことから「尼将軍」とよばれた。

源 義家 1039～1106年

平安後期の武将。京都の石清水八幡宮で元服したため、八幡太郎と名乗る。前九年合戦では父頼義に従い奥州へ出陣、安倍氏の反乱をしずめる。その後、後三年合戦でもふたたび奥州へ出陣し、清原氏の内紛をしずめる。しかし、朝廷はこれを私戦として恩賞をあたえなかったため、自らの財産を投じて部下への恩賞とした。これにより義家の名声は高まり、東国で源氏の勢力が確立するきっかけとなった。

21

300 400 500 600 700 800 900 1000 1100 1200 1300 1400 1500 1600 1700 1800 1900 2000

弥生 古墳 飛鳥 奈良 平安 鎌倉 室町 安土桃山 江戸 明治 大正 昭和 平成 令和

北条泰時

1183〜1242年

幕府政治のしくみを固めた名執権

京都に幕府の組織である六波羅探題が置かれたのはどうしてだろう？

泰時ほど誠実で、つねに民のことを考える人物は歴史上にいない。

のちの歴史家たちが泰時にささげることばである。こういわれるように、実際に彼は欲を捨て、つねに民のことを考え、行動していた。源頼朝（p48）もこんな泰時の人柄を見ぬいていたのか、泰時をとてもかわいがった。

承久の乱（p156）後の幕府をまとめられたのも、泰時だからできたのかもしれない。

泰時が執権となったのは、承久の乱が終わったあと。頼朝の死後、２代将軍頼家、３代将軍実朝が暗殺され、幕府は最大の危機をむかえていた。このとき執権であった父の義時は北条政子（p49）とともに御家人たちの心をひとつにまとめ、なんとか危機を乗りこえようとした。この乱をおこしたのは公家による政治を復活させようとした、後鳥羽上皇。泰時は上皇のいる京都へせめこんだ。結果は幕府の圧倒的な勝利に終わった。泰時はそのまま京都にとどまり、六波羅探題（p156承久の乱）という、朝廷を監視するための役についた。一方、父義時は、上皇らに厳しい処罰をあたえた。しかし、その父もすぐに亡くなり、泰時が執権となった。泰時は幕府創立時の大物たちが世を去ったあと、今までの政治のやり方を改めた。叔父の時房を連署（副執権）とし、十数人の話し合いで政治を行った。人の意見を聞き、話し合うことでよりよい政治ができるだろうと泰時は考えたのだ（p157執権政治）。

泰時は頼朝以来つくられてきた幕府の姿を維持しようと努力した。そこで彼がつくったのが「御成敗式目（貞永式目）」（p156）である。ここには領地の裁判を公平に行うための基準や、その他武家社会の慣習など、頼朝以来の武家社会でのきまりごとがわかりやすくまとめられ、それ以後、武家社会の中での基本法となった。

こうして、「御成敗式目」は国ごとに置かれた守護により武家社会の基本法として運用されていき、頼朝から始まった幕府独自の支配体制がようやくここに完成したのであった。

名執権泰時により、幕府はしばらくの間、安定期をむかえる。

入試でのポイント

●**承久の乱で後鳥羽上皇の軍勢に勝利**

北条政子（**尼将軍**）の演説で御家人は団結。

乱のあと、朝廷を監視する**六波羅探題**となる。

●**鎌倉幕府の3代執権となる**

連署、評定衆を置き、合議制による政治を行う。

●**御成敗式目（貞永式目）を制定**

武士がつくった最初の法律。

御家人の権利や義務、裁判制度などを定める。

歴史のあれこれ

幕府を救った尼将軍、政子の演説

「みなの者、よく聞くがよい。昔、武士たちは３年間も京都を守る仕事を命じられたが、頼朝公はそれを６か月に縮めてくださった。このような深いなさけを忘れて、京都に味方するのか、それとも幕府に仕えるのか、この場ではっきり言ってみよ。」頼朝公亡きあと、御家人の団結をうったえたのは頼朝の妻、政子でした。「いざ鎌倉」とはせ参じた御家人たちはこのことばに心を打たれ、裏切る者はほとんど出ませんでした。まさにこの演説が幕府を救ったのです。

鉢の木

５代執権北条時頼は御家人や庶民のようすを知るため、姿を変えて諸国を歩いていたという話が伝えられています。

「大雪のある日、ある御家人のもとへ一夜の宿を求めた旅の僧がやってきました。しかし、たき木がないため、御家人は大切にしていた梅・松・桜の鉢の木を燃やして暖をとり、僧をもてなしました。そして『自分は領地をうばわれ今は貧しいが、いざというときは真っ先に鎌倉にかけつけるつもりです。』と僧に語りました。

しばらくして鎌倉から命令が出たので、この御家人がかけつけると、なんとあの旅の僧は北条時頼でした。時頼はこの御家人の日ごろからの心がけをほめ、うばわれた領地を取りもどし、新しい領地をあたえました。」

武士も農民だった？

鎌倉時代の武士はいざというときには鎌倉にかけつけたり、鎌倉や京都を守る仕事があたえられていました。

しかし、ふだんは自分で食べるものは自分の田畑でつくっていました。武士というと戦うだけと思いがちですが、それはもっとあとの時代の話で、鎌倉時代は武士といえどもほとんど自給自足だったのです。

関連人物

後鳥羽上皇　1180〜1239年

鎌倉幕府をほろぼすために兵をあげた上皇

承久の乱をおこし朝廷による政治を復活させようとした、朝廷側の中心人物。乱後、隠岐に流され、その地で一生を終えた。流鏑馬・笠懸・犬追物など武士がたしなむ武芸を好んだ。また藤原定家に『新古今和歌集』を編さんさせ、和歌なども好んだ。

北条義時　1163〜1224年

鎌倉幕府の２代執権で、泰時の父。頼朝亡きあと、姉の北条政子とともに鎌倉幕府の安定に力をつくした。有力御家人を排除し北条氏の執権の地位を固め、承久の乱を勝利に導いた。

22

300 400 500 600 700 800 900 1000 1100 1200 1300 1400 1500 1600 1700 1800 1900 2000
弥生 古墳 飛鳥 奈良 平安 鎌倉 室町 安土桃山 江戸 明治 大正 昭和 平成 令和

一遍

1239〜1289年

おどり念仏を広めた僧侶

武士の世になって新しい教えが広まったのはなぜだろう?

右ページの絵は「一遍上人絵伝」の一部。中央にいるのが一遍だ。遊行上人・捨聖といわれた一遍は全国を歩き、おどりながら念仏の教えを広めたため、寺院もなければ本なども書き残さなかった。

6世紀に伝えられた仏教は、まず国を治めるために利用された。たとえば、聖武天皇(👤 p24)の「大仏」のように。そして平安時代には、天皇や貴族の心を救う教えとなった。

平安末期から鎌倉初期にかけて、時代が「貴族の世」から「武士の世」へと移り変わろうとしているとき、すべての身分の人びとを救うための新しい教えがつぎつぎとあらわれた。

保元の乱(📖 p155)以降の争いの絶えない世に人びとの心は不安におびえていた。このような時代だからこそ、人びとは死後、極楽へ行くことを強く望んだ。新しい教えはひとつのことだけを集中して行えば極楽へ行けると説いたため、非常にわかりやすく、あらゆる身分の人のものになった。極楽へ行くために、「南無阿弥陀仏」と念仏を唱える浄土宗・浄土真宗・時宗、「南無妙法蓮華経」と題目を唱える法華宗、座禅を行う臨済宗・曹洞宗などがあった。

この中で、念仏を唱えながらおどることによって、全国に教えを広めたのが一遍である。ただし、一遍がすべてを始めたわけではない。「南無阿弥陀仏」と念仏を唱えることによってのみ阿弥陀仏の救いにあずかることができるという教えは、すでに大先輩にあたる浄土宗の法然と浄土真宗の親鸞によって広まっていた。では一遍は何をしたのか。

一遍は節をつけ、歌うように念仏を唱え、それに合わせ手足を動かしおどる「念仏おどり」を生み出した。

熊野(和歌山県)で修行のためにこもっていたときのことだ。一遍は夢で神のおつげを聞き、その後は「南無阿弥陀仏」と記された念仏の札を配って教えを広めていた。そんなある日、教えを説いていると、自然と手足が動き始め、それからはおどりながら念仏を唱えるようになった。この「おどり念仏」は、一遍の行く先々で多くの人、とくに貧しい人びとに受け入れられ、ものすごい人気で全国へ広まっていった。一遍のこの教えを時宗とよぶ。

こうして一遍は、念仏にその生涯をささげた。

入試でのポイント

●時宗を開き、おどり念仏を広める
●鎌倉時代には農民や武士の間にも仏教が広まる
▶念仏（南無阿弥陀仏）を唱える宗派
法然→浄土宗、親鸞→浄土真宗、一遍→時宗
▶題目（南無妙法蓮華経）を唱える宗派
日蓮→日蓮宗（法華宗）
▶座禅を行う宗派
栄西→臨済宗、道元→曹洞宗

歴史のあれこれ

元寇を予言？　日蓮の日蓮宗（法華宗）

鎌倉中期に、日蓮という僧がいました。彼は「ほかの宗派の念仏、座禅など、そんなものを信じているから地震や火事、ききんがおきるのだ。「南無妙法蓮華経」と題目を唱えれば、そんなことはなくなる。日蓮宗こそが真の宗派だ。」と演説して回りました。また、前執権北条時頼に「日蓮宗を信ずれば、世の中が治まる。日蓮宗を国教としよう。」という内容の書物をわたし、法華宗にもとづく幕府政治が行われることを望みました。しかしこのような過激な発言のため、伊豆へ流されました。

その後、ふたたび鎌倉に帰ると、元からの手紙で国内は騒然としていました。前に時頼にあてた書物の中の「国は乱れ、外国勢力がせめてくる。」という日蓮の予言どおりのできごとが実際におこりそうだと知って、人びとはたいへんおどろいたようです。

緑茶が飲めるのは栄西のおかげ

私たち日本人の暮らしにかかせない緑茶。これを日本に広めた人は臨済宗の栄西でした。彼は宋に留学をしたときにお茶の種を日本に持ち帰り、『喫茶養生記』というお茶の本を書きました。また、彼は３代将軍実朝に薬としてお茶を飲ませたともいわれています。

⬆庶民に念仏を説く一遍（「一遍上人絵伝」）　（清浄光寺（遊行寺）蔵）

関連人物

親鸞　1173～1262年

念仏を始めた法然の弟子。ただひたすら「南無阿弥陀仏」と念仏を唱える浄土宗の教えからさらに一歩進み、阿弥陀仏の救いを信じる心を持つだけで、極楽へ行けるという、浄土真宗の教えを広めた。

日蓮　1222～1282年

漁師の子として、安房国（現在の千葉県）に生まれる。「南無妙法蓮華経」と題目を唱える法華宗を開いた。他の宗派とちがい、現世（この世）の利益を求めた。辻説法によって他宗を激しく攻撃したため、幕府により処罰され、伊豆・佐渡へ流された。

法然（浄土宗）
親鸞（浄土真宗）　｝念仏を唱える
一遍（時宗）
日蓮（日蓮宗（法華宗））― 題目を唱える
栄西（臨済宗）
道元（曹洞宗）　｝禅宗 ― 座禅を組む

⬆鎌倉時代の仏教

23

300	400	500	600	700	800	900	1000	1100	1200	1300	1400	1500	1600	1700	1800	1900	2000

弥生 古墳 飛鳥 奈良 平安 鎌倉 室町 安土桃山 江戸 明治 大正 昭和 平成 令和

北条時宗

1251〜1284年

元軍から日本を救った若き執権

時宗はどのようにして、元の大軍を退けたのだろう?

ときの執権は８代北条時宗。まだ18歳の青年だが、名執権といわれた父・時頼の血を引いていることもあり、幕府のリーダーとしての素質は十分であった。そこへ、フビライ・ハン（p55）からの手紙が届く。「日本よ、わが国に従え。さもなければせめこむぞ。」

日本はアジア大陸の東に位置する島国だ。しかし、もし陸続きであったら、日本の歴史はまったくちがうものになっていただろう。ここにあげる日本始まって以来の危機は、海にへだてられていたからこそ、乗りこえられたものであった。

海の向こうのアジア大陸は、さまざまな勢力がつねに、より広い領土を求め、血を流し合っていた。そのひとつであるモンゴル民族は、チンギス・ハンによって統一されヨーロッパからアジア・朝鮮までを支配下に置いていた。その後、孫のフビライ・ハンは国号を元と改め、さらに勢力を広げようとしていた。

鎌倉幕府の執権時宗はフビライの手紙を無視し、元軍との戦いに備えた。

1274年（文永11年）、ついに元の大軍が北九州の博多湾に侵入。日本軍は、元軍の集団戦法や火薬を使った攻撃に苦しめられた。御家人は必死に戦ったが、戦いは日本の不利に終わりそうだった。しかし、元軍が短期間で引き上げたため日本は危機を乗りこえた。この戦いを文永の役という。

しかし、どうしても日本を手に入れたいフビライは、数年後ふたたび日本に大軍を送ってきた。ところが元軍は暴風雨にあい、海上にいた軍船4000隻のほとんどがしずみ、兵士のほとんどが戦う前におぼれて死んだ。これを弘安の役といい、元との２度の戦いをまとめて元寇（p157 モンゴル帝国）という。

さて、戦いは無事に終わったが、この事件がきっかけで御家人と幕府との「御恩と奉公」（p156）の関係が音を立ててくずれ始めた。ほうびがもらえない御家人を助けるために出した永仁の徳政令（p157）は世の中の混乱を招き、幕府をほろぼす原因となった。

時宗は？　というと、彼は元寇後、すぐに亡くなっている。だから幕府のほろびるようすは目にしていない。彼は日本を救ったヒーローとしてその一生を終えたのだ。

入試でのポイント

- **●鎌倉幕府の8代執権**
- **●2度の元寇を退ける→文永の役・弘安の役**

元の皇帝**フビライ**は属国になることを要求。

元は属国の高麗を従え、博多湾に来襲。

幕府軍は元の集団戦法や火薬の使用に苦しむ。

暴風雨によって元の軍勢は退く。

- **●元寇のあと、御家人の生活は苦しくなる→徳政令**

恩賞が不十分だったため幕府への不満が高まる。

歴史のあれこれ

黄金の国、ジパング

「この国は金がたくさんとれ、家の柱や床は黄金でできている。」いったいこんな国が地球上にあるのか？　――じつはこれ、日本のことなんです。ヴェネチアの商人、マルコ・ポーロの『東方見聞録』という本に書かれ、当時の多くのヨーロッパ人はこれが真実だと思っていました。彼は一時期フビライに仕えていたことがあり、フビライはこのときに諸国の事情にくわしい彼から日本のことを聞き、日本をぜひ手に入れたくなったのでしょう。でもマルコ・ポーロは日本に来たことはないのです。うわさ話や想像で、日本をつくりあげたのでしょう。このような話が信じられたのは、当時、日本は宋や元と貿易をするときに、支払いのほとんどを金や銀で行っていたからでしょう。

日本は神の国?

元寇のさいに日本を救った暴風雨は、日本を救うために神がふかせた神風だといわれてきましたが、果たして本当に神風だったのでしょうか？

２度目の弘安の役ではちょうど台風の多い時期でしたので、神が風をふかせたのではないことははっきりしています。１度目の文永の役のときにも暴風雨が元軍をおそったと記録はされていますが、このときは台風のシーズンではありませんでした。ほんとうに２度とも暴風雨によって日本が勝利したのかはさだかではありませんが、人びとがこの話を聞いて神風だと信じたのも無理はないでしょう。

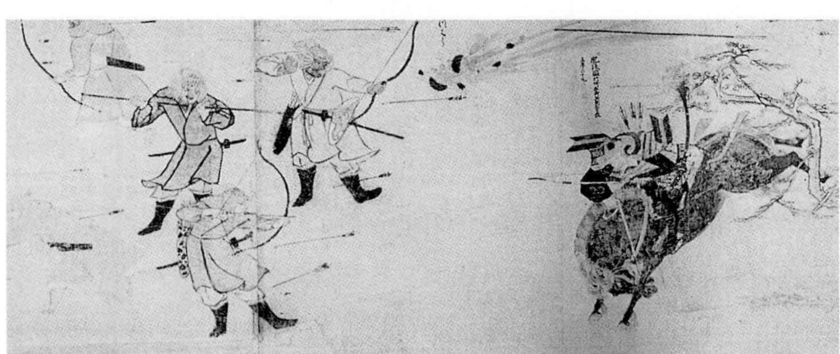

❶「蒙古襲来絵詞」(模本)　中央で爆発しているのは元軍の用いた火薬。
（九州大学附属図書館蔵）

関連人物

フビライ・ハン　1215～1294年

元寇をおこしたモンゴル帝国の皇帝

モンゴル帝国を建国したチンギス・ハンの孫で、モンゴル帝国の５代目の皇帝。ちなみにハンは遊牧民族の支配者のよび名。フビライは宋をほろぼし、国号を元と改め、日本を２度にわたってせめたが失敗した。その後、３度目の元寇は果たせずに亡くなった。

竹崎季長　1246～？年

元寇に出陣した肥後(現在の熊本県)の御家人。自分を主人公にして戦いを記録した「蒙古襲来絵詞」は、当時の戦いのようすを知るための貴重な資料である。手柄を認められたのか、季長はその後地頭という役職を得た。

24

300 400 500 600 700 800 900 1000 1100 1200 1300 1400 1500 1600 1700 1800 1900 2000

弥生 古墳 飛鳥 奈良 平安 鎌倉 室町 安土桃山 江戸 明治 大正 昭和 平成 令和

後醍醐天皇

1288〜1339年

武士の世を終わらせようとした天皇

奈良の吉野は都の人びとにとってはどのような場所だったのだろう？

鎌倉時代末期、大きな夢を持ったひとりの天皇がいた。彼こそ鎌倉時代を終わらせた後醍醐天皇である。

元寇後、鎌倉が大混乱しているとき、京都では後醍醐天皇が天皇中心の政治を復活させようと、このチャンスに心をおどらせていた。天皇は早速、楠木正成や息子の護良親王などを中心として倒幕計画をたてた。しかし、２度とも計画がばれ、隠岐に島流しとなった。しかし、都とは比べようもなくさびしい島暮らしにもめげるような天皇ではない。ふたたび倒幕計画を立てた。すると、今度は有力御家人、足利尊氏・新田義貞が手をさしのべた。天皇に幕府をたおす最大のチャンスがめぐってきた。足利氏・新田氏は清和源氏の血を引き、幕府の中心人物である。しかし、今、鎌倉の北条氏が御家人の心をつかめないとあれば、新しい世の中をつくらなければならないと考えたのであろう。1333年、足利尊氏は六波羅探題(p156承久の乱)をせめ、新田義貞は鎌倉へせめこんだ。この結果、鎌倉幕府はあっけなくほろびた。

理想に燃えた後醍醐天皇の政治は、あまりにも貴族中心の、平安時代にまいもどったような政治だった。頼朝以降武士の世であったのに、公家をひいきし、武士を冷たくあつかうこの「建武の新政」(p157)が始まり、だれもが失望した。人びとはふたたび武家の政治が始まることを期待するようになった。天皇には、このようなまわりの状況がまったく見えていなかったのだろうか。

このようすをしばらく見ていた尊氏は兵をあげ、湊川の戦いで正成を破り、京都に入り、新しい天皇として光明天皇を立てた。延暦寺で孤立させられていた後醍醐天皇は、このようすをくやしい思いで見つめていた。

ひそかに京都を脱出した天皇は、吉野にのがれ、尊氏とそりの合わない義貞を味方につけ、尊氏に対抗した。しかし、義貞は北陸で敗死し、尊氏は征夷大将軍(p156)となり、京都に新たな幕府(p157)を開いた。それでもどうしてもあきらめきれない天皇は、吉野で「私こそが天皇だ。」と言い続けたため、同時に２人の天皇が存在する世になってしまった。吉野に都を立てた天皇だったが「たとえ私の骨は吉野にうめられても、私の魂は京都で天下をとることを望んでいる。」と遺言を残し、吉野で没した。

入試でのポイント

●**倒幕計画を立て、鎌倉幕府をほろぼす**

1333年、**足利尊氏**、**新田義貞**が幕府をほろぼす。

●**建武の新政を行う**

公家を重んじる政治が武士の不満を高め、失敗。

●**足利尊氏と対立、京都を追われる**

1338年、**足利尊氏**は京都に**室町幕府**を開く。

●**奈良の吉野にのがれ、南朝を開く**

京都の北朝と対立し、南北朝の争乱がおこる。

歴史のあれこれ

足利尊氏は足利高氏?

足利尊氏の「尊」という字は、最初「高」という字をあてていました。しかし、鎌倉幕府をほろぼすなどの手柄を立てたため、後醍醐天皇の名である尊治から一字もらったのです。当時、身分の高い人から名前をもらうことはとても名誉あることだったのです。

稲村ヶ崎のきせき

1333年、新田義貞は鎌倉幕府をせめようにも、せめられません。7か所ある切通しもおさえられていたため、残るは海しかありませんでした。しかし、稲村ヶ崎はがけがせまっていてとてもとおれません。そこで義貞が剣を海中に投げ入れ、「どうぞ、潮を引かせ、わが軍をとおさせたまえ。」といのると、みるみるうちに潮が引き、砂浜があらわれたそうです。

二条河原の落書

「このごろ都にはやるものは、夜討、強盗、にせの命令……。切ったばかりの生首がころがり、着慣れない服や冠を身につけ宮中を歩く者。……」これは新政のようすを皮肉って、京都の大通りに立てられた立札です。

建武の新政がいかに混乱したものであったかよくわかります。こんな状態では、何年ももつはずがありませんね。

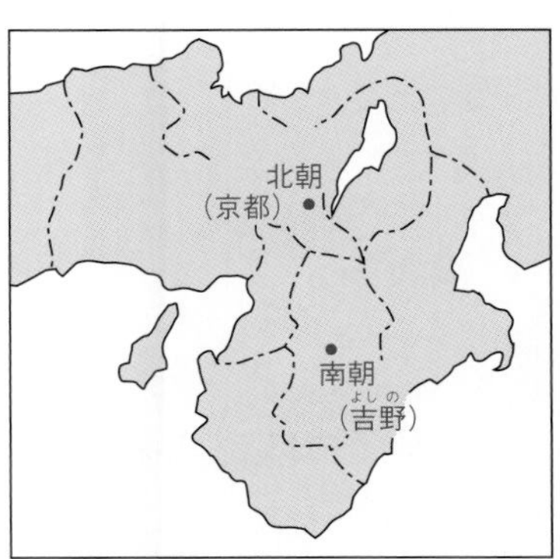

➊南朝と北朝の対立

関連人物

足利尊氏

1305～1358年

鎌倉幕府をたおした、室町幕府初代将軍

清和源氏の血を引く。平安時代、下野国(現在の栃木県)足利荘を領地としたことから足利と名乗った。鎌倉時代は有力御家人であったが、後醍醐天皇の倒幕の誘いに乗り、鎌倉幕府をたおした。室町幕府の初代将軍である。

新田義貞

1301～1338年

清和源氏の血を引く。足利氏とはちがって、鎌倉時代には北条氏に冷たくあつかわれた。そのため建武の新政後は後醍醐天皇の側についた。足利尊氏が朝廷に対して反旗をひるがえすと足利氏と対立し、のちにほろぼされた。

25

300	400	500	600	700	800	900	1000	1100	1200	1300	1400	1500	1600	1700	1800	1900	2000

弥生 古墳 飛鳥 奈良 平安 鎌倉 室町 安土桃山 江戸 明治 大正 昭和 平成 令和

足利義満

1358〜1408年

室町幕府の最盛期を築いた将軍

義満が室町に「花の御所」をつくったのは、朝廷とどのような力関係になったからだろう？

祖父の尊氏(p57)と、父の義詮によってつくられた室町幕府。これを継ぐのは、11歳で将軍となった義満。数年たち、りっぱな青年に成長すると、義満は幕府や将軍家の安定に力を注いだ。まず、京都の内裏のすぐ近くの室町というところに幕府を移した。「花の御所」とたたえられたこの幕府、その大きさ、美しさとも、完全にとなりの朝廷を圧倒していたという。義満はこのように幕府の力の大きさを周囲に十分示したうえで、約60年間にわたって南北朝(p157南北朝の対立と合一)に分かれていた朝廷をひとつにまとめた。こうして、義満が将軍になって数十年の間に、幕府は大きな力を持つようになった。彼は、戦乱で強まった守護大名たちの力をおさえつけ始めた。

このようにして全国の守護大名の上に立った義満は、将軍の位を息子の義持に早々にゆずり、武士でありながら朝廷での最高の位、太政大臣(p155)の位を得た。というより、無理やりうばったというのが正解だろう。翌年には出家し、そのとき別荘としてつくったのが、北山にある金閣だ。この寺の制作費は何百億ともいわれており、いかに義満のところへ権力と富が集中していたかがうかがえる。

義満は中国の明と貿易も行った。このとき彼は、明の皇帝に「私はこの国の王であり、ぜひ貿易を行いたい」という手紙を出した。日明貿易(p158)が始まると、日本は明から大量の明銭(永楽銭など)や生糸を輸入した。

このように、義満は自分の理想とする政治を実践していった。そんな彼の残る望みはただひとつ、天皇だ。彼は、自分は遠く清和天皇の血を引くのだから天皇になれるはずだ、などと言っていたらしい。

しかし絶大な権力をほしいままにした義満も急な病でたおれ、あの世へ行ってしまった。なにもかも思いどおりにしてきた義満も、病には勝てなかった。

↑鹿苑寺金閣(京都府)　(写真提供 鹿苑寺)

入試でのポイント

●室町幕府の3代将軍、のち太政大臣にもなる
●京都室町に「花の御所」をつくり、政治を行う
●南北朝の争乱を終わらせる→南北朝の合一
●京都の北山に金閣をつくる→北山文化
観阿弥、世阿弥親子を保護→能の発展
●日明貿易を行う
勘合を使用し、倭寇を取りしまる。
明銭（永楽通宝）が輸入され、国内で流通。

歴史のあれこれ

生まれながらの将軍、義満

義満が４歳のある夜、海が月の姿を映して、とても美しいながめでした。義満はこれが気に入ったのか、家来たちに、「私はこの景色が気に入った。おまえたち、これを都まで持ってまいれ。」と命じたといいます。将軍としての器量を十分に備えていたことが想像できるこんなエピソードが残っています。

風邪をひかなくなった農民たち

朝鮮とも貿易を開始し、木綿が輸入されると、15世紀末には国内でも木綿の栽培が始まり、江戸時代には庶民の着物は木綿でつくられるようになりました。それまでのせんいというのは、絹か麻くらいしかなく、貴族は絹を用いていたものの、庶民は冬でも麻を身につけていました。この麻に比べると、綿は保温性・吸水性があり、洗っても破れず、肌にもやわらかだということであっという間に全国へ広まっていきました。これで風邪をひく人はかなり減ったのではないでしょうか。

⬆綿花の畑　（AFP／時事）

金閣が三層（3階建て）のわけを知っていますか？

金閣の１階は貴族の住まいである寝殿造、２階は武士の住まいである武家造、３階は当時の僧侶の住まいである禅宗様のつくりでした。これは義満が３つの天下をとったことを意味しています。１つ目は、貴族としての天下である太政大臣、２つ目は武士としての天下である征夷大将軍、３つ目は僧侶としての天下である法皇、この３つの天下をあらわしたのが、金閣なのです。金閣は一度火事にあい、焼けてしまいましたが、すぐに復元され、今もそのかがやきで周囲を圧倒しています。きっとあの世の義満もほこらしげにしていることでしょう。

関連人物

世阿弥　1363～1443？年

観阿弥の子。親子は足利義満の保護によって能を芸術にまで高めた。とくに世阿弥は能についての本『風姿花伝』をまとめた。以後、能は武家の好む芸能として発展する。しかし義満の死後、世阿弥は冷たくあつかわれ、さびしい死をむかえた。

一休宗純　1394～1481年

臨済宗の僧。父は後小松天皇か。鎌倉時代に始まった禅宗は、武家に好まれて発展したが、幕府の保護が手厚すぎたためか、本来の教えを忘れていた。一休はそんな禅宗を非難し、教えを必要とする民衆に救いの手をさしのべた。

300 400 500 600 700 800 900 1000 1100 1200 1300 1400 1500 1600 1700 1800 1900 2000

弥生 古墳 飛鳥 奈良 平安 鎌倉 室町 安土桃山 江戸 明治 大正 昭和 平成 令和

足利義政

1436～1490年

京都を灰にした将軍

応仁の乱によって、世の中はどのように変化したのだろう?

794年以来、京都は天皇や貴族たちの住む都だった。しかし、今の京都の町にその面影はまったくない。町のいたるところに死体がころがり、異様なにおいがただよっている。それをかたづける者さえいない。近くには、オオカミやキツネがうろついている。京都をこんな姿にしたのは８代将軍、足利義政だった。

幕府を取りまく守護大名たちは日に日に力を増していった。こんな時代に義政は生まれた。数年後、義政はわずか８歳で名ばかりの将軍となる。しかし、政治は有力な守護大名らが行い、義政が口をはさむ余地はない。そんな義政の楽しみは、毎日酒を飲んで歌い、おどり、ひまがあると旅行をしたりと、ぜいたくな生活をすることだった。一方、外に目を向けると、庶民はたび重なるききんで明日食べるものすらないというありさま。義政は庶民のことなど知ろうともしなかった。

そんな義政にも心配事がひとつだけあった。跡継ぎのことだ。義政は、出家していた弟の義視をよびもどした。しかしその後、正室の日野富子に男子が生まれた。富子は、わが子義尚を跡継ぎにするため、守護の山名宗全を味方につけ、一方、義視をつぎの将軍におす細川勝元がこれに対抗した。こうして跡継ぎをめぐり、有力守護大名たちが二手に分かれ、応仁の乱(📖 p158)が始まった。

11年後、応仁の乱は終わった。義政は将軍職を息子の義尚にゆずり、今度は自分が余生を過ごすための静かな場所がほしくなった。こうしてつくられたのが、京都東山にある銀閣だ。

文化人としてはすぐれていた義政は、望みどおり、ここで晩年をむかえた。

↑慈照寺銀閣
(京都府)
(写真提供 慈照寺)

↑東求堂同仁斎 (写真提供 慈照寺)

入試でのポイント

●室町幕府の8代将軍

●1467年、京都で応仁の乱がおこる

将軍の跡継ぎをめぐる争いが原因。

東軍（細川勝元）、西軍（山名宗全）に分かれ戦う。

●乱のあと幕府はおとろえ、戦国時代となる

下剋上の世→農民の一揆、戦国大名の成長

●京都の東山に銀閣をつくる→東山文化

書院造は和室の原型となる。

歴史のあれこれ

灰となった京の都

「なれや知る　都は野辺の夕ひばり　あがるを見ても　落つるなみだは」

（おまえは知っているだろうか、都のこのような姿を。都は荒野となり、ひばりがまいあがってさえずっている。そのひばりがまいあがっていくにつけ、悲しくなって涙が落ちてきてとめどない。）

あれほど美しかった京都が、今では焼け野原になっている。華やかだったころを知っている人には、このような無残な姿はたえられなかったのかもしれません。

農民一揆

1428年、今までただただ税をとられていた農民たちが団結して一揆をおこしました。この年は不作で、農民たちは借金を返すことができなかったのです。そこで、近江の馬借が農民たちと団結して徳政（借金帳消し）を求めました。わが国初のこの一揆を、正長の土一揆といいます。

1488年におこった加賀の一向一揆では、一向宗の門徒が中心となって守護を国から追い出し、約100年あまり、農民が国を支配しました。

下剋上の風潮は、武士だけのものでなく、世の中全体に広まっていったのです。

和風建築の原点はここにあり！

義政の建てた銀閣は、３代将軍義満の建てた金閣とはちがい、しっとりとした趣があります。また、同じ寺の中にある東求堂同仁斎も有名です。畳にふすま、そして明かり障子。床の間には掛け軸や生け花。これが今の和風建築のもととなっています。ここは本を読んだり、字を書く部屋だったことから、このようなつくりを書院造といいます。当時、この銀閣を中心として、東山文化が花開きました。

関連人物

雪舟　1420～1506年

日本独自の水墨画を確立した僧侶

備中（現在の岡山県）の武士の家に生まれる。学問や文芸で身を立てるため、寺に入り修行を積む。のちに絵の勉強をするため、明へわたる。帰国後、雪舟は、墨の黒と紙の白さだけですべてを表現する水墨画を日本に広めた。

↑「秋冬山水図」
(Image : TNM Image Archives)

日野富子　1440～1496年

足利義政の妻で、義尚の母。自分の息子を跡継ぎにしようと山名宗全を味方につけた。応仁の乱のきっかけをつくったため、日本三大悪女のひとりといわれる。

27

300 400 500 600 700 800 900 1000 1100 1200 1300 1400 1500 1600 1700 1800 1900 2000

弥生 古墳 飛鳥 奈良 平安 鎌倉 室町 安土桃山 江戸 明治 大正 昭和 平成 令和

フランシスコ・ザビエル

1506～1552年

日本にキリスト教を伝えたスペインの宣教師

キリスト教はどのようにして日本に伝わり、広まったのだろう？

「この国の人びとは私たちが知りうる中で最もすばらしい国民である。異教徒の中で日本人ほどすぐれた人びとはいない。彼らは総じて善良で、親しみやすく、何よりも名誉を重んじている。」

これは、日本に初めてキリスト教を伝えたスペインの宣教師、フランシスコ・ザビエルがイエズス会に送った手紙の一部である。このように日本人をたいへん高く評価しているザビエルであったが、果たして日本における布教活動は、どのようなものだったのだろうか？

ザビエルはマラッカ（マレーシア）で布教活動をしているときに、偶然ヤジロー（アンジロー）という日本人と出会った。日本で殺人をおかし、ポルトガル船に乗って逃亡してきたヤジローは、ザビエルに会って罪を告白し、キリスト教に入信した。ザビエルはヤジローから聞く日本の話に興味を持つようになり、日本での布教を決意するのだった。

1549年、ザビエルはヤジローの案内で鹿児島に上陸し、薩摩の大名、島津貴久の許しを得て布教を開始した（📖 p159 キリスト教伝来）。しかし、布教は思うようにいかず、1年ほどの間に信者は100人ほどしか集まらなかった。しかも貴久がキリスト教を禁止する動きを見せたため、ザビエルは鹿児島をはなれ、今度は日本全国での布教を認めてもらうために京都へ向けて出発した。3か月の苦しい旅を続けたのち、ようやく京都に到着するが、当時の京都は戦乱で荒れ果てていた。朝廷や幕府の権威は失われ、ザビエルは天皇にも将軍にも会うことはできなかった。結局、布教の許可を得られず、失意のうちに京都を去ることになった。

その後ザビエルは山口の大内義隆や大分の大友宗麟といった大名たちの許しを得て布教活動を続けるが、1551年、全国での布教という目的を果たせないまま日本をはなれた。翌年、ザビエルは中国での布教を試みるが、中国南部の上川島で熱病にかかり、46歳でこの世を去った。

ザビエルが日本をはなれたあとも多くの宣教師が日本をおとずれるようになり、九州や近畿を中心にキリスト教徒の数は増えていった。大名の中にも入信する者（キリシタン大名）があらわれた。また、宣教師たちは日本に学校や病院を建て、医学や天文学・航海術など（南蛮文化）をもたらし、日本とヨーロッパの架け橋となったのであった。

入試でのポイント

●イエズス会を結成する

弱まったカトリック教会の勢力回復をはかる。

●日本に初めてキリスト教を伝える

1549年、鹿児島に上陸、各地で布教活動を行う。

●キリシタン大名があらわれる

天正遣欧使節をローマに派遣。

●ポルトガルやスペインとの南蛮貿易が始まる

鉄砲や火薬、中国産の生糸がもたらされる。

歴史のあれこれ

イエズス会とは？

16世紀のヨーロッパでは、宗教改革とよばれる運動がおこり、ローマのカトリック教会と教会から分裂したプロテスタントとが激しく対立していました。ザビエルは友人のイグナチオ・デ・ロヨラとともに弱体化したカトリック教会の勢力回復をはかるためにイエズス会を結成しました。イエズス会はキリスト教を世界に広めるため、多くの宣教師をアジアやアメリカ大陸に派遣し、布教活動を行いました。来日する前のザビエルもインドのゴアに派遣され、インドやマラッカなどで布教活動をしていました。

戦国の世を変えた鉄砲

ザビエルが日本にキリスト教を伝える６年前の1543年、種子島(鹿児島県)に１隻の中国船が漂着しました。その船に乗っていたポルトガル人が日本に初めて鉄砲(火縄銃)を伝えたといわれています。このころ日本は戦国時代だったため、鉄砲は新兵器としてすぐに各地に広まり、堺(大阪府)、国友(滋賀県)などがおもな産地となりました。

鉄砲は、一騎打ち中心だったこれまでの戦いを足軽鉄砲隊による集団戦へと変えました。城も山城から平城へと変わり、鉄砲に備えて壁も厚くなりました。また、大量の鉄砲の使用により戦いの決着も早くつくようになり、その後の天下統一も早まったと考えられています。

今も残る南蛮文化

当時、日本に来航するポルトガル人やスペイン人は、南蛮人とよばれていました。彼らがインドや東南アジアを活動の拠点とし、南方から日本に来航するため、このようによばれたそうです。布教や貿易など南蛮人との交流を通じて、彼らのことばも伝わりました。今も日本語として使われているパン・カステラ・ボタン・カルタはポルトガル語、カナリア・メリヤスはスペイン語に由来することばです。

関連人物

天正遣欧使節

伊東マンショ・千々石ミゲル
原マルチノ・中浦ジュリアン

過酷な運命に翻弄された少年使節

1582年、九州のキリシタン大名、大友宗麟、大村純忠、有馬晴信らは13～14歳の４人の少年使節をローマに派遣した。彼らはローマ法王に謁見し、1590年に帰国するが、日本では豊臣秀吉によって、キリスト教はすでに禁止されていた。

その後、伊東マンショは九州各地で布教につとめるが、領主に追放され、長崎で病死した。千々石ミゲルはキリスト教徒であることをやめ、仏教徒(日蓮宗)になった。原マルチノは江戸幕府による禁教令を受けて日本をはなれ、マカオへのがれた。中浦ジュリアンは禁教令が出されたあとも日本に残り、ひそかに布教を続けるが、のちにとらえられ長崎で処刑された。

28

300 400 500 600 700 800 900 1000 1100 1200 1300 1400 1500 1600 1700 1800 1900 2000

弥生 古墳 飛鳥 奈良 平安 鎌倉 室町 安土桃山 江戸 明治 大正 昭和 平成 令和

織田信長

1534〜1582年

天下統一の土台をつくった武将

信長が岐阜を移り、琵琶湖のほとりの安土に城を建てたのはなぜだろう？

信長が生まれたのは戦国時代のまっただ中。われこそはと思うものは天下を目指し、親子・兄弟どうしでさえも殺し合うという下剋上（p159）の時代だった。信長はこの時代を、つねにまわりの人が考えないような新しい発想で生きぬいた。また、キリスト教とともに流入した外国からの新しい考えや視点、鉄砲などの新しい武器などを今までの考えや常識にとらわれずにどんどん取り入れた。

信長の名が天下にとどろいたのは、1560年。桶狭間の戦いで今川義元を奇襲し、討ち取ったときだった。信長は人の考えつかないような策を使い、相手の度肝をぬく戦法を得意とし、その後もかなうわけがないと思われていた相手をつぎつぎとたおしていった。当時、彼はまちがいなく日本一先の見とおせる、すぐれた頭脳を持つ人物だった。信長を支えたのが同じく頭の切れる豊臣秀吉（p66）、明智光秀だった。この３人が全国をかけ回った結果、信長に服従するか、あるいは戦って信長にほろぼされるかのいずれかしか、戦国大名たちに残された道はなくなった。将軍ですら信長の前ではかすんでいた。信長は、実力もないのに大きな顔をしている伝統的な権力をきらった。実際、京都へ上るときには15代将軍足利義昭を利用したが、じゃまになると将軍を追放し、室町幕府をほろぼしている。

桶狭間の戦いからわずか十数年後、近畿・東海地方は信長の支配下となり、いよいよ天下に号令をかけるため、信長は岐阜を移り、琵琶湖のほとりに安土城をつくった。安土は京都に近く、関東・北陸へつながる交通の要所でもあった。信長はここに家臣団を住まわせ、一切の税を取らない楽市楽座（p159）として商工業者を集め、多くの人でにぎわう天下一の城下町にした。こうして、信長の力はゆるぎないものとなった。

そんなあるとき、中国地方の毛利ぜめに苦戦している秀吉に手を貸すためにおとずれた京都の本能寺で、光秀に裏切られ、その生涯は突然幕を閉じた。

信長はおこると、女も子どもも平気で切り殺したという。家来なども同じだった。人びとは常識をまったく気にしない信長をおそれた。結局、このような部下への思いやりのなさが信長の身をほろぼした。

信長49歳のときであった。

入試でのポイント

- 尾張国の小大名の家に生まれる
- 桶狭間の戦いで、今川義元をたおす
- 1573年、将軍足利義昭を追放、室町幕府をほろぼす
- 長篠の戦いで、武田勝頼をたおす
足軽鉄砲隊の活躍。
- 安土城を築き、天下統一の拠点とする
楽市楽座、キリスト教の保護、仏教勢力の弾圧
- 家来の明智光秀に討たれる→本能寺の変

歴史のあれこれ

戦国時代の行方を決めた？ 鉄砲

もし、鉄砲がなかったら、信長が天下を取ることはなかったかもしれません。鉄砲は1543年、種子島に偶然流れついたポルトガル人によって伝えられました。信長はこの鉄砲をいち早く大量に手にし、1575年の長篠の戦いでは鉄砲隊を組織して甲斐の武田氏を破りました。このように、鉄砲をうまく利用したからこそ、数々の戦国大名の中からぬきんでることができたのでしょう。鉄砲が導入されると今までの騎馬戦から、鉄砲を持った足軽を中心とする集団戦法へと変わっていきました。鉄砲は、日本に戦いの革命をもたらしたのです。

❶ 長篠の戦いをえがいた屏風　（長浜城歴史博物館蔵）

政略結婚の犠牲者、お市

絶世の美女とうたわれた信長の妹、お市。彼女は美しいがゆえに波乱にみちた一生を送りました。彼女は、近江の浅井長政と結婚し、一男三女にめぐまれました。しかし、浅井家は信長に従わず、ほろぼされました。お市は信長の命により、子どもとともに信長のところへ帰ってきます。そして今度は織田家の重臣、越前の柴田勝家と再婚しました。しかし、勝家は信長の死後、豊臣秀吉にせめられ敗れます。彼女はもどってくるようにとすすめられますが、３人の娘を秀吉のもとへ送り、自分は夫の勝家と運命をともにしました。お市の一生はまさに悲劇そのものでした。３人の娘たちもまた、政略結婚の犠牲者となります。

関連人物

明智光秀　1528？～1582年

主君を討つも三日天下に終わった武将

出生は不詳。美濃で織田信長に仕えた。しかし、自分が信長よりすぐれた武将だと思ったのか、1582年、本能寺の変で主人の信長を死に追いやった。しかし、その後豊臣秀吉に討たれ、光秀の天下は三日天下に終わった。

足利義昭　1537～1597年

室町幕府最後の将軍。早くから仏門に入っていたが、13代将軍である兄・足利義輝が松永久秀により殺されると、僧であることを捨て、織田信長をたよって京都に上洛、15代将軍となる。しかし、近江の浅井や越前の朝倉、中国の毛利などと手を結び、信長に対抗しようとするが失敗。信長に京都から追放された。

300 400 500 600 700 800 900 1000 1100 1200 1300 1400 1500 1600 1700 1800 1900 2000

弥生 | 古墳 | 飛鳥 | 奈良 | 平安 | 鎌倉 | 室町 | 安土桃山 | 江戸 | 明治 | 大正 | 昭和 | 平成 | 令和

豊臣秀吉

1537〜1598年

農民から成り上がった天下人

秀吉が大阪に城をつくったのはなぜだろう?

駿河の今川氏を破った織田信長(p64)は、天下統一を夢見て京都を目指した。しかし、美濃の斎藤氏が行く手をはばんでいる。目の前に立ちはだかる美濃をせめるために、どうしても木曽川と長良川の河口近くの墨俣に城をつくりたかったが、そのような場所に城をつくるのはとうてい不可能だった。しかし、不可能なことを、知恵をしぼって可能にするのが「猿」こと秀吉の得意技。秀吉は頭をフル回転させ始めた。

さて数日後、霧の中からほんとうに城があらわれた。さっそく信長は、この城を足がかりにして、一挙に美濃をせめ落とし、そのまま京都へと勢力を広げていった。

今まで「猿」とよばれ、信長にかわいがられていた秀吉だが、このときから秀吉はだれよりもたよりになる部下となった。数年後、秀吉は城と領地をあたえられ一国一城の主となり、名前も木下藤吉郎を改め、羽柴秀吉。彼は農民の出でありながら、あっという間に出世し、信長のたのもしい右腕となった。

1582年、中国地方をせめている最中、秀吉の耳におそろしいニュースが飛びこんできた。信長が本能寺で明智光秀(p65)に殺されてしまったのだ。秀吉は京都へもどり信長のかたきをとった。1年後には秀吉は徳川家康(p70)や柴田勝家らをはじめとするライバルをおさえこみ、信長の後継者として天下統一を目指し、1590年、小田原の北条氏を支配下に置いて、信長が果たせなかった天下統一を成しとげた。

天下人となった秀吉は、交通の要所、大阪に城をつくり、太閤検地(p159)と刀狩(p159)を行った。これにより武士と農民とが分けられ、秀吉を中心とする新しい世の中が始まった。しかし、老いた秀吉に残された時間は少なかった。

秀吉は大陸に領土拡大の夢をいだき、2度、朝鮮に兵を送った。しかしこの戦いは失敗に終わり、その最中に秀吉は病死してしまった。

死の直前、秀吉は幼い息子秀頼(p71)の行く末を徳川家康や石田三成(p71)にたくして、62歳でこの世を去った。しかし秀吉の願いもむなしく、豊臣政権は一代で絶え、秀頼は政権争いの荒波にのまれていく。

入試でのポイント

- 尾張国の農家に生まれる
- 本能寺の変をおこした明智光秀を討つ
- 大阪城を築き、天下統一の拠点とする
  関白、太政大臣の位につく。
- 太閤検地、刀狩、キリスト教の禁止
- 1590年、小田原の北条氏をたおす→天下統一の完成
- 明の征服のため、2度の朝鮮出兵を行う
  文禄の役、慶長の役→失敗に終わる。

歴史のあれこれ

キリスト教ぎらいの秀吉

信長の跡を継いだ秀吉ですが、キリスト教については、信長とはまったく逆です。信長の時代以来、多くの宣教師が日本でキリスト教の教えを広めた結果、西日本を中心にキリスト教徒は増え続けていました。しかし、1587年、秀吉は突然バテレン追放令を出しました。きっと、キリスト教徒が集団になって寺社をこわしたり、一揆をおこすことをおそれたのでしょう。しかし、貿易の利益が大きかったため、徹底した禁止が行われるのは江戸時代になってからです。

位に執着した秀吉

秀吉は天下統一を成しとげると、征夷大将軍にはならなかったものの、関白や太政大臣など朝廷の高い位をほしがり、実際にそれらの位を手に入れています。これは秀吉が農民の出であったことを強く意識していたことのあらわれなのでしょうか。

⬅大阪城(大阪府) (写真は1931年につくられた復興天守閣)

⬆検地のようす　(写真提供 松本市立博物館)

関連人物

千　利休　1522~1591年

わび茶を完成させ茶道の礎を築いた茶人

和泉国(現在の大阪府)、堺の商人の家に生まれる。茶の湯を学び、その後信長・秀吉に仕えた。のちに秀吉と関係がこじれ、切腹を命じられた。栄西によって広まった茶は、千利休によって客をもてなす作法などが決められ、茶の湯(茶道)として大成され、今にいたる。

狩野永徳　1543~1590年

安土桃山時代に活躍した狩野派の画家のひとり。永徳の豪快できらびやかな絵は信長・秀吉に気に入られ、安土城・大阪城のふすまをかざった。焼けてしまったものも多いが、『唐獅子図屏風』『洛中洛外図屏風』などは、今でも残っている。

時代コラム

戦国時代の群雄割拠

地位も家柄も必要ない。ただ「強さ」だけが権威の証とされた時代。「兵」たちが目指したものはただひとつ、京都へ上り、「天下の覇者」のときの声をあげることだった。

●戦国時代の始まり

ことの始まりは南北朝時代(1336～1392年)。室町幕府の３代将軍足利義満がやっとのことで南北朝の合一に成功したとき、幕府に残されていた兵力はわずか3000人ほど。おまけに幕府が南朝に気を取られ、地方の支配をおろそかにした結果、各国の守護たちはやりたいほうだい。幕府に納める年貢の一部を横領したり、田畑に勝手に特別な税をかけたりしてひと財産築くと、いつのまにか守護大名とよばれ、幕府の力をしのぐほどになっていた。かつては家来だった守護大名たちも、こうなってはもう幕府のいうことを聞かない。困った義満は、有力守護大名である細川氏・斯波氏・畠山氏・山名氏らを、管領など幕府の要職に置き、彼らの力を後ろ盾に全国の守護大名たちをまとめたんだ。でも、義満の死後、ふたたび幕府は支配力を失った。そして、８代将軍義政の跡継ぎをめぐる問題で、肝心要の幕府内の守護大名どうしが対立したことから、応仁の乱は始まったんだ。同時に、幕府の権威もないに等しいものになった。

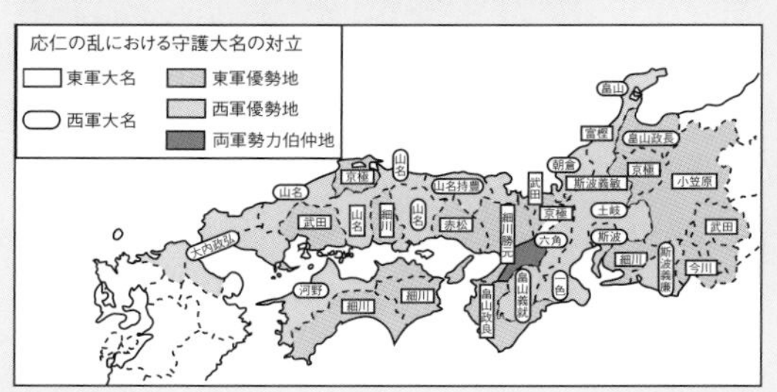

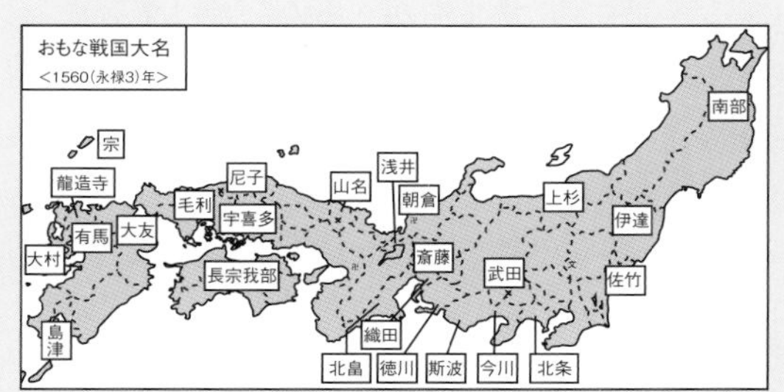

➊守護大名・戦国大名の移り変わり

●下剋上の世の中、戦火は全国へ広がった

1497年、今川家の一家臣で、駿河国の小さな城の城主にすぎなかった北条早雲は、室町幕府の役所である堀越公方をせめほろぼし、伊豆国をまるごと手に入れた——これが下剋上の始まりといわれているんだ。当時自分より位の高いものをたおすことは重罪だったのに、なぜ下剋上の風潮は全国に広まっていったのだろう？

当時武家社会では、位の高い職につくことができたのは、決まった家柄の武士だけだっだ。だからどんなに力があっても、このような「しきたり」のために出世できない武士は大勢いた。ところが応仁の乱に始まった戦乱の世の中で、そんな武士たちにもチャンスがめぐってきたんだ。強力な支配者がいなくなり、「しきたり」は何の意味もなくなった。ただライバルたちをたおし、のし上がっていくだけの力があれば、だれもが天下を統一し、世の中の支配者となることができたんだ。

このように戦国大名として名乗りをあげた新しい勢力によって、「天下取り」がくり広げられていった。支配者のいない、全国が戦国大名によって分割される「群雄割拠」の時代をむかえたんだ。

●合いことばは「いざ京都！」——天下統一の条件

天下統一の道として、戦国大名たちは、一国の領主から一地方の領主へ、そして京都進出とともに他地方を支配し「天下統一」という道筋を思いえがいていた。じつは京都進出を果たせるかどうかが天下統一の大きなポイントだったんだ。なぜなら当時京都は、幕府と朝廷のある日本の政治の中心地。この京都をおさえて政治を行うことは、支配者としての権威を手に入れることを意味したんだ。また大阪もふくめ、畿内(近畿)は商業がさかんで鉄砲製造の中心地でもあった。だから、経済的にも軍事的にも畿内を支配することが天下統一には絶対かかせなかったんだ。となると、京都を基準に考えれば、畿内のすぐとなり、東海地方に国をかまえていた今川義元、織田信長、徳川家康はめぐまれた条件にあったといえる。これがたとえば、関東甲信越地方となると、武田・上杉・北条といった強豪ひしめく中を勝ち上がったうえで、やはり強豪の多い東海地方を経て、京都進出をはからなければいけない。でも義元をたおし、家康と同盟関係にあった信長は、せめ上ってきた武田勝頼をむかえうつかたちで長篠の戦いを戦うことができた。また、この戦に勝利したことで、信長はほぼ甲信越地方を制圧したこととなり、一路京都を目指すことができたんだ。

けれども、京都進出まで果たした信長も、本能寺の変で家臣の明智光秀にたおされ、あと一歩のところで天下統一をのがした。家臣はもちろん、親兄弟までをも疑ってかからなければならなかった時代。それが戦国時代だったんだ。

「越後の龍」と「甲斐の虎」　～上杉謙信と武田信玄～

上杉謙信は本名を長尾景虎といい、下剋上により戦国大名の名乗りをあげた。父の跡を1548年より継ぎ、その３年後に越後国を平定した。

武田信玄は1541年、父信虎を駿河に追放し武田家を相続、甲斐国を治めた。1553年、２度の敗北を喫した宿敵村上義清に勝利し、信濃国を制圧すると、さらに北上、ついに川中島(長野県)で上杉謙信と対戦した。これが世にいう川中島の戦いである。力と知恵の限りをつくした戦いは計５回、11年にもおよんだが、結局決着はつかず、痛み分けとなった。

のちに信玄は1572年、三方ヶ原の戦いで織田・徳川の連合軍に圧勝すると、一路京都を目指すもとちゅうで病にたおれ帰らぬ人となった。また謙信も1577年、北陸進出をはかった柴田勝家率いる織田軍と対戦、これを撃破している。しかし、京都進出を開始した翌年病没してしまった。

もし２人の寿命があと５年長ければ、戦国絵図は大きく変わっていたかもしれない。

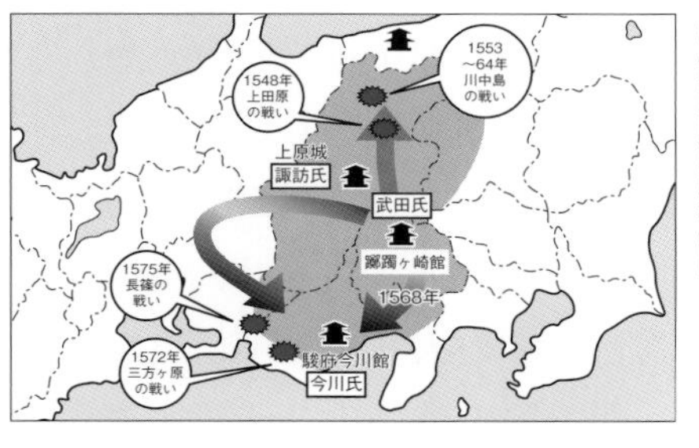

←武田氏の進攻図

上杉氏の進攻図↓

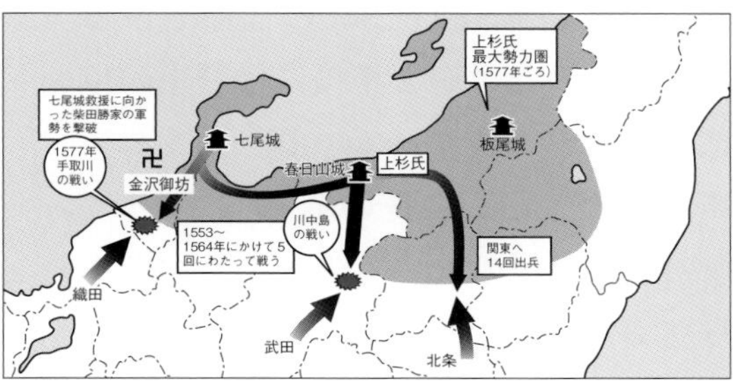

30

徳川家康

1542〜1616年

がまんを重ねた江戸幕府初代将軍

250年以上続いた江戸幕府の支配体制は、どのようにして確立されたのだろう？

1615年夏、大阪城は落城し豊臣家はほろんだ。前年の大阪冬の陣の結果、外堀だけでなく内堀までも失った大阪城は、もはや戦うための城ではなかった。このとき徳川家康73歳。豊臣家の滅亡によって徳川家の天下は、まず、安泰なものになった。

家康は、徳川家の天下を安定させるために数々の手を打っている。

豊臣秀吉（p66）の死後、五大老のひとりでありながら、禁止されていた無許可での大名どうしの婚姻を行ったり、豊臣方の大名を分裂させようとしたりした。さらに、関ヶ原の戦い（p159）では、石田三成にスキを見せて挙兵させ、三成と敵対する秀吉恩顧の大名を先陣に立てて戦わせた。関ヶ原の戦いの３年後、家康は征夷大将軍（p156）に任命される。しかし、そのわずか２年後には将軍の位を息子の秀忠にゆずっている。こうして、将軍職は徳川家世襲のものであって、他家の者には縁のないものという原則を打ち立てた。

家康は松平広忠の子として三河国（現在の愛知県）岡崎城で生まれた。幼年期から少年期にかけて駿河の今川氏の人質として過ごした。今川義元が桶狭間で織田信長（p64）に敗れると、領主として独立。家康19歳であった。

その後、松平を徳川と改め、信長の同盟者として三河、駿河、遠江、甲斐４国を治める大大名となった。しかし、信長の死後、天下を手中にした秀吉によって、北条氏が滅亡したあとの関東に移される。その後、関ヶ原の戦いでの勝利を経て、念願の征夷大将軍になったとき、家康はすでに62歳だった。

天下を手中にした家康にとって目の上のたんこぶとでもいう存在が、大阪にいる豊臣秀頼だった。秀吉の血を引く者が生きているかぎり、徳川は安泰ではない。家康はそう考え、豊臣氏をほろぼすチャンスをじっと待っていた。

チャンスはつくられた。有名な方広寺梵鐘の銘文「国家安康」と「君臣豊楽、子孫殷昌」である。徳川家をのろい、豊臣家の繁栄を願ったものと解釈したのである。老いた家康のあせりが見える。いずれにせよ、大阪の陣で豊臣家は滅亡し、こののち250年以上徳川家の天下は続く。

家康はその翌年、生涯を終える。

入試でのポイント

- ●三河国の小大名の家に生まれる
- ●関ヶ原の戦いで西軍の石田三成をたおす
- ●1603年、征夷大将軍に任命され、江戸幕府を開く
  将軍職をゆずったあとも大御所として実権をにぎる。
- ●1615年、大阪夏の陣で豊臣氏をほろぼす
- ●朱印船貿易をさかんにする
  東南アジアに日本町が発達。
- ●死後、日光東照宮にまつられる

歴史のあれこれ

大名を鉢植えにする

徳川家康は大名の統制を積極的に行いました。武家諸法度をはじめとして、さまざまな規則をつくったのもそのひとつ。そのほかにも、大名の配置を考え、外様大名は遠国に、江戸周辺や重要な土地には親藩や譜代を置くというように。さらに、大名の力を弱めるために、徳川家の城づくりや土木工事を行わせることもありました。

また、しばしば国替えも行いました。この国替えは、大名の力を弱める重要な方法だったのです。国替えを行うことで、大名の権力がその領地に根付かないようにしたのです。こうしたことから、江戸時代の大名は幕府に反抗できるだけの力をたくわえることもむずかしくなり、領地に根付くこともできにくくなったため、「鉢植え」される大名といわれたのでした。

リーフデ号の漂着

1600年３月５日、オランダ船リーフデ号が豊後(現在の大分県)の海岸に漂着しました。

このリーフデ号はその後、家康の命令で大阪から江戸へ回航され、そこで修理を受け、乗組員一同は自由帰国になりました。しかし、航海長のウィリアム・アダムズと航海士のヤン・ヨーステンの２人は日本に残り、家康から屋敷をあたえられ、外交顧問となります。家康は貿易にも熱心で、この時期、朱印船貿易が最もさかんで海外に日本町もつくられていました。そんなことから外交顧問も必要だったのです。

この２人の名にちなむ地名も生まれました。現在でも残る東京の「八重洲」という地名は、ヤン・ヨーステンが屋敷を構えた場所からつけられました。また、今はなくなりましたが、かつて、日本橋には「安針町」という地名もありました。「安針」というのは、アダムズが名乗った日本名「三浦按針」からとったものです。

関連人物

石田三成 (1560〜1600年)

豊臣家の復興をはかり関ヶ原で敗れた武将

豊臣秀吉に仕え、秀吉の奉行として活躍した。軍需品輸送や外交関係にその手腕を発揮。近江国(現在の滋賀県)佐和山城主となる。徳川家康と対立し、1600年に挙兵。関ヶ原の戦いで敗れ、京都で処刑された。

豊臣秀頼 (1593〜1615年)

豊臣秀吉の子。母は織田信長の姪(信長の妹・お市の長女)である淀殿。秀吉の死後大阪城に移る。関ヶ原以後は、実質的には摂津・河内・和泉65万石の大名となる。妻の千姫は江戸幕府２代将軍徳川秀忠の娘。1615年の大阪夏の陣で徳川軍にせめられ、母・淀殿とともに自害した。

31

300	400	500	600	700	800	900	1000	1100	1200	1300	1400	1500	1600	1700	1800	1900	2000

弥生 | 古墳 | 飛鳥 | 奈良 | 平安 | 鎌倉 | 室町 | 安土桃山 | 江戸 | 明治 | 大正 | 昭和 | 平成 | 令和

徳川家光

1604〜1651年

生まれながらの将軍

2代の将軍のあとを受け、江戸幕府の支配体制はどのように強固になったのだろう?

徳川家康(p70)は、将軍の跡継ぎ問題で幕府が不安定になることを好まなかった。そんな家康にとっては、2代将軍の長男である竹千代(のちの家光)と、次男の国松(のちの忠長)とを差別するのは当然だった。両親にとくにかわいがられた国松が将軍を継ぐのではないかといわれたこともあったが、家康のこの態度で、家光が将軍を継ぐことは確実となった。家光が将軍になったとき、諸大名を前にして自らを「生まれながらの将軍」と言ったのも当然であろう。

徳川幕府の力は、祖父家康、父秀忠の代でほぼ固まっていた。しかし、そうはいっても家光には大きな仕事が残されていた。祖父や父を継いで、幕藩体制(p159)を完成させるという仕事が。

秀忠の死後、家光は将軍政治を本格化させる。江戸幕府の諸制度の整備に始まり、大部隊を率いて京へ行くことで幕府の力を誇示したりした。また、大名に対しては、諸国の監視を強めるだけでなく、武家諸法度(p160)の中で参勤交代(p160)を制度化したり、領地替えや取りつぶしを行ってその統制を強めた。また、農民に対しても、日常生活の細かなところまで厳しい統制を行った。

家光が将軍となったのちの最も大きなできごとは、1637年におこった「島原・天草一揆」(p160)だった。重税と領主の弾圧が原因でおこった農民たちの一揆に、キリスト教徒が多いこの土地の特殊な事情が加わり、大規模なものになった。さらに、天草四郎を総大将とする一揆勢が島原の原城跡にこもることによって長期化した。

一揆勢3万人あまりが殺害され、島原・天草一揆が終わった。この結果、幕府によるキリスト教の取りしまりはいっそう厳しいものとなり、1639年には、ポルトガル人の来航を禁止し、オランダと清の2国だけに来航を認めた。鎖国(p160)の完成である。

こうしたさまざまな政策をとおして、家光は幕府の権力を固めていった。3代目にあたる家光によって、江戸幕府の支配体制が完成し、その後200年以上にわたって、この体制は守られていくのである。

入試でのポイント

●江戸幕府の3代将軍

大名を厳しく統制→「生まれながらの将軍」

武家諸法度を改め、**参勤交代**を制度化。

●日光東照宮を改築

●島原・天草一揆をしずめる

キリスト教の禁止を強化→**絵踏**、寺請制度

●1639年、ポルトガル船の来航を禁止→鎖国

貿易は**長崎**で、**オランダ**と**清**に制限される。

歴史のあれこれ

もうひとりの弟

家光の兄弟には、弟の忠長や豊臣秀頼にとついだ千姫などがいます。しかし、もうひとり、生まれるとすぐに信濃国(現在の長野県)高遠藩主保科正光に養子に出された正之という弟がいます。保科正之はやがて、会津23万石の藩主となり、会津松平家をおこします。この家が、幕末・維新の戊辰戦争のとき、最後まで政府軍に反抗することになるのです。

とりつぶされた大名

徳川家康以来、３代将軍家光まで、幕府はその力を強化するためにさかんに大名の廃絶を行いました。家康の時代は、とくに豊臣家と縁の深い大名がその犠牲となり、その傾向は２代将軍秀忠にも引き継がれました。秀忠の場合は、弟の松平忠輝の場合のように、幕府の命令に従わないものは徳川一門といえども容赦しませんでした。家光も同様ですが、豊臣系有力外様大名の取りつぶしも多く見られます。

大名を取りつぶす最も大きな理由は、世嗣断絶、つまり跡継ぎがなくなってしまうことでした。しかし、秀忠・家光の代はそれに加えて、幕府の法令違反という点も大きな理由になっています。

徳川３代で取りつぶされた大名は以下のようになります。

徳川家康…41名　（外様大名28名、徳川一門・譜代大名13名）

徳川秀忠…41名　（外様大名25名、徳川一門・譜代大名16名）

徳川家光…49名　（外様大名29名、徳川一門・譜代大名20名）

長崎の出島　鎖国の完成後オランダ商館が置かれ、貿易が行われた。
（長崎歴史文化博物館蔵）

関連人物

天草四郎　1623？～1638年

十代半ばにして一揆を率いたキリシタン

肥後国(現在の熊本県)の郷士益田甚兵衛の子。幼いころから「でいうす(神)の再誕」といわれる。島原・天草の農民一揆を取りまとめ、その大将として原城跡にこもる。のち、幕府軍の攻撃により討ち取られる。

徳川秀忠　1579～1632年

徳川家康の３男として生まれる。1605年、２代将軍を継ぐ。駿府の家康の指示のもと、大阪の陣で豊臣家をほろぼし、その後武家諸法度などを発布して幕藩体制の確立につとめた。

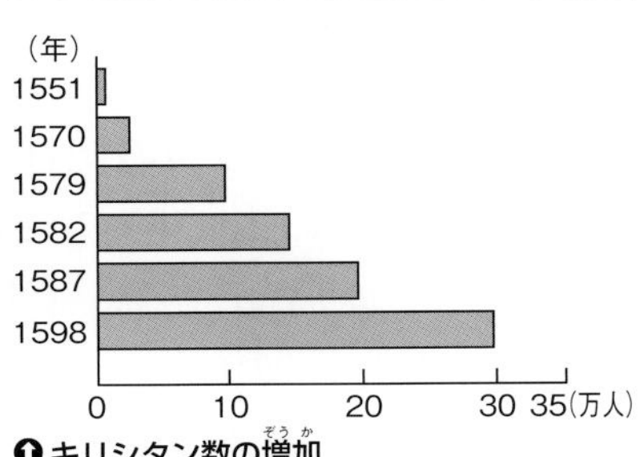

キリシタン数の増加

300 400 500 600 700 800 900 1000 1100 1200 1300 1400 1500 1600 1700 1800 1900 2000

弥生 古墳 飛鳥 奈良 平安 鎌倉 室町 安土桃山 江戸 明治 大正 昭和 平成 令和

松尾芭蕉

1644～1694年

旅を生涯の友とした俳人

芭蕉は旅の中に何を見、何を感じていたのだろう？

松尾芭蕉が生涯最大の旅に出たのは、1689年春だった。徳川綱吉(p76)が将軍になって９年目、世にいう元禄文化が花開いたときだった。

この元禄文化の時代には、小説の井原西鶴、戯曲の近松門左衛門、歌舞伎の坂田藤十郎と市川団十郎、浄瑠璃の竹本義太夫など、文学・演劇の黄金時代を築いた人びとが芭蕉とともに生きていた。

松尾芭蕉は伊賀上野(三重県伊賀市)の出身である。若いころは、津藩の武士として過ごした。10代半ばから俳諧をたしなみ、31歳ごろ、俳諧師として立つために江戸へ下った。江戸へ下った芭蕉は、やがて深川の芭蕉庵に住むようになった。このころから、芭蕉の俳諧は自分の内面を見つめるような作風へと大きく変化していった。芭蕉庵を住まいとした芭蕉は、しかし、人生を旅と見、旅を人生とする思いを持つ人でもあった。

1684年、芭蕉は最初の紀行文となる『野ざらし紀行』の旅に出た。この旅を終えたあと、『鹿島詣』の旅、『笈の小文』の旅、『更科紀行』の旅と、わずか数年の間に４度の旅に出た。そして、芭蕉46歳のとき、芭蕉庵を人にゆずり、生涯最大の『おくのほそ道』の旅に出たのである。

「月日は百代の過客にして、ゆきかふ年もまた旅人なり。」で始まる『おくのほそ道』は、芭蕉の紀行文の中で最も有名であるだけでなく、その中でよまれた数々の俳句は芭蕉の人生そのものをあらわしている。

３月27日に弟子の曽良をともない芭蕉庵を出発。千住を経て、日光、白河、仙台、松島、平泉、鳴子、酒田、象潟、金沢、福井、敦賀、大垣へといたる、行程600里、日数150日という大旅行であった。

この旅ののち、芭蕉はしばらく京、大阪、近江などに滞在し、その後、ふたたび江戸へ向かった。そして1694年、芭蕉51歳のとき、郷里の伊賀へ向かって最後の旅に出た。そして、伊賀から大阪へ向かい、その地で病に伏し生涯を終えた。

旅に病んで　夢は枯野を　駈けめぐる

芭蕉、臨終少し前の句である。

入試でのポイント

●**紀行文『おくのほそ道』をあらわした俳人**

「夏草や兵どもが夢の跡」などの俳句を残す。

●**このころ栄えた文化を元禄文化という**

上方(京都・大阪)を中心に発達した町人文化。

近松門左衛門→人形浄瑠璃や歌舞伎の脚本をあらわす。

井原西鶴→『日本永代蔵』など浮世草子をあらわす。

尾形光琳→「燕子花図」など屏風絵をえがく。

菱川師宣→美人画をえがき、浮世絵を始める。

歴史のあれこれ

芭蕉の句(『おくのほそ道』より)

夏草や
　兵どもが　夢の跡
　　　　　　　(平泉)

閑さや
　岩にしみ入る　蝉の声
　　　　　　　(立石寺)

五月雨を
　あつめて早し　最上川
　　　　　　　(大石田)

⬆立石寺(山形県)
(写真提供 立石寺)

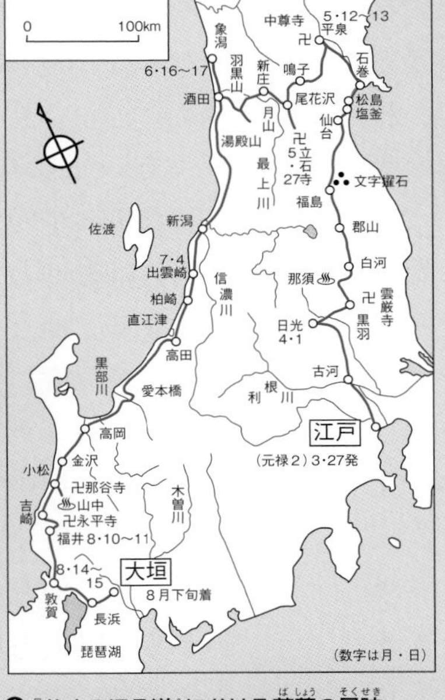

⬆『おくのほそ道』における芭蕉の足跡

一茶と蕪村

江戸時代前期に活躍した芭蕉に対して、江戸時代中・後期を代表する俳人として与謝蕪村と小林一茶がいます。

画家としても江戸時代を代表する蕪村は芭蕉に強くあこがれ、絵画と俳句との内面的な一致をはかりました。そこに、蕪村の大きな特色があります。

一方、一生農民という意識を持ち続けた一茶は、人生のみじめさや矛盾を激しくつき、強者に対する反抗と弱者に対するいつくしみをその句の中に表現し、独特の俳風を築きました。

牡丹散りて　打ち重なりぬ　二三片　　蕪村
やせ蛙　負けるな一茶　これにあり　　一茶

関連人物

近松門左衛門　1653～1724年

『曽根崎心中』などで知られる人形浄瑠璃作家

武士の子として越前(現在の福井県)に生まれるが、武士を捨て、浄瑠璃作家となる決意をする。浄瑠璃作家としての地位を築いたのち、坂田藤十郎のために歌舞伎台本を書く。藤十郎の没後ふたたび浄瑠璃作家となり、『国性爺合戦』『曽根崎心中』など数々の傑作を残した。

井原西鶴　1642～1693年

西鶴は浮世草子の作者として名をあげる前に、俳諧師として評判になる。一日に23500句をつくったという西鶴の俳諧は、もともとが叙事的なものであり、それがしだいに散文化していった。そして、『日本永代蔵』『好色一代男』をはじめとする数々の傑作を生み出した。

33

300 400 500 600 700 800 900 1000 1100 1200 1300 1400 1500 1600 1700 1800 1900 2000
弥生 古墳 飛鳥 奈良 平安 鎌倉 室町 安土桃山 江戸 明治 大正 昭和 平成 令和

徳川綱吉

1646〜1709年

「犬将軍」とよばれた江戸幕府５代将軍

生きものの命を大切にすることは良いことだが、やりすぎるとどうなった？

東京都中野区。かつて、ここに巨大な「犬屋敷」があった。面積は100haほど。内部は小屋、えさ場、子犬の養育場、日よけ場などに分かれ、町人や大名の犬５万匹ほどが飼われていた。

こんな巨大な犬屋敷の建設を命じた徳川綱吉という人物は、どんな人物だったのだろうか。

５代将軍徳川綱吉が生きた時代を元禄時代という。この時代の前後から、江戸幕府の政治のやり方が、力ではなく学問によって世の中を治めるように、大きく変わってきた。学問を重んじ、仏教を深く信仰していた綱吉にとって、うってつけの時代といえる。そうした綱吉の政治、最初のうちはうまくいっていた。しかし、そのうちやり過ぎてしまった。

仏教の教えを忠実に守ろうとすると、どんな生きものの命も大切にしなければならなくなる。綱吉は、その教えに従って、生きものを大切にするような法律をつくった。これが、悪法として名高い「生類憐みの令」だ。「捨て子・捨て病人」の禁止など、もちろん人の命を大切にする命令も出している。しかし、「生類憐みの令」によって、馬や牛、犬に始まり、鳥や魚まで、その命が守られるようになってしまったのだからたまらない。この法律によって、ひどい目にあった人もたくさんあらわれた。

一方、元禄時代は平和な時代だった。平和な世の中が何十年も続くと、人びとの生活にもゆとりができて生活もぜいたくになる。ゆとりができると、いろいろな文化が一度に花開く。とくに、商人の力が強くなったこの時代、都市に住む町人が文化の担い手となった。こうした町人文化を代表する絵師に尾形光琳がいる。

しかし、ゆとりやぜいたくにはお金がかかる。町人だけでなく、綱吉をはじめとする武士にもそういう気分があった。その結果、幕府の財政はどんどん悪くなっていった。そのため、綱吉の死後、跡を継いだ将軍や老中たちは、悪化した財政の立て直しに苦労しなければならなくなってしまった。

中野区役所前の➡
犬屋敷跡

入試でのポイント

- 江戸幕府の５代将軍
- 武断政治を改め、学問による文治政治を行う
- 儒学を重んじ、湯島聖堂をつくる
- 生類憐みの令を出し、社会が混乱
  極端な動物愛護令→犬将軍
- このころ町人による元禄文化が栄える
- 綱吉の死後、新井白石が正徳の治を行う
  生類憐みの令は廃止、財政の立て直しをはかる。

歴史のあれこれ

生類憐みの令あれこれ

もともと男子の誕生を祈って綱吉が命じた生類憐みの令ですが、だんだんとエスカレートしていき、今では考えられないこともおこりました。その例をいくつか。

- ・ニワトリを飼うのはよいが、卵を食べるのはダメ。ひよこにして育てなければならない。
- ・溝の水を往来にまいてはいけない。ボーフラが死んでしまうから。
- ・顔の蚊をたたき殺した小姓が流罪にされた。
- ・肥前の小城藩では、藩内での蝿叩きの製造・販売を禁止した。

刃傷松の廊下

元禄14年（1701年）３月14日。江戸城松の廊下で、赤穂藩主浅野内匠頭長矩は、吉良上野介義央にきりつけました。浅野長矩が吉良義央にどのようなうらみをいだいていたかはいろいろと想像されていますが、いずれにせよ、先例に従って浅野は切腹、吉良はおとがめなしと決まりました。

その結果、赤穂浅野家は取りつぶされ、多くの藩士が浪人となりました。赤穂藩の元家老、大石良雄に率いられた旧赤穂藩士が吉良邸に討ち入り、吉良義央の首をあげるのは翌年の暮れのこと。

湯島聖堂（東京都）
学問好きだった綱吉は、儒学を重んじ、孔子をまつる聖堂をこの地に移した。現在の建物は、関東大震災後に再建されたもの。

関連人物

徳川光圀　1628〜1700年

常陸国（現在の茨城県）水戸藩２代藩主。初代頼房は徳川家康の11男。御三家のひとつとして、幕府の政治に強い影響力を持った。生類憐みの令にも批判的で、柳沢吉保に犬皮20枚を贈ったこともある。隠居後は、『大日本史』の編さんに着手。

新井白石　1657〜1725年

儒学者であり、徳川家宣、家継に仕えた政治家。とくに、７代将軍家継を補佐し、元禄時代に悪化した幕府財政の立て直しに努力した。この白石の政治を「正徳の治」という。また、『折たく柴の記』や『西洋紀聞』などの著作がある。

34

300 400 500 600 700 800 900 1000 1100 1200 1300 1400 1500 1600 1700 1800 1900 2000

弥生 古墳 飛鳥 奈良 平安 鎌倉 室町 安土桃山 江戸 明治 大正 昭和 平成 令和

徳川吉宗

1684〜1751年

政治改革を断行した「米将軍」

吉宗はどのような政治改革によって、幕府の財政を立て直そうとしたのだろう?

1721年、江戸日本橋のたもとに次のような高札が立てられた。

「農民、職人、商人はもとよりのこと、医者、易者、巫女などにあっても、お上に申し上げたいことのあるものは、少しも遠慮なく申しでよ」

そのために評定所の門前に箱が置かれた。目安箱である。8代将軍徳川吉宗は、こうして庶民の意見を政治に反映させようとした。吉宗はまた、幕府の政治を徹底的に改革しようとした。

元禄以来、ゆるんでいた武士たちの生活を引きしめるために倹約を命じたり、学問や武術を奨励し、青木昆陽などの蘭学者を用いてオランダ語やヨーロッパの学問を学ばせた。また、優秀な人材を高い地位につけて用いるための「足高の制」や、裁判の基準をまとめた「公事方御定書」の制定など、積極的に改革を行った。こうした吉宗の改革を「享保の改革」(📖 p161江戸の三大改革)という。

吉宗がとくに努力したのは、米の増産と米価の安定だった。米の増産は新田開発を進めることによって行った。また、年貢の量を増やすために「四公六民」(幕府4、農民6)から「五公五民」(幕府5、農民5)としたり、米のとれ高に応じて年貢をかける「検見法」から、毎年一定の収穫を予想して年貢をかける「定免法」へと変えたりした。さらに、参勤交代を半減する代わりに米を納めさせる「上米の制」などを定めた。しかし、こうした努力にもかかわらず、米価はいっこうに安定しない。高くなったのではない。安くなったのだ。米価が安くなると困るのは農民ばかりではない。年貢米を売ってお金にかえなければならない武士も困ることになる。そのため、吉宗は米価の引き上げに努力する。

そんなとき、思わぬことから飢饉がおこった。西国に「いなご」が大発生したのだ。いなごに稲を食べつくされ、大飢饉が発生。万をこえる餓死者がでた。享保の大飢饉である。当然、米価も高騰。今度は米価引き下げに苦労することになる。

吉宗の改革は、いろいろな面で良いものを残した。しかし、吉宗が最も力をいれた米価政策は、発達した貨幣経済のもとではうまくいかなかった。米にふり回された「米将軍」であった。

入試でのポイント

●江戸幕府の８代将軍

御三家の紀伊藩主から将軍となる。

●享保の改革を行う

新田開発、年貢の引き上げ、**上米の制**→米将軍

飢饉対策に、さつまいもの栽培を研究させる。

裁判の基準となる公事方御定書を定める。

目安箱を置き、庶民の意見を政策に反映させる。

キリスト教に関係のない洋書の輸入を認める。

歴史のあれこれ

漢訳洋書輸入の一部解禁

徳川吉宗が将軍になって５年目、吉宗は漢訳の洋書を輸入してもよい、という決断を下しました。ただし、キリスト教関係の文字が少しでも入っているものは許可されませんでした。

吉宗は、なぜ洋書の輸入を許可したのでしょうか。それは、吉宗が理念よりも実際を好んだからでした。灌漑工事などの土木工事を行ったり、天体観測を行ったり、オランダの学問を学んだ人物を薬草係に取り立てたりしました。そうした中で、吉宗は自分の興味をひくものがオランダ（ヨーロッパ）の文明の中にあることに気がついたのでしょう。

吉宗による洋書輸入の解禁は、のちに蘭学がさかんになるきっかけともなったのです。

将軍の出身地

これまで、将軍に跡継ぎがなかったときは、将軍の兄弟やその子が跡を継いでいました。たとえば、徳川家光には３人の男の子（家綱、綱重、綱吉）がおり、長男の家綱が４代将軍となります。しかし、家綱には子がなく弟の綱吉を養子として、綱吉が５代将軍になります。綱吉も子どもにめぐまれなかったため、兄綱重の子を養子にします。６代将軍家宣です。家宣の子の７代将軍家継にも子がなかったため、紀伊徳川家から吉宗の登場になったのです。

吉宗には４人の男の子がいて、ひとりは９代将軍に、ひとりは早死にしますが、残りの２人はそれぞれ、田安徳川家と一橋徳川家をおこします。

吉宗のあとは11代家斉が田安家、14代家茂が紀伊徳川家、15代慶喜が一橋家から将軍になっています。

関連人物

大岡忠相 1677～1751年

江戸の旗本の子として生まれる。徳川吉宗によって江戸町奉行に取り立てられる。享保の改革の実務を担当。町火消しの制度などをつくる。町奉行を20年近くつとめたのち、寺社奉行になり、その後大名になる。

青木昆陽 1698～1769年

儒学者で蘭学者。大岡忠相に見出されて、『蕃藷考』を刊行し、甘藷（さつまいも）の栽培を広める。のち、徳川吉宗からオランダ語学習を命じられ、オランダ人などについてオランダ語や西洋の文化、社会のようすなどを学んだ。

備中ぐわ

千石どおし

千歯こき

唐み

↑江戸時代の農具

35

300 400 500 600 700 800 900 1000 1100 1200 1300 1400 1500 1600 1700 1800 1900 2000

弥生 古墳 飛鳥 奈良 平安 鎌倉 室町 安土桃山 江戸 明治 大正 昭和 平成 令和

杉田玄白

1733〜1817年

西洋医学を日本に広めようとした医師

玄白は、西洋の医学書を手に解剖に立ち会ったとき、どんなことを思ったのだろう？

『ターヘル・アナトミア』は、ドイツの解剖書をオランダ語に訳したものである。徳川吉宗（p78）によって、キリスト教に関係しない漢訳洋書の輸入が認められるようになると、こうした医学書や科学書が少しずつ日本に紹介されるようになってきた。

杉田玄白がこの『ターヘル・アナトミア』を手に入れたのは、彼が藩医をつとめる若狭小浜藩の好意によるものだった。江戸、小塚原で腑分け（解剖）に立ち会ったとき、同行した先輩の前野良沢が１冊の本を取り出した。良沢が、先年、長崎へ行ったときに買い求めたオランダの解剖書『ターヘル・アナトミア』だった。２人はこの偶然におどろいた。さらに、実際の人体が『ターヘル・アナトミア』の図と、骨の１本にいたるまでまったく同じであることに感動し、医者である自分たちの無知をはじた。彼らが『ターヘル・アナトミア』を日本語に翻訳しようと思い立ったきっかけである。

そうは思い立ったものの、この『ターヘル・アナトミア』が『解体新書』として世の中に出回るまでの苦労は並たいていのものではなかった。翻訳作業は、杉田玄白と前野良沢をはじめとして中川淳庵、桂川甫周、石川玄常などによって進められた。しかし、彼らの中にはオランダ語を話せる者もない。また、ある程度の洋書輸入が認められるようになっていたからといって、鎖国（p160）中であり、辞書もなかった。

鼻の説明のところで「フルヘッヘンドしているもの」という文章にぶつかったとき、この意味がわからず行きづまってしまう。良沢が長崎から持ち帰った簡単な本を参考にして、この語を「うづたかし」と訳すことに決まるまでまる１日かかった。翻訳作業が比較的楽に進むようになるのは、こうした作業が１年あまり続いたあと、訳語がずいぶんとたまってきてからであった。

『解体新書』が刊行されたのは1774年、杉田玄白や前野良沢が小塚原で腑分けに立ち会ってから３年後のことであった。

高齢になった玄白は、『ターヘル・アナトミア』を翻訳したときの苦心談をあらわした。これが『蘭学事始』である。『蘭学事始』は1815年に完成し、その２年後、玄白は85歳で死去した。

入試でのポイント

●西洋の医学書を研究し、『解体新書』を出版

オランダ語で書かれた『ターヘル・アナトミア』を前野良沢らと翻訳。

のちに翻訳のさいの回想録『蘭学事始』をあらわす。

●このころ蘭学がさかんになる

徳川吉宗が洋書の輸入を認めたことから発展。

平賀源内→静電気を発生するエレキテルを発明。

高野長英→シーボルトに西洋医学を学ぶ。

歴史のあれこれ

西洋医学の先覚者たち

江戸時代は鎖国の時代でしたが、西洋の学問がまったく入ってこなかったわけではありません。『解体新書』が世に出る前から、西洋医学や西洋の学問は日本に伝わっていたのです。

鎖国中、日本と貿易を許された唯一の西洋の国であったオランダ。このオランダが商館を置き、オランダ人が住むことを許されたのが長崎の出島でした。オランダ人は出島から自由に出ることができなかったため、当然、出島にはオランダ人医師が駐在していたのです。そして、こうした医師を通じて、西洋医学もわずかながら日本に伝わったのでした。そうしたオランダ人医師の中にカスパルという人がいて、この人はオランダ商館長の供をして江戸まで行き、外科療法を日本人に伝えたといわれています。また、同じくオランダ人医師で、帰国後『日本誌』という本をあらわし、西洋に日本を紹介したケンペルは、多くの日本人が西洋関係の知識を得ようと熱心であった、と書いています。

こうしたオランダ人以外にも、キアラとシドッチという２人のイタリア人宣教師が日本に密入国し、西洋の学問やようすを伝えました。とくにシドッチは、取り調べをした新井白石によって、その聞き書きをもとにした『西洋紀聞』があらわされたことでも有名です。

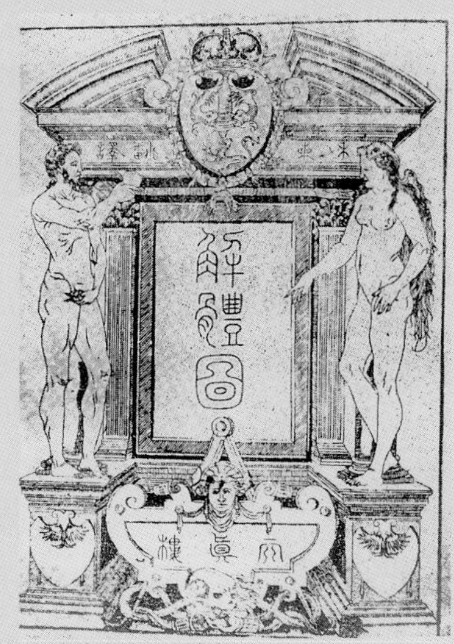

⬆『解体新書』の扉絵

関連人物

本居宣長 1730~1801

『古事記』を研究し『古事記伝』を書いた国学者

江戸時代の国学者。伊勢松坂（三重県松阪市）に生まれる。松坂で医師を開業する一方、以前から興味を持っていた古典文学を独学で学び、国学者の賀茂真淵に入門する。以後、『古事記』の研究に打ちこむようになり、34年もの歳月をかけて『古事記伝』44巻を完成させた。儒教や仏教が伝わる以前の日本古来の精神や思想を明らかにする国学は、幕末の尊王攘夷思想にも影響をあたえた。

前野良沢 1723~1803年

青木昆陽にオランダ語を学び、その後長崎に遊学。そのさい、数冊のオランダ語の本を購入した。江戸へもどり、オランダ語の教授と翻訳の中心になり、杉田玄白らとともに『ターヘル・アナトミア』を訳す。

36

300 400 500 600 700 800 900 1000 1100 1200 1300 1400 1500 1600 1700 1800 1900 2000

弥生 古墳 飛鳥 奈良 平安 鎌倉 室町 安土桃山 江戸 明治 大正 昭和 平成 令和

伊能忠敬

1745〜1818年

地球一周以上を歩き、日本全図を作成した地理学者

日本全図の作成にはどのような背景があったのだろう？

伊能忠敬が蝦夷地（北海道）測量のために供の者５人と江戸を出発したのは、1800年閏４月19日（今の暦で６月11日）の朝５時ごろだったという。このとき、忠敬は56歳。「人生50年」といわれた当時、すでに商人として成功を収めていた忠敬にとって、これは第二の人生の始まりでもあった。

伊能忠敬は佐原（千葉県香取市）で酒造、米の売買などを営んでいたが、50歳で家業を長男にゆずり、江戸に移り住んだ。そして以前から興味のあった天文学や暦学を学ぶために自分よりも19歳年下の幕府天文方、高橋至時に弟子入りし、天体観測や測量術の勉強にはげんだ。

一方このころ、蝦夷地にはロシア船が来航し、通商を求めるようになっていた。これを警戒した幕府は、最上徳内や近藤重蔵らに北方の調査を命じていた。さらに幕府は、せまり来る外国勢力に対し、国防上の理由から正確な地図が必要であると考え、忠敬に蝦夷地の測量を許可したのであった。

忠敬ら一行は１日約40kmという早いペースで歩き、江戸を出発して１か月後には蝦夷地に上陸した。そして函館から蝦夷地南岸の測量を開始し、昼は歩測（歩数で距離をはかること）、夜は天体観測を行いながら根室半島近くの西別（別海町）にまで到達した。とちゅう、道なき道を歩き、海岸沿いを通れないときは険しい山ごえをしながらの困難な測量だった。

半年後、忠敬は無事に江戸にもどり、測量の結果をもとに地図を作成した。幕府は完成した地図の正確さにおどろき、今度は日本全国の測量を命じたのだった。

その後、忠敬は幕府の援助を受けながら16年にわたって全国各地の海岸を測量し、地図をつくり続けた。この間、測量のために歩いた距離は地球一周分をこえたという。

忠敬は日本全図の完成を見ずに74歳でこの世を去ったが、引き続き弟子や友人たちが地図の作成に取り組み、忠敬の死から３年後の1821年、「大日本沿海輿地全図」として完成した。

忠敬がつくった日本全図は、現代の地図と比べても海岸線のずれが少ない正確なものであった。幕府はこれを国家機密として秘匿するが、明治になると一般に刊行されるようになり、その後、三角測量による近代的な地図が作成されるまで使用されたのであった。

入試でのポイント

●隠居したあと、51歳から天文学や暦学を学ぶ
●日本全国を測量し、正確な日本地図をつくる
死後、「大日本沿海輿地全図」として完成。
地図作成の背景には、外国船の接近にともなう、国防上の理由があった。
●幕府はロシアの南下に対し北方の調査を行う
近藤重蔵→択捉島の探検。
間宮林蔵→樺太の探検、間宮海峡の発見。

歴史のあれこれ

せまり来る欧米諸国の脅威

18世紀後半、欧米諸国では産業革命がおこり、国ぐにでは新たな市場や原料の入手先を求めて、アジア・アフリカに植民地を広げていました。日本の周辺にもこのころから外国船が姿をあらわすようになり、海防の強化をせまられた幕府は1825年に「異国船打払令」を出し、接近する外国船を追いはらうことを決めます。

しかし、1842年にアヘン戦争で清がイギリスに敗れるという情報が伝わると、欧米諸国の軍事力をおそれた幕府は「異国船打払令」を廃止します。ペリーが来航する11年前のことでした。

蝦夷地測量のもうひとつの目的とは?

忠敬の蝦夷地測量には地図の作成以外に別の目的がありました。それは、緯度1度の長さをはかることでした。当時、暦学者の間では地球の大きさが議論されていて、そのために緯度1度の正確な長さを知る必要がありました。忠敬は蝦夷地測量のさい、各地で緯度をはかるために天体観測を続け、緯度1度の長さを27里あまりと算出しました。しかしこれは満足のいく結果ではなかったらしく、その後も各地で測量を続け、緯度1度は28里2分(約111km)であることをつきとめます。これはのちに忠敬の師、高橋至時によって西洋の天文学書に書かれている数字と同じであることが確認されました。

西洋にも認められた忠敬の地図

長崎のオランダ商館医として来日したシーボルトは、1828年、帰国のさいに、国外への持ち出しが禁じられていた「大日本沿海輿地全図」の写しを持ち出そうとして見つかり、地図の返却を拒否したため、国外追放の処分を受けました。シーボルトは帰国後、持ち帰った地図を刊行し、忠敬の測量技術の高さはヨーロッパでも知られるようになりました。

また、開国後の1861年、日本沿岸を測量しようとしていたイギリス海軍の船長は、幕府の役人から「大日本沿海輿地全図」の写しを見せられ、その正確さにおどろきました。結局、船長は地図を手に入れることで、測量を中止したそうです。

関連人物

近藤重蔵 1771~1829年

ロシアの南下を受けて、幕府に北方の調査を提案した。1798年から4度にわたり蝦夷地へ派遣され、最上徳内らと択捉島を探検する。択捉島にロシアが立てた標柱に替えて「大日本恵土呂府」の標柱を立て、日本の領土であることを示した。

間宮林蔵 1780~1844年

1808年、幕府の命により樺太の探検を行い、翌年、樺太が陸続きではなく島であることを発見する。樺太と大陸の間の海は、林蔵の名をとって今も「間宮海峡」とよばれている。
また、伊能忠敬から測量術を学び、忠敬がやり残した西蝦夷地の測量を行い、「大日本沿海輿地全図」の完成にも貢献した。

37

300 400 500 600 700 800 900 1000 1100 1200 1300 1400 1500 1600 1700 1800 1900 2000
弥生 古墳 飛鳥 奈良 平安 鎌倉 室町 安土桃山 江戸 明治 大正 昭和 平成 令和

松平定信

1758～1829年

将軍になりそこねた男。江戸幕府の老中

わいろ政治を批判した定信の幕府財政改革は、どのような結果をむかえたのだろう？

松平定信は、将軍になりそこねた男だった。

定信は８代将軍徳川吉宗（p78）の孫（吉宗の次男の子）として生まれ、実子を早くに亡くした10代家治の跡継ぎに望まれたが、老中の田沼意次によって白河松平家に養子に出された。そして、将軍の跡継ぎは、吉宗の曾孫（吉宗の四男の孫）にあたる家斉に決まった。本来ならば、吉宗の孫である定信が継いでもまったくおかしくないはずなのに。

田沼意次は、10代将軍家治に重く用いられた。もともとは側用人であったが、のちに老中にまで出世。そして、定信の将軍就任を阻止できるほどの強い権力を持った。強い権力を持った意次がやろうとしたことは、幕府財政の立て直しである。しかし、新井白石（p77）や徳川吉宗のころとは時代がちがう。積極的に商人を盛りたて、そこから冥加金（今の税金）をとろうとしたのだ。こうしたやり方は、一歩まちがえると商人と役人のゆ着になる。そして、実際にそうなった。田沼時代は「わいろ政治」の時代、ともいわれる。

10代将軍が亡くなり、11代家斉が跡を継いだとき、皮肉なことに意次が失脚した。代わりに、定信が老中の地位についた。老中になった定信は、さっそく強力に改革をおし進めようとした。旗本や御家人の借金をないものにする命令（棄捐令）を出したり、儒学以外の学問を公式には禁止したり（寛政異学の禁）、乱れた風俗を取りしまったり。いわゆる「寛政の改革」（p161江戸の三大改革）である。

しかし、この改革はあまりに厳しすぎた。借金をはらわなくてもよくなった旗本は喜んだが、そのあと、商人は旗本にお金を貸さなくなった。風俗の取りしまりも厳しすぎて、江戸の町人だけでなく、江戸城の中でも不満の声が上がった。

結局、江戸城内部からの非難や、厳しすぎる命令への反感などから、定信は老中を辞任した。老中首座となって６年目のことだった。寛政の改革のさなか、こんな狂歌がつくられた。

白河の　清きに魚も　住みかねて
もとの濁りの　田沼恋しき

入試でのポイント

●**徳川吉宗の孫。江戸幕府の老中となる**

わいろ政治で失脚した田沼意次のあと老中に就任。

●**天明の大飢饉のあと、寛政の改革を行う**

飢饉対策として、囲い米の制を実施。

農村復興のため帰農令を出す。

棄捐令を出し、旗本や御家人の借金を帳消し。

寛政異学の禁により学問の統制を強化。

『海国兵談』で海防の必要性を説いた林子平を処罰。

歴史のあれこれ

天明の大飢饉

天明３年(1783年)は、前年から続く冷害のため、また、この年には数万人の死者を出した浅間山の大噴火も重なり、冷害がいっそう深刻なものになったため全国的な凶作となりました。浅間山の噴火では、江戸で30cmほども灰が積もり、また、遠く仙台でも灰がふったという記録が残されています。

この冷害の影響はとくに東北地方でひどく、仙台藩では米の収穫は例年の１割に満たず、また、餓死者だけでも40万人を出したといわれています。さらに、津軽藩では、前年すでに被害が出ていたにもかかわらず、藩の役人が米を江戸、大阪に送ってしまうという失政が重なり、餓死者13万人、他藩への逃亡者２万人という被害が出ました。また、一村ことごとく人がいなくなった村も多かったといわれています。

自らを「六無斎」とよんだ林子平

蒲生君平、高山彦九郎とともに「寛政の三奇人」のひとりにあげられる林子平は、日本の海防の必要性を説いた『海国兵談』をあらわし、世をまどわすものとして処罰されました。そのとき、『海国兵談』の版木や製本も没収されてしまいました。この版木は、子平自らが一字一字ほったもので、彼にとってはまさに命の次に大切なものだったのでしょう。仙台の家に閉じこめられた子平は、次のような詩にみじめな境遇をうたい、自らを「六無斎」とよびました。

親もなく　妻なく子なく　版木なし
金もなけれど
死にたくもなし

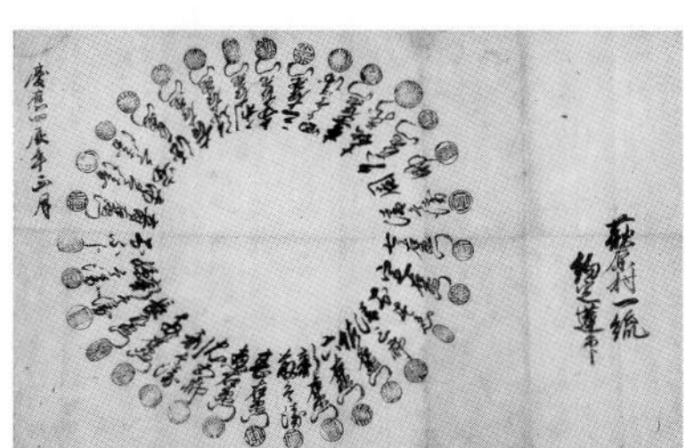

傘連判状

一揆をおこすさいの要求書。一揆参加者の平等を示すためや、首謀者をわからなくするために、このような形をとった。

（生駒市教育委員会所蔵・写真提供）

関連人物

田沼意次　1720〜1788年

財政復興につとめ、わいろ政治で失脚した老中

９代将軍、徳川家重の小姓から、大名、老中へと出世。商品流通に課税したり、鎖国をゆるめて貿易をさかんにして金銀を輸入するなど、幕府財政の立て直しにつとめた。また、蝦夷地の開発や新田開発にもつとめた。

ラクスマン（アダム・ラクスマン）　1766〜？年

フィンランド生まれでロシアの陸軍将校。父・キリルが、嵐で漂流しロシアに流れついた日本人船頭の大黒屋光太夫らと親交を結んでいたことから、日本との通商開始をロシア政府にうったえて許可を得、日本人漂流民をともなって根室に来航。長崎寄港の許可を幕府から得る。

38

300 400 500 600 700 800 900 1000 1100 1200 1300 1400 1500 1600 1700 1800 1900 2000

弥生 古墳 飛鳥 奈良 平安 鎌倉 室町 安土桃山 江戸 明治 大正 昭和 平成 令和

葛飾北斎

1760〜1849年

化政文化を代表する浮世絵師

6歳のころより絵をかき始めた北斎が、夢中になってかき続け、目指したものとは？

「絵師」としての仕事の大半は、短編長編さまざまな読み物のさし絵をかくことであった。「富嶽三十六景」で北斎の名を知る人びとにとっては意外な事実。しかし、場面場面のようすを的確にかき上げた北斎のさし絵は、まぎれもなく江戸の人びとを魅了していた。あるときは怪談話の中で、おそろしい顔をした妖怪や、不気味な幽霊の姿を生々しく表現し、読者たちをふるえあがらせもした。彼の人気ぶりは、「北斎がさし絵をかいている」というだけで、どんな読み物でもベストセラーになったほどであったという。

50歳を過ぎたころ、北斎は「絵手本」とよばれる絵の教本づくりに力を入れるようになった。さまざまな画派をわたり歩き、独自に築き上げた「葛飾派」の画法を、弟子たちはもとより、ファンや他の絵師たちにまで広く伝えるためである。そんな絵手本の代表作が、欧米でも評価の高い『北斎漫画』（1814年刊行、全15編）。この本には、さまざまな動植物や、人びとの姿・表情などをかいた計4000点ものイラストとその画法が収められている。どの絵も名前のとおり漫画のように愛らしく、簡単なタッチでありながら、あるがままのものをするどくかき出している。

北斎、72歳の1831年、「富嶽三十六景」が刊行され、江戸を中心に大人気となる。歌川広重の「東海道五十三次」が発表される２年前のことである。読み物のさし絵でも見られた独自の遠近法、『北斎漫画』にもあった漫画調でありながら的確なタッチで風景や人びとの姿をとらえ、北斎が築いてきた「葛飾派」の画風の集大成のひとつとなった。

90歳となった1849年、「あと５年あれば、私は本物の絵師となれたであろうに……。」こう言い残して北斎はこの世を去ったという。最後に取り組んでいたのは中国画や洋画の画法を取り入れた肉筆画であった。北斎が生涯目指した本物の「絵」とは……。

⬆「富嶽三十六景」より神奈川沖浪裏

入試でのポイント

- ●「富嶽三十六景」をかいた浮世絵師
- ●このころ栄えた文化を化政文化という

江戸を中心に発達した町人文化。

歌川広重→浮世絵「東海道五十三次」をかく。

東洲斎写楽→大首絵とよばれる浮世絵をかく。

十返舎一九→小説『東海道中膝栗毛』をあらわす。

滝沢馬琴→小説『南総里見八犬伝』をあらわす。

- ●このころ寺子屋ができ、庶民の教育も普及

歴史のあれこれ

浮世絵の決め手はチームワーク?

木版画である浮世絵の制作は、画家である絵師、版木づくりをする彫師、色付けをして作品を刷り上げる摺師との連携プレーが命。彫師は2ミリほどのはばに、毛のような細線を3本もほるような技術を要します。版木づくりは元絵を板にじかに貼って行うため、失敗が許されません。色ごとにつくられた版木を、ひとつずつ重ね刷りする摺師の仕事も、1ミリのずれが作品を台無しにしてしまいます。作業の一つひとつが真剣勝負。これもまた浮世絵の魅力につながっているのでしょうね。

引っ越すこと92回、改名すること30回

新しい絵の題材となる風景が見つかると、いてもたってもいられなくなった北斎。なんでもそのたびに、その近所まで引っ越しを重ねたのだとか。また、散らかりすぎた部屋をかたづけるのが面倒で、引っ越しをすることもあったそうです。そんな生活ぶりから始終金に困っていた北斎は、画名を弟子にゆずるさいに受け取る御祝儀が目当てで、30回も名前を変えたんだとか。なんとも型破りなお師匠さんですね。

風景画は町人たちのガイドブック

写真のなかった当時、町人などにとって、遠い土地の景色を知る唯一の手がかりが「富嶽三十六景」や「東海道五十三次」のような風景画集でした。中には絵と同じ景色を見るために旅に出た人もいたのだとか。しかし、旅には多大な時間とお金がかかり、危険も多かったこの時代、町人たちもそうそう何度も旅に出ることはできません。だから彼らは、絵をながめながら、旅の景色を思い出したり、雰囲気を味わったりしていたのでしょうね。

⬆「東海道五十三次」より神奈川

関連人物

歌川(安藤)広重 1797~1858年

「東海道五十三次」で知られる浮世絵師

江戸の火消しの家に生まれ、いったんは父の職業を継ぐも、15歳で絵師歌川豊広のもとに入門。1833年、東海道中の宿場町ごとの風景をえがいた続き絵「東海道五十三次」を出版。風景画家として名を広める。他に「江戸近郊八景」などがある。

菱川師宣 ?~1694年

江戸浮世絵のさきがけとなった江戸時代前期の絵師。菱川派の祖。手がけた作品には読本さし絵の墨絵が多かったが、晩年「見返り美人図」などの美人画を肉筆画であらわし、一躍江戸で人気が高まる。残存する一枚絵の作品は少ない。

39

300 400 500 600 700 800 900 1000 1100 1200 1300 1400 1500 1600 1700 1800 1900 2000

弥生 古墳 飛鳥 奈良 平安 鎌倉 室町 安土桃山 江戸 明治 大正 昭和 平成 令和

大塩平八郎

1793〜1837年

貧しい庶民のために反乱をおこした元役人

幕府の役人であった彼が、なぜ、農民を率いて兵をあげなければならなかったのだろう?

大阪町奉行所の元与力大塩平八郎が、農民を率いて挙兵したのは天保８年(1837年)のことだった。

平八郎が挙兵する前年、天保７年の大阪のようすは彼にとってがまんのできるものではなかった。大阪東町奉行は老中水野忠邦の実弟で、新将軍の就任祝賀のための米を江戸へ送ることばかりを考えていた。それが兄の手柄にも、自分の手柄にもなるからだ。ふつうの年であればこんなことは問題にはならない。なにしろ大阪は「天下の台所」である。全国から米が集まってくるのだ。しかし、この天保７年という年は、天保の初年から連続しておこっていた飢饉が頂点に達した年だ。それまでに、全国各地の餓死者は数知れず、地主や商人は米を買いあさり、売りおしむ。米価もうなぎのぼり。米不足と米価高騰で生活に苦しむ庶民があふれていた。各地で百姓一揆(📖 p161)や打ちこわし(📖 p161)が多発した。いわゆる天保の大飢饉である。

そんなときである。いくら隠居した与力だからといって、「知行合一(正しいと知ったときは行動しなければならない)」を強調する陽明学の学者である平八郎はだまっていられない。窮民救済策を奉行に進言した。奉行の返事は、隠居の身で政治に口を出すのは罪にあたる、であった。彼に残された道は挙兵しかなかった。

挙兵にあたり、平八郎は門下生を訓練したり、書物を売ってお金をつくったりした。そして、農民に蜂起をうながした。しかし、密告者が出たため、準備も十分でない状態で挙兵するほかなく、300人あまりで挙兵。大阪の町の５分の１ほどを焼きはらった。だが、この少人数ではどうしようもなく、わずか半日でしずめられた。乱後、40日ほども行方をくらましたのち、平八郎は自殺した。

江戸へ米を送ろうとしていた東町奉行は、その後、大目付に出世。その兄、水野忠邦は天保の改革(📖 p161江戸の三大改革)の実施者となる。自殺した大塩平八郎は、反逆罪とされ、死体がはりつけになった。自殺から１年半後のことであった。

入試でのポイント

●**幕府の役人だったが、大阪で反乱をおこす**

天保の大飢饉で苦しむ人びとを救うために挙兵するが、しずめられる。

●**反乱のあと、老中水野忠邦が天保の改革を行う**

農村復興のため人返しの法を出す。

幕府の直轄領を増やすため上知令を出す。

物価を安定させるため株仲間の解散を命じる。

改革に反対するものが多く、２年あまりで失敗。

歴史のあれこれ

天保の大飢饉

天保になる直前、文政12年は空前の大豊作だったといいます。そのことが、翌天保元年(1830年)の「御蔭参り」大流行の原因となりました。しかし、年寄たちの中には、これが飢饉の前触れになるのではないか、と心配する声もありました。

その心配どおり、天保元年・２年と不作が続きました。３年は多少はよかったものの、４年は低温・多雨、奥羽大水害、関東大風雨と、本格的な凶作になりました。とくに、東北地方は収穫がまったくないというありさまでした。５年は豊作でしたが、続いた凶作のために米価が下がらず、庶民の生活は苦しいものでした。６年も同じような状態が続きましたが、７年は８月の風雨がはげしく、全国各地で洪水などが相い次ぎ、大凶作となりました。

天保の改革

天保の飢饉をきっかけとして、幕府や藩の財政は悪化しました。そのため、さまざまな改革が行われましたが、水野忠邦による幕府の改革は失敗し、長州、薩摩など西南雄藩は成功しました。このことが、幕末の動きに大きく影響してくるのです。

モリソン号事件と蛮社の獄

天保８年(1837年)日本人漂流民７名を乗せたアメリカ船モリソン号が浦賀に入港しました。しかし、浦賀奉行は「異国船打払令(無二念打払令)」にもとづいてモリソン号を砲撃、追い返してしまいました。

この事件とその後の幕府の対応を批判したのが、高野長英や渡辺崋山などでした。長英や崋山は「尚歯会」という蘭学者中心のグループをつくっていました。この尚歯会は別名「蛮社」ともよばれていました。この有力メンバーの長英や崋山が逮捕され処罰されたので、これを蛮社の獄といいます。もっともこの蛮社の獄は、儒学者の子で蘭学ぎらいな当時の目付(のちに江戸町奉行)鳥居耀蔵の陰謀も大きくものをいっているといわれています。

関連人物

水野忠邦 1794～1851年

1839年老中首座になり、1841年から天保の改革を実施。享保・寛政の両改革を手本にするが、鳥居耀蔵を江戸町奉行にばってきするなど、強圧的な政治を行った。そのため、わずか数年で改革は失敗。

高野長英 1804～1850年

医者で蘭学者。長崎でシーボルトに師事。1838年、モリソン号事件を批判した『戊戌夢物語』を著す。蛮社の獄で永牢を言いわたされるが、脱獄。その後、幕府の役人に捕えられそうになり自殺した。

40

300 400 500 600 700 800 900 1000 1100 1200 1300 1400 1500 1600 1700 1800 1900 2000

弥生 古墳 飛鳥 奈良 平安 鎌倉 室町 安土桃山 江戸 明治 大正 昭和 平成 令和

井伊直弼

1815～1860年

日本を開国させた江戸幕府の大老

強権政治により日本を開国へと導いた彼を待っていたものは何だったのだろう？

徳川幕府譜代の重鎮である井伊家が幕府の政治にかかわりを持つとき、つねに「大老」という地位が用意された。直弼以前にも、井伊家からは４人の大老が出ている。

井伊直弼が大老の地位についたのは、1858年、日米修好通商条約(📖 p162)が結ばれた年だった。「結ばれた」というより、直弼が「結んだ」のである。アメリカと実際に貿易を行い、そのためにアメリカ人が日本に住む。そのようなことを定めた条約を結ぶことで、先の日米和親条約(📖 p162)に続いて、日本の鎖国体制を完全に終わらせることになった。そうした条約を結ぶ決定を、直弼は朝廷の許可を得ることなく行った。これが大きな問題になった。

徳川幕府の政治を支える中心となった大老の井伊直弼は、開国を主張した人物でもあった。1853年にペリーが来航したおり、強く開国を主張し、水戸藩の徳川斉昭と対立した。また、その後の14代将軍をだれにするかという問題でも、和歌山藩主徳川慶福(のちの家茂)をおし、斉昭の子一橋慶喜(徳川慶喜)(👤 p96)をおす一橋派と対立した。「開国」か「攘夷」かということでいえば、直弼はまちがいなく開国派であった。こうした一橋派との対立や、朝廷軽視は反幕府勢力(尊王攘夷派)(📖 p162尊王攘夷運動)を増大させた。そして、それに対する直弼の処分も厳しかった。斉昭や福井藩主松平慶永などの大名を処分し、さらに、橋本左内や吉田松陰などの尊王攘夷派の人びとを江戸へ護送し処刑した。これを「安政の大獄」(📖 p162)という。

こうした井伊直弼による一連の強権政治は、当然、水戸藩士や尊王攘夷派の人びとの反発をまねいた。1860年３月３日、江戸城桜田門外で、かねてより連絡を取りあっていた水戸藩と薩摩藩の志士たちによって、直弼は暗殺された。「桜田門外の変」である。その後、幕府の権威は落ち、国内では尊王倒幕の動きが激しくなっていく。

幕末の幕府政治を力でおし進めようとした井伊直弼は暗殺された。しかし、開港の恩人直弼は、銅像となって、現在でも横浜港にほど近い高台から港を見下ろしている。

入試でのポイント

●**幕府の大老となり、日米修好通商条約を結ぶ**

神奈川（横浜）など５港を開き、貿易を行う。

日本に不利な不平等条約→日本に**関税自主権がない**。外国人に**治外法権を認める**。

朝廷の許可を得ずに結んだため、批判される。

●**安政の大獄で反対派を処罰**

吉田松陰（長州藩）などを処刑する。

●**桜田門外の変で水戸藩の浪士に暗殺される**

歴史のあれこれ

安政の大獄

井伊直弼による反対派の弾圧は徹底していました。それは、尊王攘夷派の武士だけでなく、大名や公家にまでおよんだのです。このとき、罰を受けたり処刑されたりしたおもな人物は次のとおりです。

梅田雲浜（小浜藩士）…逮捕、のち病死
橋本左内（福井藩士）…謹慎、のち処刑
吉田松陰（長州浪人）…江戸へ護送、のち処刑
月照（尊王攘夷派の僧）…西郷隆盛とともに鹿児島に逃亡、のち自殺
徳川斉昭（前水戸藩主）…謹慎、隠居、のち国元永蟄居
近衛忠熙（左大臣）…辞官、出家、謹慎
一橋慶喜（のちの15代将軍、徳川斉昭の実子）…隠居、謹慎
松平慶永（福井藩主）…隠居、謹慎

北方領土問題

1854年、幕府が日米和親条約を結ぶと、イギリス、ロシア、オランダも同様の条約を結びました。しかし、ロシアとの和親条約にだけは、領土に関する規定が置かれました。そして、このとき択捉島以南が日本の領土になったのでした。また、日本側の強い主張にもかかわらず、樺太は日本人とロシア人の混住地とされました。

この樺太問題が一応かたづくのは、時代が明治と代わった1875年、千島・樺太交換条約によって千島列島が日本領に、樺太がロシア領になったときでした。

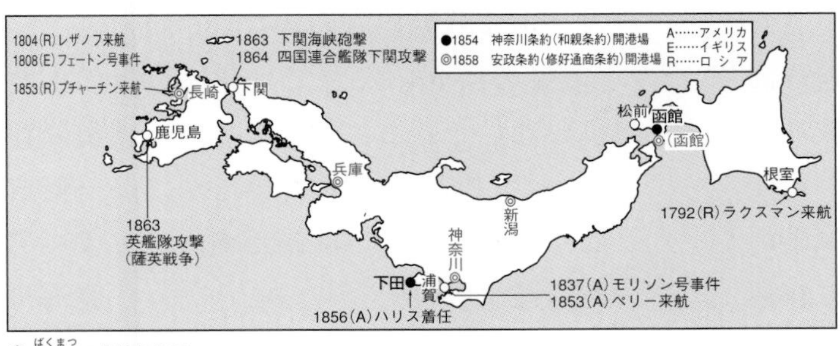

❶幕末の対外関係

関連人物

ペリー

（マシュー・ペリー） 1794〜1858年

日本に開国をせまったアメリカの軍人

アメリカで初めて蒸気軍艦を建造し、「蒸気船海軍の父」とよばれる。1852年、東インド艦隊の司令長官になり、フィルモア大統領の親書をたずさえて、1853年に黒船とよばれた４隻の蒸気軍艦を率いて浦賀に来航。日本に開国をせまる。

ハリス

（タウンゼント・ハリス） 1804〜1878年

ニューヨークの商人出身で、中国や東南アジアで貿易に従事。1855年、下田駐在の初代アメリカ総領事に任命され、通商条約締結の全権を委任された。1858年、日米修好通商条約調印に成功。のち、初代駐日公使となる。1862年帰国。

41

300 400 500 600 700 800 900 1000 1100 1200 1300 1400 1500 1600 1700 1800 1900 2000

弥生 古墳 飛鳥 奈良 平安 鎌倉 室町 安土桃山 江戸 明治 大正 昭和 平成 令和

坂本龍馬

1835～1867年

世界に目を向けた幕末の志士

武力によらずに新しい国をつくり出そうとした彼の理想は実現したのだろうか？

慶応３年（1867年）、京都河原町近江屋。市中見廻組によって、坂本龍馬は暗殺された。幕府が朝廷に政権を奉還した年であった。

龍馬の名を一気に高めたのは、薩摩の西郷隆盛（p94）と長州の木戸孝允（p101）にはたらきかけて薩長同盟（p162）を結ばせてしまったことだった。幕府の命による長州征伐に薩摩も兵を出し、長州からしてみれば、うらみこそすれ、とても同盟を結ぶ相手ではない。そんな薩摩と長州とを結びつけてしまったのだ。この同盟によって、討幕が具体的なものになった。

龍馬は、土佐藩の郷士として生まれた。江戸で剣道の修行を積んだあと、土佐勤王党に加わるが、まもなく脱藩してふたたび江戸へ。江戸では勝海舟（p95）の門下となり、強い影響を受ける。さらに、海舟が主宰する神戸海軍操練所の設立にも参加。その後、薩長同盟を成功させた。

薩長同盟後の龍馬は、長崎で薩摩藩の援助のもと、亀山社中を設立して海運業をおこし、さらに、土佐藩公認の海援隊を組織し、海運業をさらに発展させようとした。また、藩主山内豊信（容堂）を動かして大政奉還（p162）を実現させた。

龍馬は、江戸時代という時代にも、土佐藩という藩にも、さらに、日本という国にもとらわれない生き方をした。龍馬の目は日本という島国をぬけ出し、世界に向かっていた。江戸で勝海舟を暗殺するつもりで会いに行ったとき、海舟の開国論に心から共感を覚え、その場で子弟のちぎりを結んだり、亀山社中や海援隊を組織して外国と貿易を行ったりと、つねに龍馬の頭の中には世界があった。

龍馬は、幕府によって暗殺された。このことが、討幕のひとつのきっかけとなったことはまちがいない。国内での無用な争いをさけ、新しい国をつくり出そうとした龍馬は、そのとき32歳であった。

人物の大きさとおおらかさのせいだろうか、龍馬の人となりに対する評価には、あまり悪いものがない。

「度量の大きいことでは龍馬以上の人物はいない」　西郷隆盛

「おれを殺しにきたやつだが、……何となくおかしがたい威厳があって、よい男だったよ」　勝海舟

入試でのポイント

- **土佐藩を脱藩し、尊王攘夷運動に加わる**
- **勝海舟のもとで神戸海軍操練所の設立に参加**
- **亀山社中や海援隊を組織し、貿易事業を展開する**
- **薩長同盟を成立させる**
  西郷隆盛(薩摩藩)と木戸孝允(長州藩)の仲立ちをする。
- **土佐藩を動かし、大政奉還の実現に力をつくす**
  大政奉還の直後、京都で暗殺される。

歴史のあれこれ

外国と戦った藩

1863年、生麦事件の犯人を引きわたさない薩摩藩に対して、イギリス艦隊が攻撃を加え、薩摩藩士がそれに応じるという事件がありました。これを薩英戦争といいます。

その翌年、今度は、関門海峡を通過する外国船を砲撃した長州藩に対して、アメリカ、イギリス、フランス、オランダの四国連合艦隊が報復攻撃を行うという事件がありました。これを下関戦争といいます。

こうした戦争をとおして、薩摩も長州も、ともに外国の軍事力を評価するようになり、攘夷(外国人を打ちはらう)の考え方をすてるようになっていったのです。

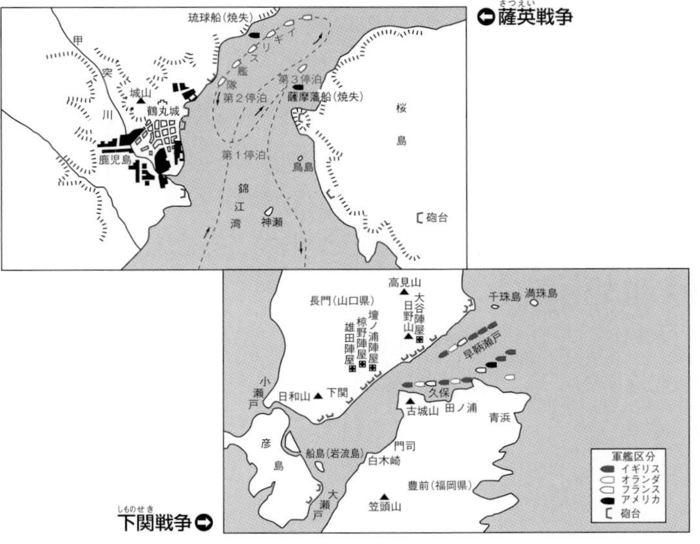

薩英戦争

下関戦争

関連人物

高杉晋作 1839〜1867年

長州藩士の子として生まれる。吉田松陰に学び、のち上海にわたる。帰国後、江戸のイギリス公使館焼き打ちに参加。1863年に奇兵隊を結成し、アメリカ、フランス艦の攻撃に備える。また、四国連合艦隊の下関砲撃事件では、藩の正使として講和に応じた。

山内豊信 1827〜1872年

土佐藩15代藩主。のちに容堂と名乗る。ペリー来航以後、海防強化を目指して、吉田東洋などを用い改革を実行。安政の大獄で隠居・謹慎を命じられるが、その後復権。大政奉還を徳川慶喜に建白し、徳川家の保全につとめたが王政復古により失敗。

見廻組と新選組

龍馬を暗殺したとされる見廻組は、幕末、京都の治安維持のために置かれた幕府の役職で、京都守護職松平容保とともに幕府側の有力な軍事力でした。

一方、新選組は江戸幕府が浪人を集めてつくった集団で、治安維持と尊王攘夷派の取りしまりを目的として京都に派遣されました。新選組の組長であった近藤勇は、厳しい規律で隊を引きしめ、尊王攘夷派の武士たちからおそれられました。

42

300 400 500 600 700 800 900 1000 1100 1200 1300 1400 1500 1600 1700 1800 1900 2000

弥生 古墳 飛鳥 奈良 平安 鎌倉 室町 安土桃山 江戸 明治 大正 昭和 平成 令和

西郷隆盛

1827〜1877年

情に厚い、倒幕の大立て者

明治新政府の創設に力をつくしたが、その後、彼は新しい時代をリードできたのだろうか？

江戸田丁（田町）の薩摩藩蔵屋敷。江戸幕府を代表して官軍による江戸城攻撃中止をうったえる勝海舟。対するのは、官軍参謀西郷吉之助。「いろいろむつかしい議論もありましょうが、私一身にかけてお引き受けします。」西郷のこの一言で、勝は江戸百万の命が救われた、と思ったという。西郷吉之助は、もちろん、西郷隆盛である。

薩摩藩の低い身分の武士として生まれた西郷は、藩主島津斉彬が亡くなったあと、実権をにぎった島津久光に疑われながらも、尊王・倒幕へとかたむいていった。やがて、薩長同盟では、長州の木戸孝允（p101）とともに中心的な役割を果たした。さらに、公家の岩倉具視（p101）などとも結び、徳川幕府を完全にたおすための作戦を組み立て、明治天皇（p97）による「王政復古の大号令」（p162）から鳥羽・伏見の戦い（p163戊辰戦争）にいたる倒幕計画を実行していった。

西郷は人の情に厚い。感情的にすぐに行動をおこす反面、人に説得されやすい面もある。目的が幕府をたおすことであれば、むだな流血はさける。そうした西郷の性格が、勝をして、江戸百万の命を救った、と言わせた。一方で、自らを犠牲にしても目的を達する、という気持ちも強い。1871年、明治政府の参議となった西郷は、廃藩置県（p163明治維新）に力をつくす。その後、1873年、岩倉具視を大使とする遣米欧使節団（p163）の留守をあずかり、不平士族対策の意味もふくめて「征韓論」（p163）を唱える。そのとき、清の属国となっている朝鮮への使節として自分が出向けば、たぶん暗殺されるだろう。そうすれば出兵の名目も立つ。そう主張し、実際に朝鮮に使節として出向こうとした。

それは、結局実現しなかった。近代国家として国力の充実をはかろうとする明治政府は、西郷の考えとは別の方向に動き出していた。それをさとった西郷は、すべての役職を辞し、郷里の鹿児島へともどった。そして、したい、集まってくる若者たちと悠々とした生活をおくった。やがて、不平士族の最後にして最大の反乱「西南戦争」（p164）がおこる。首領としてかつぎ出された西郷は、政府軍と戦い、敗れ、鹿児島で自らの命を絶った。1877年、西郷隆盛49歳であった。

入試でのポイント

●大久保利通とともに倒幕運動をおし進める
長州藩の**木戸孝允**と薩長同盟を結ぶ。
王政復古の大号令を発表→新政府の成立
戊辰戦争では**勝海舟**と会談→江戸城の無血開城

●明治政府の中心人物として改革を実行
廃藩置県、地租改正、徴兵令
●征韓論をめぐって対立し、政府を退く
●不平士族とともに西南戦争をおこし、敗れる

歴史のあれこれ

島津斉彬

島津斉彬が薩摩藩の藩主となったのは、1851年、40歳をこえてからでした。しかし、それ以前から各地の大名と政治についての意見や国際情報を交換し、琉球問題を幕府から委任されるほどの高い評価を得ていました。また、ペリー来航の情報をいち早く入手すると、薩摩藩としての対策を練り、藩内の産業を発展させたり、洋式軍艦を建造したりするなど、近代化につとめました。

身分の低い武士であった西郷隆盛は、この斉彬にかわいがられ、斉彬のことばから広い視野を持って日本の将来を考えることを学びました。しかし、そうした斉彬も49歳の若さで急死し、それを悲しんだ西郷は、世の中に絶望して自殺しようとさえしました。

江戸城の無血開城

薩摩や長州などの朝廷側は、徳川家そのものを完全にほろぼすつもりでいました。しかし、勝海舟は西郷隆盛との会談のさい、新政府になっても薩摩藩や長州藩は残るのに、徳川家だけがつぶされるのはおかしい、と主張しました。これを朝廷側が受け入れたことで、徳川家の存続が認められ、江戸が戦場にならずにすんだのでした。

脱走した軍艦

江戸城開城のとき、幕府海軍を率いる榎本武揚は軍艦の引きわたしを拒否。仲介に入った勝海舟によって、とりあえず老朽の軍艦４隻だけを政府軍に引きわたし、優秀な軍艦はすべて手元に残し、ようすを見ることになりました。しかし、徳川家の領地が駿河と決まると、榎本はふたたび江戸湾を脱出し、北海道へと向かいました。

北海道では、函館の五稜郭を占領し、榎本を総裁とする共和国をつくりました。もちろん、明治政府がこのような国を認めるはずもなく、1869年、政府軍の猛攻により榎本は降伏し、北海道は平定されました。それは、同時に、１年以上にわたった内乱(戊辰戦争)の終結でもありました。

関連人物

勝　海舟　1823～1899年

江戸城の無血開城に力をつくした幕臣

徳川家の旗本の子として生まれる。長崎で海軍伝習を行い、1860年には咸臨丸で渡米。その後、海軍奉行、陸軍総裁となり、江戸城の開城に力をつくす。のち、明治政府に重く用いられる。

大村益次郎　1824～1869年

周防国(現在の山口県)の医師の子として生まれる。大阪の適々斎塾で洋学を学ぶ。その後、兵学を身につけ、長州藩の軍制を改革する。戊辰戦争でも軍略面で活躍。明治政府の兵部大輔となり軍制改革を提案するが、暗殺される。

43

300	400	500	600	700	800	900	1000	1100	1200	1300	1400	1500	1600	1700	1800	1900	2000

弥生 古墳 飛鳥 奈良 平安 鎌倉 室町 安土桃山 江戸 明治 大正 昭和 平成 令和

徳川慶喜

1837〜1913年

江戸幕府最後の将軍

徳川家の生き残りをかけた大政奉還。その後幕府はどうなったのだろう？

1867年10月14日、15代将軍徳川慶喜は、政権を朝廷に奉還することを申し出て、認められた。「大政奉還」（p162）である。これによって、1603年以来、264年間続いた徳川家の政権に終止符が打たれた。

650年以上にわたって続いた武士による政治を終わらせた慶喜には、将軍になるチャンスが２度あった。最初は、13代将軍家定が亡くなった1858年。ちょうどペリー（p91）が２度目の来日を果たし、条約勅許の問題で国中がわきたっていたときだった。朝廷の許可なく日米修好通商条約（p162）を結んだ井伊直弼（p90）に意見をしたのが、当時、一橋家を継いでいた慶喜。やがて、14代将軍に紀伊徳川家から家茂をむかえることが決定されると、慶喜の父で水戸徳川家の当主である斉昭など、井伊直弼と対立した大名たちが謹慎や隠居を命じられた。慶喜も、江戸城への登城停止を命じられ、のちには謹慎させられた。こうして最初のチャンスは消えた。しかし、日本をめぐる内外の情勢は、高い能力を持つ慶喜の登場をふたたび求めていた。

1862年、直弼が暗殺されてから２年後、徳川家茂の後見職として幕府の政治にもどってきた慶喜に、将軍になる２度目のチャンスがおとずれる。家茂が若くして亡くなったのだ。しかし、15代将軍の地位についた慶喜の将軍在位期間は、わずか１年２か月。

反幕府勢力が力を強める中、徳川家の力を残したまま、新しい政治のやり方を目指した慶喜の結論が「大政奉還」だった。

大政奉還が天皇に許された２か月後、「王政復古の大号令」（p162）が天皇から発せられると、京都にいた慶喜は大阪へ下った。同じころ、御所の中では薩摩や長州の代表者を中心に、徳川家をたおす動きが固まり始めていた。やがて1868年、鳥羽・伏見の戦い（p163戊辰戦争）で幕府軍が敗れると、朝敵となった慶喜は、ひそかに大阪城をぬけ出し、江戸へ向かった。江戸へもどった慶喜は、自ら謹慎し明治をむかえる。

朝敵となった徳川最後の将軍は、その後、すべての名誉を回復し、明治時代を生きぬき、1913年に死去する。明治が終わり、大正となって２年目。76歳であった。

入試でのポイント

●**江戸幕府最後の将軍**

水戸藩から一橋家の養子となり、将軍に就任。

●**1867年、大政奉還を行い、政権を朝廷に返す**

土佐藩主だった山内豊信の進言を受け入れる。

●**王政復古の大号令が出されると、新政府から排除される**

●**旧幕府と新政府の間で戊辰戦争がおこる**

鳥羽・伏見の戦いで旧幕府軍が敗れると、謹慎。

歴史のあれこれ

その後の徳川家

大政奉還後、徳川家は駿府（静岡県）70万石の大名とされました。そして、徳川宗家を継いだのは５歳の田安亀之助（徳川家達）でした。田安家は、一橋家とならぶ御三卿のひとつ。家達は、版籍奉還後は静岡藩知事となり、のち公爵になりました。さらに、貴族院議長を５回もつとめ、明治から昭和前期にいたるまで政治家として活躍しました。

一方慶喜は、徳川家の駿府移動が決まると、ともに静岡におもむき、30年間公的な活動をせずにその地で暮らしました。やがて、1902年にはすべての罪をゆるされ公爵となり、明治天皇にも謁見することができるようになりました。

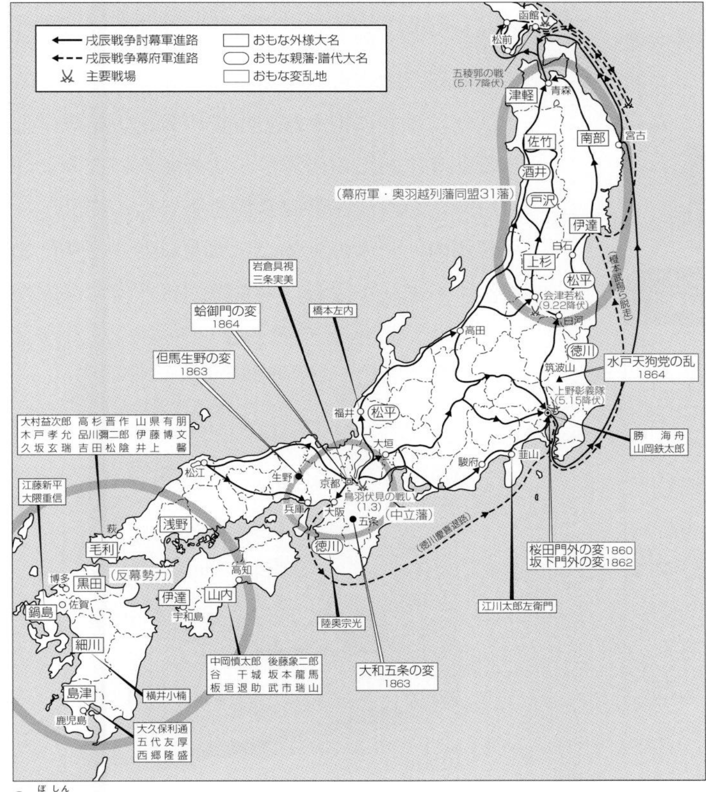

❶ 戊辰戦争

関連人物

明治天皇　1852～1912年

日本最初の立憲君主となった天皇

孝明天皇の第２皇子として生まれる。公武合体を進めようとした孝明天皇の急死によって、1867年に皇位を継承する。以後、倒幕運動は急速に進展。大日本帝国憲法の発布により、日本最初の立憲君主となる。

榎本武揚　1836～1908年

幕臣の子として江戸に生まれる。樺太探険に従事したあと、オランダへ留学。帰国後、幕府海軍副総裁となるが、江戸城開城のさい、幕府軍艦を率いて脱走。北海道に蝦夷島政府を樹立。五稜郭の戦いで降伏後は、明治政府の役人、政治家として活躍。

時代コラム

江戸時代の学問

「鎖国によって日本は世界の進歩から取り残されてしまった」——江戸時代の日本を語るときによくいわれるんだ。確かに、鎖国によって外国との交流は制限され、人びとは海外の情報を入手しにくくなった。しかし、いつの時代にも探求心旺盛な人物がいるものだ。とくに、江戸時代には、朱子学がたいへん重んじられたけど、この朱子学は、上下関係を説くと同時に、学問にはげむことをすすめる教えでもあったんだ。こうした道徳教育の中で、江戸時代には数多くの教育機関がつくられ、庶民の間にまで学問が普及していったんだ。さらに、200年以上にもわたる「太平の世」や裕福な町人の台頭は、科学者たちが研究に没頭できる環境を形づくっていったともいえる。こうした背景の中で、江戸時代の日本では多くの科学者たちが世界的にレベルの高い研究を行ったんだ。

●西洋の科学を学ぶ「蘭学」

▶蘭学の発達に貢献した米将軍

鎖国のもと、ヨーロッパの書籍を輸入することは禁止されていたが、「米将軍」として知られる享保の改革を行った徳川吉宗がこれを改めたんだ。吉宗は1720年にキリスト教に関係のない中国語に訳された科学書の輸入を認め、さらに1740年には青木昆陽らにオランダ語の勉強を命じた。こうしたことをきっかけに、オランダ語をとおして西洋の科学を学ぶ「蘭学」がさかんになったんだ。

蘭学発展の先駆者は朱子学者の新井白石

6代将軍を補佐し、綱吉の時代の悪政を改める「正徳の治」を行った朱子学者の新井白石。彼は日本に潜入しようとして捕らえられたイタリア人宣教師を尋問したり、江戸に参府したオランダ人から西洋についての知識を得たりする機会にめぐまれた。さらに、白石は中国語の西洋に関する文献を研究するなどして、日本で初めての総合的な西洋文化論である『西洋紀聞』をあらわした。このように、白石は政治家としてだけではなく、蘭学の先駆者としての側面も持っている。

▶蘭学の研究と発達に貢献した人物

蘭学者としてよく知られている人物として、『解体新書』を出版した杉田玄白・前野良沢らが有名だけど、この他にも江戸時代の蘭学の発展に貢献した学者はたくさんいるんだ。

緒方洪庵……3000人もの門人をかかえた蘭学者。

緒方洪庵は大阪に適々斎塾という蘭学の塾を開き、多くの人材を育てた。明治時代に活躍する福沢諭吉も適々斎塾で学んでいる。また、洪庵は幕府に招かれて現在の東京大学医学部の前身にあたる西洋医学所の頭取になり、江戸時代の西洋医学の基礎を築いたんだ。

平賀源内……人の身体から火花をとって病気を治す不思議な医者。平賀源内は非常に多才な人物で、温度計や燃えない布をつくるなど、

⬆平賀源内のつくった発電器「エレキテル」
（郵政博物館蔵）

100以上の発明をした。中でもよく知られている発明品は「エレキテル」とよばれる発電器。医者でもあった源内は、治療のときにエレキテルでおこした電気を病人にふれさせて火花を散らして、人びとをおどろかせたんだ。

シーボルト……多くの日本人学者を育てた若きドイツ人医師。1823年、オランダ商館の医師として来日したシーボルトは、特別に許されて長崎の郊外に鳴滝塾を開き、診療と全国からおとずれる日本人科学者の教育にはげみ、蘭学の発展に貢献したんだ。

▶世界への眼を開かせた蘭学

初期の蘭学は、中国語に訳された書物をとおして西洋の医術などを学ぶ学問だったけど、『解体新書』が翻訳されるころから、しだいにオランダ語の本を直接読んで学ぶようになった。そして、幕末になると、世界の先進国がオランダではなくイギリスやフランスであることに気がついた福沢諭吉らが英語などをとおして西洋の思想・政治制度を学ぶようになり、封建社会への批判の眼を養っていった。そして、こうした流れが、明治時代の自由民権運動へと受け継がれていったんだ。

●日本独自の学問

鎖国のもとでの蘭学は、ヨーロッパでの研究成果をおくれて取り入れていたという側面が強かったんだ。しかし、その反面で日本独自の発達をとげた学問分野もあった。

▶日本人古来の心を明らかにしようとした「国学」

鎖国下にあった日本では、中国からの思想・学問が入ってくる以前の日本人独自のものの考え方、感情を『万葉集』や『古事記』などの古典を研究して明らかにしようとする動きが出てきた。この古典研究を「国学」として大成させたのが**本居宣長**。本居宣長は34年もの歳月をついやして1798年に『古事記伝』を完成させた。こうして名声を高めた宣長のもとには多くの門人が集まった。

▶世界の数学の最高レベルまで到達した「和算」

日本独自の数学である和算は世界の数学界から孤立しながらも、世界の最高水準にまで達し、部分的には西洋の数学をしのぐほどの発達をとげたんだ。とくに、ヨーロッパのニュートンとほぼ同時期、元禄のころに活躍した**関孝和**は、円周率を自分で計算するなど、さまざまな発見をして急速に日本の数学を発展させた。

神社仏閣で競われた数学

戦国時代のころから、築城・土木工事・検地・経済の発展などから計算の必要性が高まり、江戸時代には寺子屋で町人の子どもたちがそろばんを習った。こうした実用面に加え、江戸時代の数学は華道や茶道のように、身分をこえてさまざまな人びとが学ぶ芸事として発展した。そして、人びとが集まる神社や寺に「算額」とよばれるものがかかげられた。この算額には数学の難問が出題されていて、その問題をといた人がまた解答を算額にして奉納し、別の難問を出題するといった文化があった。こうして和算はますます発展していった。現在でも全国の神社仏閣に約820面の算額が現存している。

44

300 400 500 600 700 800 900 1000 1100 1200 1300 1400 1500 1600 1700 1800 1900 2000

弥生 古墳 飛鳥 奈良 平安 鎌倉 室町 安土桃山 江戸 明治 大正 昭和 平成 令和

大久保利通

1830〜1878年

近代日本の基礎を築いた政治家

幕末から明治維新にかけて、彼はどんな活躍をしたのだろう？

同じ薩摩藩の盟友であった西郷隆盛(p94)が、大久保についてこのように述べている。「家づくりにたとえれば、建築を進め、家の骨組みをつくりあげることなら、彼よりも私の方がすぐれているだろう。しかし、その家の内部を仕上げ、装飾をし、家らしい家にしていく才能では、とうてい彼にはかなわない。」

幕末、薩摩藩主の父、島津久光に絶えずはたらきかけ、藩全体を公武合体(p162)派へと動かした。尊王攘夷(p162)派で対立関係にあった長州藩とは、木戸孝允らとひそかにはかり、薩長同盟を実現させ、倒幕の旗頭となった。さらには幕府に大政奉還(p162)を受け入れさせると、まんまと出しぬき、王政復古(p162)を成しとげ、新政府から幕府勢力の影を消し去った。

大久保をよくいえば、物事を理論立てて計画どおりに進めていくのが得意。多少悪くいうならば、ずるがしこく、計算高い。根回しやはかりごとを行う能力に長けている。ただいずれにせよ、自分が決めたことはあらゆる手をつくして必ず実現する性格なのだ。西郷隆盛・木戸孝允をあわせた「維新の三傑」の中では最も政治力にすぐれた人物といえる。

さきにあげた西郷のことばは、大久保の特徴をよくとらえている。武力で大政奉還を成しとげたのが西郷、新政府において版籍奉還・廃藩置県・地租改正(p163明治維新)などを実施し、日本の近代国家としての政治制度をつくり上げたのは大久保であった。

1870年代初め、西郷は、欧米列強に対抗するため、そして不平士族の不満をそらすために、武力で朝鮮を開国させる「征韓論」(p163)を唱えた。それに対し、遣米欧使節からもどったばかりの大久保は真っ向から反対した。欧米の国ぐにと日本が肩を並べるためには、まず政府の強力な指導のもと、政治、産業、軍事の各分野で近代化をはかる必要があり、国内整備の途上にある今、海外に目を向けるのは時期尚早である、と。

結局政府の大多数は大久保の意見に同調し、西郷、板垣退助(p106)らは論争に敗れ、政府をはなれていった。さらに1877年、西郷らによる西南戦争(p164)がおこる。この戦争において政府を指揮したのが幼少時代からの西郷の友人、大久保であった。圧倒的な軍事力の差の前に、敗れた西郷は自害、そして翌年、大久保も征韓派の士族に暗殺され、志半ばにしてこの世を去った。

入試でのポイント

- **●西郷隆盛、木戸孝允と並ぶ維新の三傑**
  廃藩置県、地租改正、徴兵令
  富国強兵、殖産興業政策をおし進める。
- **●岩倉遣米欧使節団の一員として欧米を視察**
  不平等条約の改正交渉は失敗に終わる。
- **●征韓論に反対し、西郷隆盛らと対立**
  西郷隆盛、**板垣退助**は政府を退く。
- **●西南戦争では政府軍を指揮し、西郷軍を破る**

歴史のあれこれ

西郷、大久保らを発掘した藩政改革

18～19世紀にかけて行われた寛政、天保といった幕府の諸改革が失敗に終わると、いよいよ幕府の財政も大きくかたむき始めました。すると、長州、薩摩などは、藩独自の政治改革に取り組みました。これを藩政改革といいます。

いずれの藩でも真っ先にかかげたのは、能力のある下級武士の登用でした。つまり、家柄や現在の身分にとらわれず、藩主が能力があると認めた武士を藩内の要職につけ、改革にあたらせるというものでした。大久保も西郷も、薩摩藩主島津斉彬に見出され、やがては近代日本の扉を開いていったのです。

公武合体、討幕に向けた利通の執念

利通の才能を見出した薩摩藩主島津斉彬が49歳で急死すると、その後を弟久光の子忠義が継ぎましたが、藩政の実権は久光がにぎりました。改革に熱心であった斉彬に比べ、久光は井伊直弼の安政の大獄におそれをなし、改革には消極的。幕府の力が目に見えておとろえて行く中、公武合体（公＝朝廷と武＝幕府が力を合わせ政治を行うこと）を強く願う利通にとって苦しい状況となったのです。しかも久光は利通らを遠ざけ、一切彼らの意見に耳を貸そうとしません。そこで利通はどうにか自分たちの意見を聞いてもらおうと、あれこれ手をつくしました。

あるときは、久光が囲碁好きと知ると、自分も囲碁を学び、相手になってくれるようたのんだり、久光がほしがっている本があると知ると、あちこち探し回って本を手に入れ、自分たちの意見を書いたメモをはさんでわたしたり…。結局、執念深くねばり強い利通の説得の前に、久光は藩として公武合体を支持することに決め、やがては討幕運動へと動いていくのでした。

関連人物

岩倉具視 （1825～1883年）

大久保利通らと日本の近代化を進めた政治家

公家出身。幕末は公武合体を支持。大政奉還後、大久保利通らとともに王政復古を推進。明治政府では副総裁をつとめ、1871年、条約改正交渉のため全権大使として欧米12か国を訪問している（岩倉遣米欧使節団）。

木戸孝允（桂小五郎） （1833～1877年）

長州藩出身。吉田松陰の門下生で、剣術、西洋兵術も学ぶ。1866年、坂本龍馬の仲介により、薩摩藩西郷隆盛との会合で薩長同盟を結成。明治政府では、参議、内閣顧問をつとめ、五箇条の御誓文を起草。

⬆岩倉遣米欧使節団首脳

⬆征韓論の閣議のようす

45

300	400	500	600	700	800	900	1000	1100	1200	1300	1400	1500	1600	1700	1800	1900	2000

弥生 古墳 飛鳥 奈良 平安 鎌倉 室町 安土桃山 江戸 明治 大正 昭和 平成 令和

福沢諭吉

1834～1901年

日本の私学の祖となった思想家

なぜ彼は学問の必要性を民衆に説いたのだろうか？

1860年、福沢諭吉は日本人として初めてアメリカにわたった。この年、幕府からアメリカに、日米修好通商条約(📖 p162)の文書を交換するための使節が派遣されたのだ。勝海舟(👤 p95)を艦長とする、軍艦咸臨丸の日本人乗組員96名の中に諭吉はいた。世界でも強国とうたわれ、日本に開国を決意させた国。そんなアメリカという国の進んだ文化を自分自身の目で確かめるために。

諭吉がアメリカで目にしたもの、それはすべてが新しいものばかり。日本とはまったく異なる衣食住の習慣もそうだが、それ以上に諭吉をおどろかせたのは、アメリカ人一人ひとりの中に宿る独立の気風、老若男女を問わずつらぬかれている平等の精神、議会をはじめとする近代政治のしくみ、民主主義という近代政治の思想。いずれも日本の封建社会にはないものばかりであった。

この後、諭吉は1861年にヨーロッパへ、1867年にはふたたびアメリカへわたっている。いずれの旅行でも諭吉は、鎖国の間に、日本がどれだけ欧米の国ぐににおくれをとってしまったかを肌で感じた。そして帰国後間もなく、築地に開いていた蘭学塾を芝に移した。名を当時の年号にちなんで「慶應義塾」とした。現在の慶應義塾大学である。教える学問も蘭学から英学(英語の学術書を用いた学問)に改めた。日本を欧米におとらぬ文明国にするためには、進んだ国に学ばなければならない。そして諭吉の選んだ国がアメリカ・イギリスであった。

1872年、学制が発布されたこの年、『学問のすゝめ』が出版される。「天は人の上に人を造らず人の下に人を造らず、といえり」。有名な書き出しで始まるこの書物の中で、諭吉は、人は本来平等なものであること、支配者に身をゆだねることなく独立の精神を持つべきであること、そしてこれらを実現するために、学問が必要であることを説いている。身分制が依然根づき、学問が一部の階級のものでしかなく、藩閥の政治家がはばを利かせていたこの当時、諭吉の理論はおおいに人びとを勇気づけ、自由民権運動(📖 p164)にも大きな影響をあたえた。かつて見たイギリスの議会、自由に議論を戦わせていた民衆の代表者たち。こんな光景に諭吉は、近代日本のあるべき姿を見出していたのだろう。

入試でのポイント

- 緒方洪庵の適塾(適々斎塾)で蘭学を学ぶ
- 咸臨丸でアメリカへわたる

咸臨丸の艦長は**勝海舟**。

欧米諸国を視察し、『西洋事情』をあらわす。

- 慶應義塾を創設し、教育活動に力をつくす
- 『学問のすゝめ』をあらわし、ベストセラーとなる

「天は人の上に人を造らず人の下に人を造らず」

歴史のあれこれ

父は下級武士ゆえに・・・

諭吉は中津藩(大分県)の藩士、福沢百助の次男として生まれました。父の百助は、教養、人柄ともすぐれた人物でした。しかし下級武士の家柄であった百助は、門閥(家柄)制度という武家社会のしきたりの前に、出世することなく、諭吉が3歳のときに亡くなりました。このことから諭吉は、「門閥は親の仇である。」と言っています。そして15歳になった諭吉は、家柄にとらわれることなく、己の道をきわめることのできる学問の道を進んでいくのでした。

語学の達人

15歳で漢学を学んだ諭吉。まわりの年下の子たちは、自分が1つ漢文を覚える間に10も覚えてしまう。あまりに自分は物覚えが悪いのかと思いきや、諭吉が一つひとつことばの意味を理解するのに対し、まわりの子は字面をそらんじているだけだったのです。間もなくクラスでは一番となりました。22歳のとき、大阪の適塾に入門。ここでは蘭学を学びました。はじめはアルファベットの26文字を覚えるのに3日もかかりましたが、死にもの狂いで勉強を重ねると、2年後には塾長を任されるほどになりました。諭吉は、「天才」ではなく「努力の人」だったのです。

衝撃のアメリカ旅行

1860年に派遣された諭吉ら遣米使節の一行。日本とはまったく異なる生活習慣におどろきの毎日でした。このときのもようを、諭吉は『福翁自伝』の中で次のように記しています。

道路…「なんて広いんだ。ガス燈が明るいので、夜でも提燈がいらない。」 馬車…「この車は馬が引くものなのか。」 じゅうたん…「日本ではたいへんめずらしい品であるのに、その上を土足で歩くとは。」 氷…「冬でもないのに氷がある。氷とは知らず口にふくむと、おどろいてはき出すものもいた。」 シャンペン…「徳利の口を開けると、いきなりおそろしい音がした。」

目に映るものすべてがおどろきだったのでしょうね。

関連人物

津田梅子 (1864～1929年)

アメリカで学んだ日本の女子教育の先駆者

1871年に北海道開拓使募集の女子留学生に応募。1882年までワシントンで学ぶ。帰国後1889年に再渡米。伊藤博文家の通訳兼家庭教師、華族女学校(現学習院大学)、女子高等師範学校(現お茶の水女子大学)の教員を経て、1900年、女子英学塾(現津田塾大学)を設立。日本の女子教育の先駆者となる。

中江兆民 (1847～1901年)

1871年より3年間フランスで学び、フランス人権思想に大きな影響を受ける。帰国後、1881年、西園寺公望とともに『東洋自由新聞』を創刊。翌年ルソーの著書『民約論』を翻訳した『民約訳解』を出版、国民主権の思想を広める。「東洋のルソー」とよばれ、弟子として幸徳秋水らを育てる。

46

渋沢栄一

1840〜1931年

「道徳経済合一説」を説いた日本近代資本主義の父

明治新政府で税制や貨幣制度の改革にたずさわった栄一が、政府をやめて実現したかったこととは？

渋沢栄一は、農家の出身である。生まれは武蔵国榛沢郡血洗島村(今の埼玉県深谷市)。よい田が少なく、畑作や藍玉(染料)製造、養蚕などの副業で生計を立てる小さな村だ。栄一はいかにして、農民から一橋徳川家に仕官する武士となり、明治新政府の役人、そして近代日本を代表する経済人になったのだろう。

栄一の実家は裕福な豪農。儒学や俳諧など教養を備えた父やいとこの影響で、子どものころから読書好きだった。栄一が14歳のとき、ペリー(p91)来航をきっかけに日本は開国。社会や経済が混乱をきわめる中、栄一も「攘夷」「倒幕」の思想の影響を受けた。20歳をすぎたころ、栄一は高崎城乗っ取りや横浜での攘夷を計画するも中止、故郷をはなれて向かった京都で、縁あって一橋慶喜(のちの15代将軍徳川慶喜)(p96)に仕える武士となり、一橋家の財政再建に貢献し、その力を認められていったのだ。

1867年、幕府はフランスのパリで開催される「万国博覧会」に使節団を派遣することになる。徳川昭武(慶喜の弟)に随行するかたちで、27歳になった栄一も使節団に加わった。この時、ヨーロッパ各地を訪問して得た見聞や知識が、日本の近代化の大きな原動力となる。

パリで大政奉還の知らせを受けた栄一は、翌年帰国。慶喜に従って一度は静岡に移り住むも、明治新政府に招かれ、大蔵省で仕事をすることになる。そこでかかわったのが、税制や貨幣制度の改革、国立銀行条例の制定などである。

しかし、3年あまりで、栄一は大蔵省を辞職する。「今の政府のやり方では日本の商工業は進歩していかない。自分は役人の地位を退いて、およばずながらも率先して日本の将来の商業に一大進歩をあたえよう」と決意したのである。

民間人としてのスタートは第一国立銀行の設立だった。その後、この銀行を拠点に、株式会社組織による企業の創設・育成に力を入れ、かかわった企業は500近くあり、今も続くだれもが知るような企業も多い。また、栄一は、私利私欲ではなく公益を追求する「道徳」と、利益を求める「経済」が、事業において両立しなければならないという理想を追い続けた。

入試でのポイント

●農民から武士へ

尊王攘夷の活動家から慶喜に仕える武士となる。

●幕府からパリ万博の使節団として派遣される

●明治新政府の大蔵省で活躍

税制や貨幣制度の改革、国立銀行条例の制定

●辞職後、民間で第一国立銀行を設立

そのほか500近くの企業の創設・育成にかかわる。

歴史のあれこれ

『論語と算盤』の思想

（渋沢史料館蔵）

『論語と算盤』は、渋沢栄一が各地で行った講演の内容をまとめた本で、現代でも多くの経営者に読まれているベストセラーです。『論語』は孔子と弟子の会話をまとめた書物で、物事の考え方や人としてあるべきすがたについて述べられています。これは、栄一が会社を経営する上で大切にしていた「道徳」の部分にあたります。『算盤』は文字どおりそろばんのことで、企業としての利益追求など「経済」の部分にあたります。栄一は「商売をするなら、人としてどうあるべきかを学びなさい」「道義をともなった利益追求をすべき」と生涯を通じて言い続けました。また、教育機関の設立や、社会公共事業にも支援を続けた理由も、この『論語と算盤』の思想にありました。

パリで渋沢栄一が見たものは……？

フランスのパリを本拠地に、ヨーロッパ各国を訪問した栄一は、外国の進んだ技術を目の当たりにします。

蒸気機関車、エレベーター、高層ビルなど、日本にはない物ばかり。

パリからいとこに送った手紙には、パリの物価が日本よりずっと高いことや、紙幣が流通していて金よりも価値が高いといったことのほか、水道管、ガス管が地下にうめてあり、水道、ガス灯として便利に運用されていることなども書かれています。また、銀行や株式会社のしくみにはとくに関心をよせ、たくさんの人が出資して事業を立ち上げ、その利益を分け合う考え方に感銘を受けました。栄一は、ヨーロッパのすぐれたところを持ち帰り、日本の近代化のために生かそうと考えたのです。

企業名	
みずほ銀行	王子製紙
東日本旅客鉄道	東急
東京ガス	東京電力
東京海上日動火災保険	日本郵船
東宝	帝国ホテル
澁澤倉庫	IHI

団体名	
東京商工会議所	東京証券取引所
全国銀行協会	一橋大学
日本女子大学	東京女学館
津田塾大学	理化学研究所
東京都健康長寿医療センター	

↑設立にかかわったおもな企業・団体

関連人物

五代友厚（1836〜1885年）

薩摩藩出身の実業家。長崎の海軍伝習所で学んだのち、ヨーロッパに留学。明治新政府下で外国事務局判事や大阪府県判事を歴任する。政府をやめてからは民間の実業家として、大阪株式取引所、大阪商法会議所などを設立し大阪の発展につくし、「東の渋沢、西の五代」と称された。

前島密（1835〜1919年）

越後国の豪農出身の政治家、実業家。江戸で医学や洋学を学ぶ。明治新政府では、渋沢と同時期に近代国家の建設、とくに郵便制度の確立に力を注ぎ、「郵便の父」とよばれるようになる。一度は政府を去るが、東京専門学校学長などを経て、復帰後には電話事業の開設にも貢献した。

47

300	400	500	600	700	800	900	1000	1100	1200	1300	1400	1500	1600	1700	1800	1900	2000

弥生　古墳　飛鳥　奈良　平安　鎌倉　室町　安土桃山　江戸　明治　大正　昭和　平成　令和

板垣退助

1837〜1919年

国会を開かせた政治家

「自由」と「民権」、求め続けたその先におこったこととは？

「板垣死すとも自由は死せず」、新しく結成した政党の支持を広めるべくおとずれた岐阜での講演会の帰り、暴漢におそわれたとき板垣退助はこうさけんだといわれる。このニュースは、板垣に全国的な人気をあたえることになる。

土佐藩の中級武士として生まれた板垣は、幕末には倒幕派の中心人物として土佐藩を背負って活躍する。当然、明治新政府内での活躍も期待されたが、西郷隆盛（👤 p94）らが唱えた「征韓論」（📖 p163）に同調し、西郷らとともに政府をやめる。その後、同じ土佐藩出身の後藤象二郎らとともに愛国公党を結成し、「国民の選んだ議員による国会を開くべきだ。」とする民撰議院設立建白書を政府につきつけた。これをきっかけに自由民権運動（📖 p164）が全国的に広がってゆき、板垣は、高知に立志社をつくって運動をリードした。

こうした運動を政府は、さまざまな法令をつくって厳しく取りしまったが、おりしも国の物が民間に不正に安くはらい下げられるという事件がおきて国民の厳しい批判を浴びていたため、こうした状況をおさえるために、政府は1881年に10年後に国会を開くことを約束した。国会開設が決定されると、板垣はこれにそなえて自由党を結成した。そして、運動もよりさかんになっていった。しかし、一部は板垣の望まない方向へ進み、しだいに過激になり、各地で事件をおこすようになった。しかも自由党の内部でも対立がおきていた。こうしたことになやんだ板垣は、自由党を解散した。

第１回帝国議会（📖 p164）ではふたたび自由党を組織し、1898年には大隈重信（👤 p108）とともにわが国最初の政党内閣（📖 p166）を成立させるが、一度も議会を開くことなく退陣。1900年には政界を引退し、社会事業に専念する。

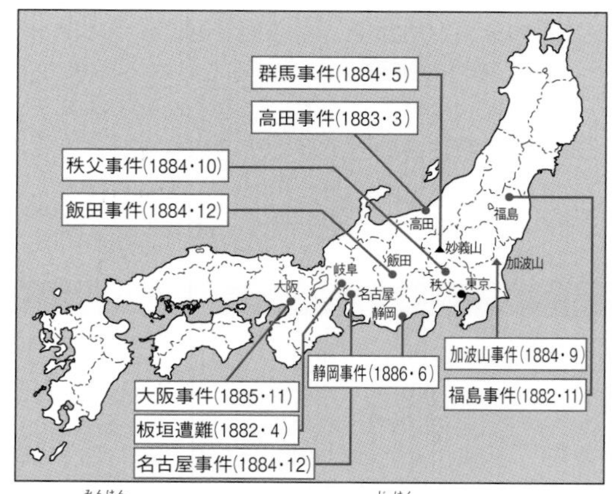

↑自由民権運動にかかわったおもな事件

入試でのポイント

- 土佐藩士、戊辰戦争で新政府軍を率いて活躍
- 征韓論に敗れ、西郷隆盛とともに政府を退く
- 自由民権運動を指導する

  民撰議院設立建白書を提出し、国会開設を要求。

  暴漢におそわれたときに言ったとされる、「板垣死すとも自由は死せず」は有名。
- 自由党を結成
- 大隈重信とともに初の政党内閣をつくる

歴史のあれこれ

先祖は武田信玄の部下？

板垣退助は土佐出身であることは知られていますが、じつは先祖は武田信虎・信玄親子に仕えた板垣信方という人物でした。武田氏がほろんだのち、板垣信方の孫・正信は山内氏に仕え、名前も変えます。その山内氏は関ヶ原の戦いののちに土佐に移りますが、そのとき正信もともに土佐に移ります。正信の10代目が退助になるというわけです。戊辰戦争において甲府が占領されたとき、官軍を率いていた退助はもとの板垣姓を名乗り、地元の人びとに協力を求めたといわれています。

東照宮を守った男

戊辰戦争のとき、官軍の参謀として旧幕府軍をせめていた板垣退助は、あるとき日光の山に立てこもった大鳥軍と対峙しました。そのとき、退助は敵軍に使者を送り、「東照宮を戦争によりこわしたくないので、山を下り、平地で戦おうではないか。」と伝えました。敵軍もそのことばに従い、その夜のうちに山を下りたということです。今でもここには、東照宮の恩人となった退助の銅像が立っています。

貴族をおしつけられた？

明治政府は、自由民権運動をおさえるために、板垣退助と後藤象二郎に「伯爵」の位をさずけようとしました。当時、華族は一定の金額を政府からもらうことができました。しかし、板垣は「華族の仲間になったら、自由民権運動はできない。」としてこれを拒否し、貧しい生活の中で運動を続けました。のちに天皇の命令により伯爵となりましたが、一度あたえられると代々受け継ぐことができる爵位を自分一代に限ると主張し、それを子孫に実行させました。

関連人物

後藤象二郎 1838～1897年

土佐藩出身。つねに板垣退助と活動をともにし、自由民権運動をリードした。一時しずんでいた自由民権運動が国会開設目前にふたたび大同団結運動としてさかんになると、その中心的役割を果たす。しかし、運動が最高潮に達したときに突然黒田内閣に入閣、その後大同団結運動はおとろえることになる。

植木枝盛 1857～1892年

土佐藩出身で自由民権運動の指導者のひとり。自由民権運動の人びとは、国会開設の詔以後、憲法の試案である私擬憲法を活発につくった。その中でも最も民主的な憲法草案である「東洋大日本国国憲按」をつくった人物として知られている。

48

大隈重信

1838～1922年

近代日本を支えた政治家

あるときは政府の役人として、またあるときは民衆の味方として活躍。彼はどんな政治家だったのだろう？

大隈重信に政治家としての活躍の場がおとずれたのは、明治まもないころ。英語が堪能で、交渉ごとにすぐれた才能を持つ大隈は、長崎の外国事務局判事を経て、1870年、政府の要職である参議に任命された。そして、新しい財政の確立、新橋－横浜間の鉄道開通など近代化にかかわるさまざまな事業に貢献した。

ところが1870年代後半より、彼は試練の時期をむかえる。自由民権運動（p164）が高まりを見せたこのころ、かねてからイギリスの議会制度に関心のあった彼は、政府の高官でありながら運動を支持し、憲法制定、イギリス式の議会の設置などを主張した。さらに、1881年におこった官有物はらい下げ事件でも政府を厳しく非難したため、伊藤博文（p110）と対立、追放に近い形で政府を追われてしまった。

そしてその翌年、板垣退助の自由党について、自ら党首となって、立憲改進党を結成した。今度は民衆の側に立ち、自由民権運動を支持することを決意した。しかしそれは、自分の理想である議会制政治を日本で実現させるためでもあった。自主独立の精神に富む人材を育てるために、東京専門学校（現在の早稲田大学）を創立したのも、この年のことである。

大隈はその外交手腕を買われ、1888年にふたたび外務大臣に就任した。当時政府の最重要課題であった不平等条約の改正（p165）に取り組むためだ。しかしここで、２度目の試練が彼をおそう。交渉にあたって、大隈が外国側に示した条件が国民の不満を買い、ある日反対派の一青年に爆弾を投げつけられ、右足を失ってしまったのだ。交渉も半ばにして、悲願を達成することはできなかった。

それでも大隈の政治への情熱は失われることがなかった。1898年、板垣とともに憲政党を旗あげし、自ら内閣総理大臣となり、いわゆる隈板内閣を結成した。日本初の政党内閣（p166）であったが、党内の分裂から、たった４か月の短命内閣に終わる。

その後早稲田大学総長に就任し、教育事業に専念するが、1914年、元老の指名を受けて、２年にわたりふたたび内閣総理大臣に就任。第一次世界大戦中の政局を担当した。内閣総辞職から６年後、彼はこの世を去った。「政治はわが命である」。彼が語ったことばのとおり、まさに政治一筋の人生であった。

入試でのポイント

- **立憲改進党を結成し、自由民権運動を指導**

  板垣退助は**自由党**を結成。
- **東京専門学校(現在の早稲田大学)を創立**
- **総理大臣となり、初の政党内閣をつくる**

  板垣退助も内閣に参加→隈板内閣
- **このころ日本は第一次世界大戦に参戦**

  ドイツに宣戦布告、青島のドイツ軍基地を攻撃。

  中国に対し**二十一か条の要求**を出す。

歴史のあれこれ

自分の信じた道を行く…

肥前藩士の子として生まれた大隈重信は、7歳のときから藩校の弘道館で学びましたが、藩校には学びたいことがありませんでした。それで17歳のとき、藩校の武士道の教えに納得がいかず、級友を率いて学制改革運動をおこしました。結局これが原因で藩校を退学。翌年長崎の蘭学寮に入ると、宣教師の教えのもと英語、アメリカ憲法、『新約聖書』について学び、つねに優秀な成績を修めていました。自分の信じた道を行く意志の強さは、このころから備わっていたのでしょう。

苦難続きだった創立当初

東京専門学校も創立当初は学生が集まらないうえに、財政難、教員不足と苦難続きでした。というのも、政府は学園が、大隈が党首をつとめる立憲改進党の党員を養成し、政府への反乱を企てているものと考えたからです。そのため学園は政府による厳しい監視を受けていました。地方の入学者に対しては、役人が父兄を説得し入学させないなど、妨害工作も行われていました。しかし、自由民権運動の波とともに、このような政府の弾圧が強まるほど、これに反抗して入学する者が増え、1888年、大隈が外務大臣に復帰すると、銀行による資金の貸し付けも行われるようになり、学園の運営も軌道に乗り出したのでした。

❶ 早稲田大学の大隈重信像と大隈講堂(右)　(写真提供 早稲田大学)

関連人物

西園寺公望 (1849〜1940年)

公家出身で、明治・大正・昭和の三代にわたって活躍した政治家。1871年より10年間フランスで法律を学び、帰国後明治法律学校(現在の明治大学)を創立。内閣総理大臣に2度就任。第一次世界大戦後のパリ講和会議では、日本の全権大使をつとめた。

新島  襄 (1843年〜1890年)

1843年、江戸に生まれる。22歳のとき、アメリカのボストンに密入国。現地でキリスト教を学び、宣教師を目指す。1872年、岩倉遣米欧使節団に同行。帰国後、キリスト教の布教活動を行うとともに、1875年同志社英学校(現在の同志社大学)を創立。

300	400	500	600	700	800	900	1000	1100	1200	1300	1400	1500	1600	1700	1800	1900	2000

弥生 | 古墳 | 飛鳥 | 奈良 | 平安 | 鎌倉 | 室町 | 安土桃山 | 江戸 | 明治 | 大正 | 昭和 | 平成 | 令和

伊藤博文

1841～1909年

立憲国家を完成させた初代内閣総理大臣

帝国憲法発布後の第1回帝国議会。議会はうまくいったのだろうか？

1889年２月11日、皇居正殿の大広間。正面の玉座には軍服をまとった明治天皇(p97)。まわりには、諸大臣をはじめとする政府高官、華族などが整列していた。そして玉座の左右には、三条実美と憲法をささげ持つ伊藤博文。緊張の面持ちで立つ黒田清隆首相に、天皇は伊藤から受け取った大日本帝国憲法(p164)を手わたした。伊藤が中心になって、プロシア憲法などを参考にしてつくり上げた大日本帝国憲法の発布式典は、とどこおりなく終わった。

伊藤は長州の貧農出身である。幕末・維新という時期でなければ、よくて足軽程度の身分で終わったはずである。長州という土地に生まれ育ったために初代内閣総理大臣という地位にまでのぼりつめることができた。しかし、彼が政治上の師とあおいだのは、薩摩出身の大久保利通(p100)であった。現実主義がこの２人を結びつけた。日本を近代国家に仲間入りさせるという目的の前には、あらゆる手段を用いるという点でも、伊藤は大久保にならった。しかし、伊藤は、大久保ほどの意志の強さは持ちあわせていなかった。

大日本帝国憲法が発布され、第１回帝国議会(p164)が開かれてからの数年間は、自由民権派の議員(政党)が多数をしめる議会運営は困難をきわめた。そうしたときにも伊藤の弱さや妥協があらわれた。政党を敵視していた政府の中心人物であったにもかかわらず、最終的に伊藤は自ら立憲政友会の総裁となり、政党政治(p164政党)への道を開くことになった。

晩年の伊藤は、元老としてその権力を維持しながら韓国統監をつとめた。韓国統監辞任後、枢密院議長の職にあった伊藤は、日露関係調整のために満州へわたる。ロシア代表との会談を終えたのち、東清鉄道ハルビン駅頭で、韓国の独立運動家安重根によって暗殺された。韓国併合(p165)の前年のできごとであった。

↑憲法発布式之図　(東京都立中央図書館蔵)

入試でのポイント

- ●岩倉遣米欧使節団に参加し、欧米諸国を視察
- ●内閣制度をつくり、初代内閣総理大臣となる
- ●大日本帝国憲法の草案を作成

君主権の強い**ドイツ**の憲法を手本とする。

- ●日清戦争のあと、下関条約を結ぶ

外相の陸奥宗光とともに日本全権となる。

- ●初代韓国統監となる

韓国の独立運動家、安重根に暗殺される。

歴史のあれこれ

歴代内閣総理大臣と出身藩

1885年に内閣制度がつくられたとき、最初に内閣総理大臣になったのは、長州藩出身の伊藤博文でした。その後、しばらくの間は、長州と薩摩とで回り持ちのように総理大臣が決められていきました。

初代	…	伊藤博文(長州)	6代	…	松方正義(薩摩)
2代	…	黒田清隆(薩摩)	7代	…	伊藤博文(長州)
3代	…	山県有朋(長州)	8代	…	大隈重信(肥前)
4代	…	松方正義(薩摩)	9代	…	山県有朋(長州)
5代	…	伊藤博文(長州)	10代	…	伊藤博文(長州)

外国人の見た憲法発布

明治政府のお雇い外国人として、東京帝国大学で医学を教えていたドイツ人医師エルウィン・ベルツは、その日記に、憲法発布当時のようすを記しています。

1889年2月9日

東京全市は、11日の憲法発布をひかえてその準備のため、言語に絶した騒ぎを演じている。いたるところ、奉祝門、イルミネーション、行列の計画。だが、こっけいなことには、だれも憲法の内容をご存じないのだ。

1889年2月16日

日本の憲法が発表された。もともと、国民にゆだねられた自由なるものは、ほんのわずかである。しかしながら、不思議なことにも、以前は「奴隷化された」ドイツ国民以上の自由をあたえようとはしないといって憤慨したあの新聞が、すべて満足の意を表しているのだ。

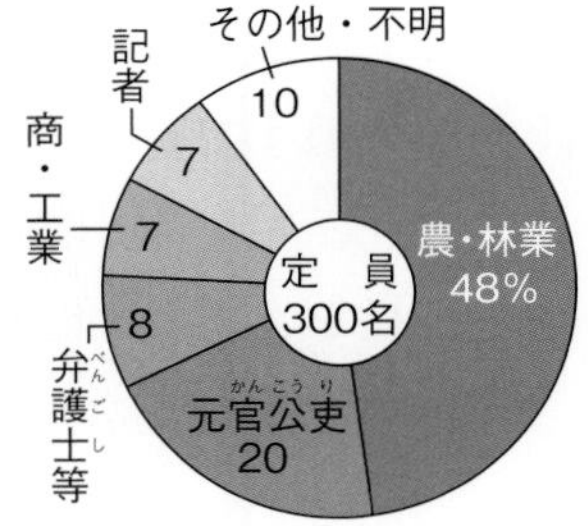

(1890年、内閣統計局資料より)

⬅第1回衆議院議員総選挙当選議員の職業の内わけ

関連人物

吉田松陰 1830〜1859年

明治維新の志士を育てた幕末の思想家

長州藩出身の思想家、教育者。1854年のペリー再来航にさいし、アメリカへの密航をくわだてるが失敗し、投獄される。その後、萩の松下村塾で教え、高杉晋作、伊藤博文、山県有朋など倒幕から維新にかけて活躍する人材を育てた。1858年、日米修好通商条約が締結されると幕府を批判。ふたたび投獄され、翌年安政の大獄で処刑された。

安　重根（アン ジュングン） 1879〜1910年

李氏朝鮮末期の独立運動家。1905年、韓国が日本の保護国になったことをきっかけに、義兵運動に参加。のち、ロシアに亡命して独立運動を展開。1909年にハルビン駅頭で伊藤博文を暗殺。翌年、旅順監獄で死刑になった。韓国では国家的英雄である。

50

300 400 500 600 700 800 900 1000 1100 1200 1300 1400 1500 1600 1700 1800 1900 2000
弥生 古墳 飛鳥 奈良 平安 鎌倉 室町 安土桃山 江戸 明治 大正 昭和 平成 令和

田中正造

1841〜1913年

正義をうったえ続けた国会議員

彼がうったえた足尾銅山の鉱毒問題は解決されたのだろうか?

必ずしも品の良いとはいえないが、羽織袴をきちんと身につけたひとりの老人が書状を手に、天皇の乗る馬車をめがけて走る。果たしてその書状は明治天皇(p97)の手にわたされることはなく、老人は周囲を固める大勢の警官に取りおさえられた。馬車が何事もなかったかのようにとおりすぎていったことはいうまでもない。

明治の改革も一段落つき、近代化の風が日本全体をおおうころ、「直訴」という方法でうったえをおこそうとした老人、それが田中正造だった。もちろん、正造自身も訴状が無事に天皇の手にわたるなどとは考えてはいなかったであろう。そうした行動をとおして世間の目をある問題に向けさせたかったのだ。足尾の銅精錬所をめぐる問題に。

代々名主をつとめる農家に生まれた正造は、小さいころから正義感が強く、それが災いしてトラブルや事件にまきこまれることもたびたびであった。世の中に自由民権の思想が広がると、正造もこの運動に参加し、栃木新聞を創刊、栃木県会議員、県会議長、そして初めて行われた第1回帝国議会(p164)の選挙で当選を果たし、衆議院議員となる。その正造を待っていたかのように、このころ、足尾銅山による鉱毒被害は深刻なものとなっていた。

天皇陛下が臣民に下された崇高な憲法にもとづいた政治が守られる限り、必ず正しい道が開かれるはずと信じていた正造は、まっすぐに鉱毒問題の解決を政府にせまった。しかし、ときの農商務大臣にそれを求めることが不可能だと知るのに、そう時間はかからなかった。なぜならば、大臣の息子が鉱山経営者に婿入りしており、また、銅は当時の富国強兵策にかかせない貴重な鉱物資源だったからだ。声を荒らげ、正確な報告書を示してようやく効果のあがらない対策を政府が講ずることはあった。しかし、根本的な解決をはかろうという姿勢はついに見られなかったのだった。

直訴ののちの正造は、政府の遊水池造成による解決策に反対して、遊水池候補地の谷中村に住み続け、死ぬまで住民たちをはげまし続けた。現在、足尾銅山跡は世界遺産への登録を目指し、渡良瀬遊水池はラムサール条約の登録地となっている。

入試でのポイント

●足尾銅山鉱毒事件に取り組む

渡良瀬川流域で鉱毒の被害が発生→公害の原点

国会で被害をうったえるが、政府に退けられる。

議員辞職後、明治天皇に直訴するが、失敗。

●このころ、政府は殖産興業政策をおし進めていた

富岡製糸場など、各地に官営工場を建設する。

日清・日露戦争のころ産業革命が進展する。

三井、三菱、住友といった財閥が形成される。

歴史のあれこれ

三島通庸という男

自由民権運動とのかかわりの中でたびたびあらわれる人物に三島通庸がいます。彼は薩摩藩出身で、福島県令のとき、人びとを強制的に借り出して道路工事を強行し、福島事件を引きおこしました。また、栃木県令としても、その厳しさから加波山事件を招きました。1885年には警視総監に任命され、保安条例を使って多くの自由民権運動者を東京から追放するなど、数々の弾圧をくり返したことで知られています。

佐呂間町栃木

ほたて貝の養殖がさかんなことで知られるサロマ湖。その湖をふくむ佐呂間町の中に栃木とよばれる地区があります。これは、栃木県出身の人びとが集まってできた地区です。渡良瀬遊水池をつくるために強制移住させられた地域の人びとの中には、開拓移民として北海道へわたった人もありました。佐呂間町栃木地区もそうした人たちが集まってできた地域のひとつでした。

⬆鉱毒被害が深刻になった1897年ころの足尾銅山

関連人物

幸徳秋水 1871～1911年

自由民権運動がさかんな高知県に生まれる。1887年に保安条例によって東京を追放されて大阪へ行き、中江兆民の書生となる。ふたたび上京して板垣退助の自由新聞社に入社し、自由民権運動の影響を受ける。日露戦争に関しては堺利彦、内村鑑三らとともに開戦反対をとなえた。名文家として知られ、自由民権の立場から田中正造の申し出を快く受け入れ、直訴状の文を徹夜で書き上げた。のちに社会主義運動に力をつくし、明治天皇暗殺計画をくわだてたとしてとらえられ、死刑となった。

内村鑑三 1861～1930年

明治・大正時代の宗教家でキリスト教の指導者。札幌農学校の在学中に洗礼を受けた。同級生に新渡戸稲造がいる。足尾銅山鉱毒事件では財閥批判を、日露戦争では「戦争は人を殺す罪悪」だとして反戦をうったえた。

51

300 400 500 600 700 800 900 1000 1100 1200 1300 1400 1500 1600 1700 1800 1900 2000

弥生 古墳 飛鳥 奈良 平安 鎌倉 室町 安土桃山 江戸 明治 大正 昭和 平成 令和

陸奥宗光

1844〜1897年

対等の国家を目指した外務大臣

不平等条約改正は明治政府の重要課題であった。その改正への道のりとは？

明治時代、幕末に諸外国と結んでしまった不平等な修好通商条約（📖 p162）のため、日本は諸外国に比べて２つの点で不利な立場に置かれていた。１つは貿易における関税を自由にかける権利（関税自主権）が日本になかったこと、もう１つは、外国人には日本で事件をおこしても日本の裁判所で裁かれずにすむ特権（治外法権）があったこと。この２つの不平等のうちのひとつ、治外法権の撤廃に成功したのがのちに「日本外交の父」とよばれた陸奥宗光だったのである。

陸奥は紀伊藩出身で、早くから尊王攘夷運動（📖 p162）に加わり、坂本龍馬（👤 p92）のつくった海援隊に入っていたこともあった。維新後、神奈川県令を経て地租改正局長となり、近代的税制の確立につとめた。しかしその後、いったん役人をやめることになる。陸奥もまた、ときの藩閥政府に嫌気がさしたひとりであった。翌年ふたたび役人となるが、今度は西南戦争（📖 p164）にからむ事件にまきこまれ、刑を受けてしまう。けれども、伊藤博文（👤 p110）に認められてヨーロッパに留学、帰国後外交官となり、1892年には第２次伊藤内閣の外務大臣となった。

折しも不平等条約改正に向けた外交交渉は行きづまりを見せていた。いくつかの改正案がうかんでは不成功に終わった。とくに鹿鳴館に代表されるような井上馨の欧化政策は内外の失笑を買った。そうした中、のちに「カミソリ外相」の異名を取ることになる陸奥は、ねばり強く交渉を続けるのだった。そしてやっと、1894年に治外法権の撤廃に成功したのである。

その後、陸奥は日清戦争（📖 p164）後の下関条約締結、三国干渉の問題などに力をつくし、1897年に人びとにおしまれながら亡くなった。残るもう１つの不平等、関税自主権の回復交渉は、陸奥に認められて外務大臣となった小村寿太郎に引き継がれ、1911年、見事に改正成功を果たしたのである。

❶ノルマントン号事件の風刺画（ビゴー）

入試でのポイント

- 坂本龍馬の海援隊に参加、行動をともにする
- 外務大臣として不平等条約の改正に取り組む

1894年、**治外法権の撤廃**に成功。

1911年、**小村寿太郎**が**関税自主権の回復**に成功。

- 日清戦争のあと下関条約を結ぶ

伊藤博文とともに日本全権として清と交渉。

台湾、リャオトン半島、賠償金などを獲得。

のち、リャオトン半島は三国干渉で清に返還。

歴史のあれこれ

不平等を痛感させたできごと

幕末に結ばれた日米修好通商条約に代表される不平等条約によって、日本はさまざまな不利益をこうむっていましたが、中でも1886年のノルマントン号事件は多くの国民にその不平等さを痛感させました。この年、潮岬沖で難破したノルマントン号はまもなく沈没、そのさい、救命ボートで助かったのはイギリス人船長とその乗組員だけで、日本人乗客は見捨てられたのでした。のちに船長は有罪となったものの、禁固３か月の刑という軽いものでした。このほかにもイギリス人が日本人を暴行したにもかかわらず警察が何もできなかった事件や、軍艦「千島」がイギリスの汽船と衝突・沈没した責任を逆にイギリスから日本がうったえられて、それが判決で認められてしまった事件など、治外法権による日本の不利を見せつけられたことで、条約改正を求める声がよりいっそう激しくなったのです。

外務大臣	年代	目的・改正案の内容	経過
岩倉具視	1872年	おもに治外法権の撤廃	・米欧使節団の派遣
寺島宗則	1878年	対米関税自主権の回復	・イギリス、ドイツの反対で失敗
井上馨	1882～87年	関税自主権の一部回復と治外法権の撤廃	・欧化政策の推進、鹿鳴館時代 ・ノルマントン号事件
大隈重信	1888～89年	改正の条件は大審院に限り外国人判事任用	・国別交渉 ・判事任用問題で失敗
青木周蔵	1891年	関税自主権の一部回復と治外法権の撤廃	・大津事件で青木周蔵辞任
陸奥宗光	1894年	治外法権の撤廃	・日英通商航海条約（改正条約）調印、治外法権の撤廃に成功、14か国と順次調印
青木周蔵	1899年		・改正条約の発効・実施（12年間有効）
小村寿太郎	1911年	関税自主権の完全回復	・日米新通商航海条約調印、関税自主権の完全回復に成功、以下各国と調印

↑条約改正の流れ

関連人物

小村寿太郎　1855～1911年

関税自主権の回復を成しとげた外務大臣

はじめ、司法省に入り外務省に転じる。1901年に外務大臣就任、日英同盟締結、日露戦争後のポーツマス講和会議に全権として出席、講和条約締結などを行う。1908年にふたたび外務大臣就任、1910年に韓国併合条約締結。1911年には関税自主権の回復を成しとげた。

井上　馨　1835～1915年

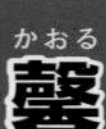

長州出身の藩閥政治家。第１次伊藤内閣発足時に外務大臣をつとめる。条約改正交渉を進めるさいに諸外国の好意を得ようとして、ヨーロッパ風の習慣や風俗などを取り入れる欧化政策を行った。しかし、そうした政策と、外国人裁判官の採用などが強い反対を受け、辞職。

52

300 400 500 600 700 800 900 1000 1100 1200 1300 1400 1500 1600 1700 1800 1900 2000
弥生 古墳 飛鳥 奈良 平安 鎌倉 室町 安土桃山 江戸 明治 大正 昭和 平成 令和

与謝野晶子

1878～1942年

情熱的な明星派の代表的歌人

「君死にたまふことなかれ」は、なぜ世間の大きな反響をよんだのだろう？

伝統的な短歌にはない新鮮さ、力強さを唱える与謝野鉄幹の短歌論。当時、24歳だった晶子は鉄幹の考え方にも人柄にも強くひきつけられ、両親の反対をおしきって、ひとり大阪から上京した。1901年のことである。

幼いころから、『古今和歌集』や『源氏物語』といった古典文学に親しんでいたものの、女学校を卒業してからは、もっぱら新しい時代の文学に熱中していた晶子。中でも島崎藤村や森鷗外、樋口一葉といった作家の作品に心ひかれていた。短歌をつくり始めたことで、鉄幹を知った晶子は、鉄幹のつくった「新詩社」の雑誌『明星』に歌を発表、じょじょに注目されつつあった。そんなとき、大阪での講演で、鉄幹に直接出会った晶子は、一度で彼をしたうようになり、上京を決意したのだった。そして、なんと上京したその年に、彼との結婚を決めている。

晶子のつくる短歌は、人間の心情を大胆に表現したものが多かった。中でも恋愛を題材にしたものは、非常に情熱的で、その新鮮な作風は若者を中心にたいへんな人気を集めるようになる。晶子が鉄幹と結婚した年に出版した歌集『みだれ髪』は晶子の代表作としても有名。この歌集にも、恋愛や青春の歌がたくさん収められている。そのころの世の中といえば、まだまだ男女が一緒に歩くだけでもびっくりされたり、注意されたりした時代。晶子の歌がいかに人びとにおどろきをあたえたかがわかるだろう。

晶子が世間の最も大きな反響をよんだのは、日露戦争(📖 p164)のまっただ中の1904年、「君死にたまふことなかれ」という詩を発表したときだ。「旅順包囲軍にある弟をなげきて」という副題をつけたこの詩は、大切な家族が戦地にいる人なら、だれもが持つであろう気持ちを正直に表現したものだ。愛する人には死んでほしくない、戦争で人殺しをするために親は育てたんじゃない、そんな気持ちである。しかし、当時は国や天皇のために戦って死ぬことは最大の名誉だといわれた時代。晶子の詩は、衝撃をあたえたとともに、非難も浴びることになった。

このの ち、晶子はヨーロッパにわたり、西欧の文学を学んだ。帰国してからは評論や随筆を書くだけでなく、婦人運動にも大きな功績を残した。

入試でのポイント

●明治を代表する女流歌人

与謝野鉄幹が創刊した雑誌『明星』に歌を発表。

歌集『みだれ髪』は話題をよび、代表作となる。

●反戦詩「君死にたまふことなかれ」を発表

日露戦争に出征した弟の身を案じて書いた詩。

内村鑑三もキリスト教徒の立場から反戦を主張。

幸徳秋水ら社会主義者も反戦を主張。

歴史のあれこれ

石川啄木と日本の軍国主義

同時代の歌人である石川啄木も、与謝野晶子とはまたちがったかたちで日本の大陸侵略や戦争に対しての憂いを表現しています。

「地図の上　朝鮮国にくろぐろと　墨をぬりつつ秋風を聞く」
「明治四十三年の秋　わが心　ことに真面目になりて悲しも」

これは、どちらも1910年(明治43年)、日本が韓国を併合した年に発表されたものです。この２つの歌がどんな心情のあらわれなのか、ちょっと考えてみるのもいいのでは。

勝ったといわれる戦争でも…

日露戦争は、日本の勝利というかたちで一応終結していますね。しかし、その損害は日清戦争と比べても膨大なものでした。まず、動員された兵士の数は4.5倍の約108万人、戦死者は6.2倍の約８万4000人、戦費はなんと8.5倍の約17億円。とくに戦費についてはほとんどが借金と増税によってまかなわれたため、国民の生活苦は相当なものでした。

戦争は勝ち負けに関係なく、いつも大きな損害を残すのです。そして、１人も死なない戦争なんてないのだということを認識しなければなりませんね。

❶『みだれ髪』の表紙

君死にたまふことなかれ

与謝野晶子

あゝおとうとよ、君を泣く、
君死にたまふことなかれ、
末に生れし君なれば
親のなさけはまさりしも、
親は刃をにぎらせて
人を殺せとをしへしや、
人を殺して死ねよとて
二十四までをそだてしや。

関連人物

石川啄木　1886～1912年

明治の歌人、詩人。与謝野晶子と同じく、明星派の歌人として出発した。のちに日常生活に密着した率直な短歌を歌い、大正時代の短歌の世界に大きな影響をあたえる。三行書きという新しい方法もそれまでの伝統を打ち破った。

樋口一葉　1872～1896年

『たけくらべ』で知られる明治の女流作家

明治の代表的な女流文学者、歌人。代表作品『たけくらべ』は思春期の少年・少女の微妙な心の動きがえがかれており、森鷗外や幸田露伴の絶賛を受けた。

53

300 400 500 600 700 800 900 1000 1100 1200 1300 1400 1500 1600 1700 1800 1900 2000

弥生 古墳 飛鳥 奈良 平安 鎌倉 室町 安土桃山 江戸 明治 大正 昭和 平成 令和

原 敬

1856〜1921年

力の政治を行った「平民宰相」

初の政党内閣も数による力の政治への反発は強く、国民の不満も高まった。その結果はどうなったのだろう？

1921年11月４日、東京駅の改札口付近で、短刀を持った19歳の若者が現職の首相の胸をさした。原敬の暗殺である。

明治時代になると、それまでの士農工商の身分制度は廃止され、四民平等とされた。しかし、それまでの武士は「士族」、農民や町人は「平民」とよばれ、差別は簡単にはなくならなかった。実際、原敬が総理大臣になるまで、平民出身の総理大臣はいなかった。

原敬は南部藩士（家老職）の次男として盛岡に生まれた。次男であることから、のちに分家して平民となった。司法省法学校を退学したのち、新聞記者になる。1882年に外務省に入省するまでの新聞記者時代に、原は多くの政治家と知り合いになった。のちに原の上司となる陸奥宗光（p114）に出会ったのも新聞記者時代だった。外務省に入省以後、陸奥の指導のもとで農商務省や外務省の重要な職を歴任。外務次官を経て朝鮮公使となった。これを最後に役人をやめ、大阪毎日新聞社の社長になる。

1900年、伊藤博文（p110）のよびかけで立憲政友会結成に参加し、政友会幹事長、第４次伊藤内閣の逓信相を歴任。1902年には衆議院議員に当選し、政友会の勢力拡大につとめた。1914年には政友会総裁となり、1918年には、米騒動（p166）の責任を取ってやめた寺内正毅の跡を継いで内閣総理大臣に就任した。そして、陸・海・外務の３大臣をのぞく閣僚のすべてが政友会会員からなる、本格的な政党内閣（p166）を組織した。薩摩・長州出身者を軸とする藩閥政治が行われている中での「平民宰相」の誕生である。

「平民宰相」として期待された原敬だったが、多数による力の政治や、普通選挙法（p166）の法案拒否、労働運動の取りしまり、さらにシベリア出兵の継続などその政策には見るべきものがなかった。こうしたことから国民の不満は高まり、それが暗殺の原因ともなった。

平民宰相原敬は、その在任中、結局大きな成果を生み出すことができなかった。しかし、彼の総理大臣就任によって、日本の政党政治がようやく動き出すことになるのである。

入試でのポイント

●**南部藩(岩手県)出身。立憲政友会の総裁**

●**初の本格的な政党内閣をつくる**

米騒動で総辞職した寺内内閣のあと首相に就任。立憲政友会の党員が中心となる政党内閣が成立。爵位を辞退し続け、「平民宰相」とよばれる。

●**藩閥政治から政党政治へ**

国会で多数をしめる政党が内閣を組織するようになり、薩摩・長州出身者による藩閥政治は終わる。

歴史のあれこれ

藩閥政治

藩閥とは、討幕に中心的な役割を果たした薩摩・長州両藩出身の指導層のことをいいます。広い意味では、これに土佐・肥前などの出身者も加える場合があります。大久保利通や伊藤博文、山県有朋などがその代表的存在です。

こうした、藩閥が中心となって行った政治を藩閥政治といいます。実際、明治時代中ごろまでの政府の役人は、その多くが薩摩・長州出身者でしめられていました。また、総理大臣を見ても、はじめのうちは、長州と薩摩の出身者で回り持ちをしているようでもありました。しかし、官吏採用試験の実施や、政党政治の開始などによって、しだいに藩閥政治はおとろえ、陸軍の長州閥、海軍の薩摩閥が昭和初期まで残る程度になりました。

米騒動

「漁夫の女房が大挙して、米の廉売(安売り)をせまる。」

これは、1918年８月に富山県でおきたできごとの新聞の見出しです。この騒動はたちまち全国に広がりました。これを米騒動といいます。

米騒動の原因は、第一次世界大戦中に景気がよくなったことで物価がおおはばに上昇してしまったことと、シベリア出兵での軍用米の需要をあてこんだ商人の大量買いしめにあります。米価の上昇に米不足が重なってしまったのです。米価はわずか２年で３倍にもなったといいます。

関連人物

加藤友三郎 1861～1923年

海軍大将。原敬内閣の海軍大臣。ワシントン軍縮会議では全権代表をつとめ、軍縮条約を結ぶ。1922年には内閣総理大臣となり、シベリアからの撤兵や海軍軍縮を実現。選挙法改正による有権者の拡大を計画するが、在任中に病死。

寺内正毅 1852～1919年

陸軍元帥。陸軍大臣などを歴任したあと、1916年に内閣総理大臣になる。ロシア革命がおこると、シベリア出兵を実行。しかし、米騒動がおこり、また、健康も害していたため辞任した。

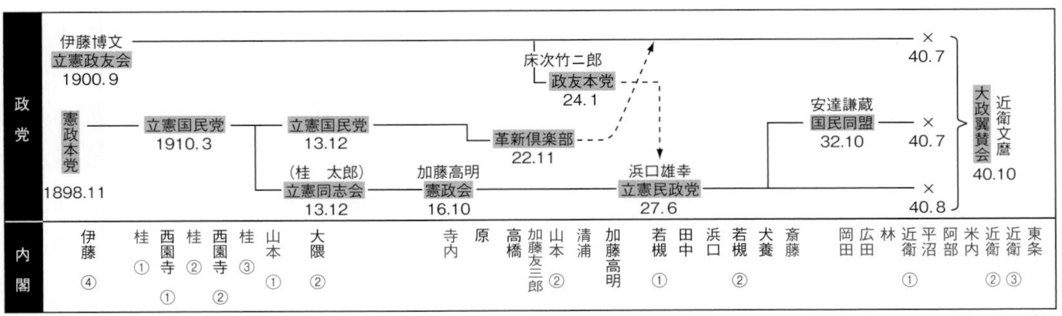

➊ 政党の移り変わりと内閣

54

300 400 500 600 700 800 900 1000 1100 1200 1300 1400 1500 1600 1700 1800 1900 2000

弥生 古墳 飛鳥 奈良 平安 鎌倉 室町 安土桃山 江戸 明治 大正 昭和 平成 令和

尾崎行雄

1858〜1954年

「憲政の神様」といわれた政治家

このころ、なぜ憲法が正しく使われていなかったのだろう？

西園寺公望(p109)内閣は陸軍の求める兵力増強を認めなかった。ときに1912年。深刻な不況に苦しむ日本経済を考えてのことだ。しかし、西園寺内閣は総辞職に追いこまれた。当時は、陸軍・海軍それぞれから大臣を出してもらわないと内閣がつくれないしくみだったからだ。そのうえ、陸軍には長州、海軍には薩摩という藩閥ができあがっていた。次に成立した桂太郎内閣は軍や藩閥をバックにしており、議会と対立するたび、天皇の命令である詔勅や勅語を乱発した。こうした議会政治を軽く見る動きに対し、一部の政治家は「憲法にもとづく政治を守ろう」という声をあげた。

尾崎行雄がそのひとりだ。尾崎は「閥族打破、憲政擁護」を唱える運動の先頭に立っていた。そして、次の演説を行った。

「彼らは口を開けばただちに忠君愛国を唱えていますが、やっているところを見れば、いつも、玉座のかげにかくれて政敵を狙撃するようなことをしている。彼らは、玉座をもって胸壁とし、詔勅をもって弾丸として、政敵をたおそうとしているではないか。」

「彼ら」とは藩閥勢力のこと、「玉座」とは天皇の権威のことだ。つまり、この演説は「藩閥勢力は天皇の権威と命令を借りて反対勢力を攻撃している。」と言っている。この演説に始まる世論の盛り上がりの中、桂内閣はわずか２か月たらずで退陣に追いこまれた。

尾崎は、17歳のとき慶應義塾に学び、新聞記者時代には筆をふるって自由民権運動(p164)を盛り上げた。そして、大隈重信(p108)の結成した立憲改進党の結成にも参加した。その後、第１回の衆議院議員総選挙に当選して以降、昭和27年まで連続25回当選し、国会議員生活を63年間続けるという記録をつくり、「憲政の神様」とあがめられた。

尾崎の政治的情熱は、普通選挙運動(p166)にも注がれた。大正デモクラシー(p166)といわれたこの時期、運動は吉野作造の唱える思想に支えられて、よりいっそう盛り上がっていた。しかし、平民宰相として期待された原敬(p118)内閣に普通選挙法(p166)案が否決されると運動はおとろえた。けれども、国会内では普通選挙法の要求は尾崎らによって続けられ、1925年加藤高明内閣のときに、その目的を果たしたのである。

入試でのポイント

●**護憲運動、普通選挙運動を指導する**

犬養毅とともに「憲政の神様」とよばれる。

衆議院議員として最多の連続25回当選を記録。

●**このころ「大正デモクラシー」がおこる**

吉野作造は**「民本主義」**を提唱。

平塚らいてう、**市川房枝**は婦人参政権運動を指導。

部落差別の撤廃を求めて**全国水平社**が結成。

加藤高明内閣のもとで**普通選挙法**が成立。

歴史のあれこれ

憲政の二大柱

尾崎行雄のほかに、もう１人同じような立場の人がいました。残念ながらその人物はとちゅうで暗殺されてしまいましたが、そのときまで17回連続当選を果たしていたのです。実際、尾崎行雄とともに護憲運動にかかわっていたときは、「憲政の二大柱」ともたとえられていました。もし、1932年５月15日に暗殺されなければ、尾崎行雄と同じくその後も当選を続け、衆議院名誉議員となっていたかもしれません。その人物は、そう犬養毅です。

治安維持法とだき合わせでやっと可決?

国民が長い間待ち望んでいた普通選挙法が成立した1925年、ひと足早く成立したのが治安維持法です。政府は選挙権に納税額の制限をなくすことで民衆運動や共産主義活動が活発化することをおそれ、あらかじめ対策を立てていたのです。この法律はのちに改悪され、政府に反対意見を唱えるものを強引に取りしまるのに使われました。また、普通選挙法のほうも、貴族院と衆議院が最後まで対立し、結局「貧困により生活のため公私の救助を受け又は扶助を受くる者」には選挙資格がないという、後味の悪い法律になってしまいました。

公布 ( )は選挙実施年	当時の首相	選挙権				衆議院の被選挙権		
		直接国税	性別・年齢	全人口比	有権者総数	直接国税	性別・年齢	定員
1889 (1890)	黒田清隆	15円以上	男・ 25歳以上	1.1%	45万人	15円以上	男・ 30歳以上	300人
1900 (1902)	山県有朋	10円以上	男・ 25歳以上	2.2%	98万人	制限なし	男・ 30歳以上	369人
1919 (1920)	原敬	３円以上	男・ 25歳以上	5.5%	307万人	制限なし	男・ 30歳以上	464人
1925 (1928)	加藤高明	制限なし	男・ 25歳以上	20.1%	1241万人	制限なし	男・ 30歳以上	466人
1945 (1946)	幣原喜重郎	制限なし	男女・ 20歳以上	48.7%	3688万人	制限なし	男女・ 25歳以上	468人
2015 (2017※)	安倍晋三	制限なし	男女・ 18歳以上	83.6%	1億 620万人	制限なし	男女・ 25歳以上	※ 465人

※法改正後、初めての選挙は2016年の参議院議員通常選挙。

⬆選挙権拡大のあゆみ

関連人物

吉野作造 1878～1933年

民本主義の考えを広めた政治学者

明治・大正期に活躍した政治学者。東京大学の助教授時代にヨーロッパに留学し、帰国後雑誌に論文を発表。論文中で民主主義を意味するデモクラシーという英語を民本主義と訳した。その考えは広く人びとに受け入れられて、新しい社会をつくろうとするエネルギーとなった。

加藤高明 1860～1926年

外交官、政治家。外交官時代には、駐英公使時に日英同盟締結などで活躍した。1900年に政治家となる。1924年にはときの内閣に対し、第２次護憲運動の中心的役割を果たす。1925年、内閣総理大臣に就任。普通選挙法・治安維持法などを成立させた。

55

300 400 500 600 700 800 900 1000 1100 1200 1300 1400 1500 1600 1700 1800 1900 2000

弥生 古墳 飛鳥 奈良 平安 鎌倉 室町 安土桃山 江戸 明治 大正 昭和 平成 令和

野口英世

1876〜1928年

黄熱病の研究に人生をかけた医学者

貧しい農家に生まれた野口英世は、なぜ医学の道を志したのだろう？

蚊が病原体を運び、感染すれば肝臓をおかされ、黒い血をはいて死にいたる。これが黄熱病だ。この病気が南アメリカやアフリカで大流行し、多くの犠牲者を出したのは19世紀のこと。「西半球の恐怖」とよばれたこの病気の研究に全力で取り組んだ日本人医学者がいた。それが野口英世である。

野口英世は福島県の猪苗代湖のほとりの貧しい農家に生まれた。１歳のとき、いろりの火で大やけどをおった。左手の五本の指はすべてくっつき、内側に曲がったようなかたちで縮んでしまったのだ。なんとも痛ましい話だが、このやけどが、彼の人生の方向を決めるきっかけになろうとは、その当時だれが思っただろうか。

不自由な手をからかわれたりしたものの、勉強には熱心で努力をおこたらなかった英世は高等小学校を卒業するころ、人生の転機をむかえる。担任教師や学校の友人たちがお金を出しあって英世に手の手術を受けさせてくれたのだ。そのかいあって、左手は何とかものをにぎれるまでに回復。医者になる決意をしたのはこのころだといわれているが、医師の仕事が人びとにあたえる希望や喜びに感激したのにちがいない。

東京に出て夢中で学問に打ちこんだ英世は、80人中合格者４人という難関試験にみごと合格、開業医の資格を手に入れる。しかし、彼は開業の道よりも、学問を積んで一流の医学者になる道を選んだ。そして北里柴三郎の伝染病研究所に入るのだった。

24歳になるとアメリカにわたり、つぎつぎと新しい研究に取り組んだ。英世の最大の功績は「精神病の中にも、肉体の病気と同じように病原体（梅毒）によっておこるものがある」という事実をつきとめたことで、精神病理学史のうえでも画期的なものだと高い評価を受ける。この偉大な発見をした1913年の翌年、英世はとうとうノーベル賞の候補者のひとりに選ばれたのだった。結局、第一次世界大戦の影響で、この年のノーベル賞はとりやめになったものの、英世は世界的に有名な医学者となった。

1918年、42歳になった英世は黄熱病の研究のため南米、さらにはアフリカにわたる。ところがその研究中に、自らが黄熱病に感染し、命を落としてしまう。黄熱病のワクチンが開発されたのはそれから９年後の1937年であった。

入試でのポイント

●細菌学者として黄熱病の研究などで知られる

伝染病研究所で学び、のち渡米し研究に従事。

アフリカで**黄熱病**の研究中に感染し、亡くなる。

●明治以降、日本の近代医学が発展する

北里柴三郎→破傷風の治療法・ペスト菌の発見、伝染病研究所の創設

志賀潔→赤痢菌の発見

歴史のあれこれ

英世ではなく清作?

野口英世はもともとの名を野口清作といいました。北里柴三郎の伝染病研究所に入ったころ英世に改名したのですが、そのいきさつがちょっと変わっています。医学生だった清作がふと手にした坪内逍遙の『当世書生気質』という本の中に、悪い遊びばかりしている医学生「野々口清作」という名の登場人物がいるではありませんか！　さらに自分も医学生！　この本のモデルと勘ちがいされては困る、と改名を決意したそうです。

ノーベル賞候補であわてた?　日本の学界

野口英世がノーベル賞候補になったことが日本に伝わると、日本の学会はあわてて帝国学士院恩賜賞を出すことにしたそうです。当時、日本で学者にあたえられる最高の賞がこの恩賜賞でしたから、ノーベル賞に先をこされたら日本の学界の恥だと考えられたのでしょうか。戦争のため、ノーベル賞はのがしましたが、1915年に恩賜賞は受けています。

野口英世はその年のノーベル医学賞の候補151人のうち、最終審査まで残った3人に入っていたといいます。戦争がなければ日本人初のノーベル賞は彼のものだったかもしれませんね。

分野	人物	内容
医学	北里柴三郎	破傷風の治療法・ペスト菌の発見。伝染病研究所の設立。
	志賀潔	赤痢菌の発見。
	野口英世	毒ヘビの血清療法。梅毒の研究。黄熱病の研究。
薬学	高峰譲吉	アドレナリンを発見。タカジアスターゼを初めてつくり出す。
	秦佐八郎	梅毒の化学療法剤であるサルバルサンを初めてつくり出す。
	鈴木梅太郎	ビタミンB_1（オリザニン）を初めて発見する。
物理学	長岡半太郎	原子模型の理論を発明。
植物学	牧野富太郎	日本における植物分類の大成者となる。

❶日本の自然科学に偉大な功績を残した人びと

関連人物

北里柴三郎 1852～1931年

「近代日本医学の父」とよばれる細菌学者

ドイツに留学し、コッホについて細菌学を研究した細菌学者。1889年に破傷風菌の純粋培養に成功し、90年にはその免疫体である血清を利用した治療法を発見した。日本に帰国してから伝染病研究所を、のちには北里研究所を設立した。

志賀　潔 1870～1957年

北里柴三郎の弟子にあたり、北里研究所の創立にも参加した細菌学者。1897年に27歳の若さで赤痢菌を発見し、世界的名声をあげた。その後、ドイツの実験治療研究所のエールリッヒに師事し、『トリパノソーマ病の化学療法』を発表した。

56

300 400 500 600 700 800 900 1000 1100 1200 1300 1400 1500 1600 1700 1800 1900 2000

弥生 古墳 飛鳥 奈良 平安 鎌倉 室町 安土桃山 江戸 明治 大正 昭和 平成 令和

犬養　毅

1855〜1932年

憲法にもとづく政治をもとめた首相

犬養毅はなぜ、軍の将校に暗殺されなければならなかったのだろう？

1932年５月15日、午後５時すぎ。東京永田町の首相官邸に、海軍の若い将校らの一団が乱入した。犬養毅首相は、家族と夕食をとろうとしていた。「どうか、おにげください」という警備の警官。「私はにげない、話せばわかる。とおしなさい。」と犬養。しかし、客間にとおされた軍の若い将校たちは話し合う間もなく、「問答無用！　うて！」と犬養に銃弾を浴びせたという。その後、犬養はしばらくは意識があったが、午後11時過ぎに息を引き取った。これが、五・一五事件（p167）である。憲政の神様といわれた78歳の老政治家の死は、すなわち戦前の日本の政党政治（p164,166）の終わりでもあったのだ。

犬養毅は、備中国（現在の岡山県）の庄屋の次男として生まれた。14歳で父を亡くしてからは、学費にも事欠く状態だったが、近所の子どもを集めて塾を開いたり、成人してからは新聞社の書生として記事を書きながらお金をためた。なんとか慶應義塾に入ることができ、そこでは塾長の福沢諭吉（p102）にも一目おかれる青年だったらしい。

犬養にとっての人生の転機は、28歳のときである。福沢諭吉らの推薦もあって、明治政府の役人となったのだ。その後、自由民権運動（p164）の盛り上がりの中で、大隈重信（p108）率いる立憲改進党に参加。1890年の第１回衆議院議員総選挙にみごと当選してからは、このの ちなんと17回の連続当選を成しとげることとなる。

犬養毅は、尾崎行雄（p120）とともに「憲政の神様」とか「憲政の二大柱」とよばれた。彼がつねに、「政党が責任を持って内閣を組織し、憲法にのっとった政治をする」ことを主張し続けたからだ（p166憲政擁護運動（護憲運動））。当時の政治は、議会があるとはいっても、結局は薩摩や長州の出身者が大きな権利を持っていた。そうした藩閥政治に対して彼は戦い続けたのだ。

一度引退を決意しながらも、後援者におされて政界にもどった犬養毅は、満州事変（p166）直後のむずかしい社会情勢の中、とうとう内閣総理大臣に任命される。軍部の暴走をおさえ、なんとか戦争の拡大を防ごうとした犬養は、軍部と右翼団体の反感を買い、ついに、青年将校らに暗殺されてしまったのだった。

入試でのポイント

●護憲運動、普通選挙運動を指導する

尾崎行雄とともに「**憲政の神様**」とよばれる。

●総理大臣となるも、五・一五事件で暗殺される

政党政治は終わり、軍部が政治の主導権をにぎる。

二・二六事件→1936年におきた陸軍将校による反乱。

国家総動員法→戦争遂行のため国内経済を統制。

大政翼賛会→戦争遂行に協力するための組織。

全政党は解散し、これに加わった。

歴史のあれこれ

犬養首相官邸を襲撃したテロリスト

軍人グループの顔ぶれは、海軍側の革新将校がリーダーシップをにぎっていました。三上卓（海軍中尉）、山岸宏（海軍中尉）を中心に、海軍からは６名、陸軍からは士官候補生12名が参加しました。陸軍から将校が参加しなかったのは、陸軍大臣の荒木貞夫が、革新に乗り出すだろうという期待をかけていたためだといわれています。行動を指示、資金を出したのは国家主義者で右翼理論家の大川周明でした。

満州事変

満州は、不景気でゆきづまっていた日本の「生命線」だといわれていました。ソ連に対抗するための拠点としても、重化学工業の資源の供給地としても、さらに日本からの移民の受け入れ先としても何としても手中に収めたい地域だったのです。1931年、話し合いでの交渉を主張する政府を無視して、軍部は南満州鉄道をみずから爆破。それを中国軍のしわざとして、満州の占領に乗り出したのです。

当時の若槻内閣は戦争を拡大しない方針を発表しました。しかし、軍部の急進派のクーデターにおびやかされて、結局退陣することになり、そのあとを引き継いだのが犬養毅だったのです。

←日本軍の進路

⬅満州事変の日本軍の進路

「満州国」として1932年建国。

⬆憲政会・護憲三派幹部の会合

関連人物

高橋是清（1854〜1936年）

アメリカ留学経験があり、横浜正金銀行支配人や日本銀行総裁の経験がある政治家。護憲三派内閣のときは農商務相として活躍した。その後、大蔵大臣を歴任し何とか不景気を乗りきろうとするが二・二六事件で暗殺されてしまう。

松岡洋右（1880〜1946年）

外交官、のちに政治家。1930年に衆議院議員に初当選した。満州事変後の1933年、満州国に否定的だった国際連盟の会議の場で、日本の脱退を宣言。戦争後、Ａ級戦犯として裁かれるが、裁判中に病死した。

57

平塚らいてう

1886~1971年

女性のほんとうの社会進出を目指した婦人運動家

婦人運動って何を目指すものだったのだろう？　そして、このころの女性の地位ってどんなものだったのだろう？

雑誌『青鞜』が創刊された1911年、平塚らいてうは25歳であった。そしてこの雑誌はこんな印象的な創刊宣言から始まる。

「元始、女性は太陽であった。真正の人であった。今、女性は月である。他に依って生き、他の光によってかがやく、病人のような青白い顔の月である……」

では、なぜこのような宣言をして雑誌を出す必要があったのか。このころの女性はどのようにあつかわれていたのだろうか。

平塚らいてうは、本名を明といい、明治の初めに東京で生まれた。会計検査院の高官の三女として、経済的にもめぐまれ、お茶の水高等女学校から日本女子大学を卒業。当時の女性の中ではヨーロッパの新しい思想などにもいちはやくふれながら育った。しかし、明治維新の中、日本はどんどん近代化されるのに女性の地位や立場は封建時代からちっとも変わらなかった。男性を重んじ、女性を弱くおとるものとして見る「男尊女卑」の考え方は当時は、じつにあたりまえのものだったのだ。

「なぜ女性には選挙権がないのか、なぜ政治演説すら聞いてはいけないのか」そんな疑問が青鞜社結成へとつながった。らいてうら大学の同窓生が中心となってつくった『青鞜』は、最初は女性のための文芸雑誌だったが、だんだんと女性の解放や婦人問題を考える性格のものへと変わっていく。1920年になると、市川房枝、奥むめおらとともに新婦人協会を結成。男女の機会均等、婦人・母・子どもの権利を守ることなどを目標にかかげ、市民運動を行うようになる。中でも、婦人の解放のためにはまず女性も政治に参加しなければ、と婦人参政権を求める運動（📖 p166）に力を入れた。

昭和に入り、日本が戦争への道をつき進み始めると、平塚らいてうらの運動は厳しく取りしまられるようになってしまう。結局、女性が参政権を得たのは太平洋戦争が終わったあとの1946年のことだ。しかし、女性が参加した初めての衆議院議員総選挙で女性代議士が16名も出たことは、大きな成果といえるだろう。平塚らいてうは戦後も婦人運動の中心的存在であり続け、1971年に亡くなった。85歳であった。

入試でのポイント

●雑誌『青鞜』を創刊、女性の地位向上につくす

「原始、女性は太陽であった。…」

男尊女卑の風潮に反対し、女性の解放を目指す。

●市川房枝らとともに婦人参政権運動を指導する

婦人参政権は太平洋戦争後に実現する。

市川房枝はのちに参議院議員となる。

●このころ社会運動がさかんになる

労働運動、小作争議、部落解放運動

歴史のあれこれ

『青鞜』ってどういう意味なの？

青鞜とは英語のブルー・ストッキング(青いくつ下)の訳語で作家の森鷗外が命名したといわれています。「青いくつ下」だなんて変わった本の名前だなあと思うかもしれません。このことばの由来は、なんと18世紀のイギリス。モンタギュー夫人のサロンでさかんに芸術や文学を論じ合った新しい知識を持った女性たちが、いつも青いくつ下をはいていたためにそうよばれたことが始まりです。皮肉のこもったことばでもあったようですが、二葉亭四迷の訳語によると「青足袋連中」というから、笑ってしまいます。

歴史の中での女性の地位

青鞜の創刊宣言には「元始、女性は太陽であった」とありますが、ほんとうなのでしょうか。昔の女性はほんとうにらいてうの言うように、自らかがやく存在だったのでしょうか。

日本の歴史を見ると、かなり早いうちから政治の中心は男性になっています。政治の制度からいうと、鎌倉時代が比較的女性の権利が大きく認められていたようです。このころの女性は地頭にもなれたし、男子でなくともその家の土地や財産を引き継ぐことができたのです。今はどうですか？　女性のほうが強い、なんて言う人もいますが世の中のしくみはまだまだ女性に不利なものもあるようです。

❶新婦人協会演説会に集う平塚らいてうら

❶『青鞜』創刊号の表紙

関連人物

市川房枝 1893～1981年

大正、昭和期の婦人運動家、政治家。名古屋新聞の記者の仕事を経て、婦人運動の道に入った市川房枝は、1920年に新婦人協会を結成した。戦後も新日本婦人同盟をつくり、参議院議員に当選してからは政治家としても活躍した。

奥むめお 1895～1997年

大正、昭和期の婦人運動家。日本女子大学を出たあと、女子工員として働いた経験を持つ奥むめおは、彼女らの生活をすこしでも向上させたいと考え、婦人運動に参加するようになった。さまざまな雑誌に自分の意見を発表し、戦後は消費者運動にも尽力した。

時代コラム

お雇い外国人

日本の近代化は、日本人だけの手で行われたのではなかった。多くの外国人が、学校で、病院で、工場で、そして農場でも、日本人に近代化の何たるかを教えたんだ。こうした外国人を「お雇い外国人」といった。こうした人びとの中にはよく知られた人もいるけれど、まったく知られていない人もいるんだ。でも、こうした人びとがいなければ、日本の近代化はありえなかった。どんな人が、何を日本に伝えたか、何人かを例にとって考えてみよう。

●日本のしくみをつくった外国人

近代国家は法律によって治められる国、つまり「法治国家」なんだ。しかし、欧米並みの法律は、日本にはなかった。だから、法律をつくる必要があったんだ。でも、何年間か外国で勉強したからといって、そんなに簡単に法律をつくれるわけではない。そこでお雇い外国人の登場となる。

代表的な人として、ボアソナードとロエスレルがいる。ボアソナードは民法や刑法といった法律をつくった。また、ロエスレルは、伊藤博文が憲法をつくっているとき、いろいろと助言した。「助言した」というよりも、重要な部分はほとんどロエスレルの提案でできあがった。外国人の手によって、近代国家として最も重要な骨組みにあたる部分がつくられたんだ。もちろん、こうした法律だけでなく、陸軍や海軍、銀行のしくみなどもお雇い外国人の提案や助言によってつくられた。

●日本の教育や学問を豊かにした外国人

日本には、古くから独自の文化があった。欧米の文化にばかり目を向けていた日本人に、そうした日本文化の良さを再確認させた外国人もいたんだ。その人はフェノロサという。最初は、東京大学で哲学などを教え、日本の人文科学に大きな貢献をした。その後、日本文化、とくに日本の伝統的絵画に目を向け、それを育てていくことを日本人に気づかせたんだ。そして、東京美術学校の設立にも力をつくした。

このフェノロサ以外にも、日本に初めてダーウィンの進化論を伝えたモース。もっとも、モースは生物学者としてよりも、大森貝塚の発見者としてのほうが有名かな。それからモルレー。この人は、日本の教育制度を日本の実情にあったものにする提案をし、さらに、いくつかの学校の創設にも協力した。こうした人びとの影響を受けて、日本の学問や芸術がさらに豊かになっていったんだ。

●開拓に力をつくした外国人

明治政府の重要な課題として北海道の開拓があった。この北海道の開拓にも、外国人がずいぶんと手を貸したんだ。そうした人として第一にケプロンがあげられる。ケプロンは開拓全般について多くの提案をしてアメリカ風の開拓方法を日本に伝えた。とくに、気温の低い北海道では、酪農中心の欧米風農業を行うべきだ、という提案をした。

農業といえば、「少年よ、大志をいだけ」という有名なことばを残したクラークがいる。札幌農学校の教頭として、わずか８か月の在任期間中に進歩的な酪農経営だけではなく、豊かな精神をも持ちこんだんだ。だから、札幌農学校の卒業生からは新渡戸稲造や内村鑑三などのすぐれた人材があらわれたんだ。

❶おもなお雇い外国人

人　名／国	日本への貢献
ボアソナード（フランス）	法学者。刑法案を起草。民法案は日本の家族制度と合わないとして施行延期後不採用。
ロエスレル（ドイツ）	法学者。伊藤博文に助言をあたえ、憲法の内容や構成などの基礎をつくった。
デュ・ブスケ（フランス）	軍人。徴兵令制定に大きな影響をあたえた。
メッケル（ドイツ）	軍人。日本陸軍の創設に協力。
ダグラス（イギリス）	軍人。海軍教育に大きな影響をあたえた。
フルベッキ（オランダーアメリカ）	宣教師。幕末に来日し、その後、明治政府顧問となる。欧米への遣外使節の派遣、徴兵制、近代学校制度の創設などを提案。
デニソン（アメリカ）	アメリカ副領事、弁護士。条約改正に努力。
シャンド（イギリス）	銀行家。近代銀行業務の教育。
モレル（イギリス）	鉄道技術者。日本最初の鉄道建設を指揮。
ワグネル（ドイツ）	化学者。化学、化学工芸、窯業の指導。ウィーン万国博覧会の日本出展に協力。
モルレー（アメリカ）	教育行政家。日本の実情に合った教育制度を提案。
フェノロサ（アメリカ）	哲学者、美術史家。日本美術の再評価。
ラグーザ（イタリア）	彫刻家。西洋風彫刻を日本に伝える。
フォンタネージ（イタリア）	画家。西洋風カリキュラムによる絵画指導。
コンドル（イギリス）	建築家。日本近代建築の父。
ケーベル（ロシアードイツ）	哲学者、音楽家。西洋哲学とピアノ指導。
ケプロン（アメリカ）	農政家。北海道開拓使顧問。
クラーク（アメリカ）	植物学者、教育者。札幌農学校で科学的農業教育を指導。
イング（アメリカ）	宣教師。弘前の東奥義塾講師。りんご栽培を日本に伝える。

日本を広く海外に紹介した『武士道』の作者、新渡戸稲造

新渡戸稲造は1877年、クラーク博士で有名な札幌農学校に入学。卒業後アメリカやドイツにも留学し、アメリカ人の女性と恋に落ちる。習慣や文化のちがう国どうしの2人の結婚は、両方の親や親戚などの強い反対にあい、苦労の連続だった。1895年に日清戦争には勝利したとはいえ、日本はまだまだ欧米諸国にとっては「アジアのかたすみの小国」であり、日本人に対する偏見や誤解は、現代とは比べものにならなかった。そうした経験から、彼は日本を紹介する本『武士道』を書く。最初から英語で書かれたこの本には文化、習慣、日本人のものの考え方などがわかりやすく書かれ、たいへんな反響をよんだ。日本を理解するためのガイドブックとして、やがて世界各国のことばに翻訳され、ベストセラーとなる。

1920年、第一次世界大戦の戦勝国として日本は国際連盟の一員となる。新しい組織が求める「語学堪能で、視野が広く外交力のある人物」として、稲造は事務次長に選ばれ、国際政治の世界で活躍。のちには日本の学校教育や女子教育にも力をつくした。

時代コラム

政治を動かした軍人

「戦争は政治におけるとは異なる手段をもってする政治の継続にほかならない」

これは、ドイツの軍人クラウゼヴィッツのことばなんだ。戦争が政治の継続なら、戦争を行う軍人が政治を動かす可能性もある。日本の歴史の中にこのような例をさぐってみよう。

●戦国時代のことを考えてみよう

戦国時代は、自分の政治を実現するために戦争をした時代だ。だから、すぐれた政治家が同時にすぐれた軍人でもある。信長や秀吉、家康はその典型。でも、そういう人ばかりじゃない。時代をさかのぼって源頼朝のことを考えてみよう。とてもすぐれた軍人とはいえないが、すぐれた軍人をうまく使った政治家ということができる。

頼朝が使った軍人として第一にあげられるのが、弟の義経だろう。逆に、この義経、とても政治家とはいえない。こうしたことから、軍人と政治家ということを考えてみると、下の表のように分類することができるだろう。

①軍人としても政治家としても、すぐれた人物
②軍人としてはすぐれていても、政治家としてはたいしたことのない人物
③軍人としてはたいしたことはないが、政治家としてはすぐれた人物
④軍人としても政治家としても、たいしたことのない人物

それでは、日本に軍隊というものがつくられ、本当の意味で「軍人」があらわれるようになった明治時代以降、どんな軍人がいただろうか。何人かの代表的軍人を例に考えてみよう。

●総理大臣になった軍人たち

明治時代の初めのころは、軍人といっても、そのほとんどが藩閥政治家なんだ。ほんとうの意味での軍人が政治の舞台にあらわれてくるのは、大正・昭和時代だね。下の表は、総理大臣になった軍人を示したものだけれど、桂太郎や山本権兵衛、寺内正毅あたりは明治維新の軍人政治家という性格が強い。藩閥政治家なんだ。

加藤友三郎あたりが「すぐれた軍人で、すぐれた政治家」と評価されることもある最初の人だろう。なにしろ、日露戦争では連合艦隊参謀長として日本海海戦を指揮。首相になってからは、海軍軍人でありながら海軍軍縮を実行してしまう。政治家としても実力者だ。そのあとは

❶総理大臣になった軍人

氏名	出身	在任期間
桂　太郎	陸軍	1901～1906 1908～1911 1912～1913
山本権兵衛	海軍	1913～1914 1923～1924
寺内　正毅	陸軍	1916～1918
加藤友三郎	海軍	1922～1923
田中　義一	陸軍	1927～1929
斎藤　実	海軍	1932～1934
岡田　啓介	海軍	1934～1936
林　銑十郎	陸軍	1937
阿部　信行	陸軍	1939～1940
米内　光政	海軍	1940
東条　英機	陸軍	1941～1944
小磯　国昭	陸軍	1944～1945
鈴木貫太郎	海軍	1945

どうかというと、なかなか軍人政治家はうまくいかない。陸軍と海軍の足のひっぱり合いあり、陸軍内部の対立ありで、短命に終わっている。もっとも、これらの人びとに政治家としての実力がなかったのかもしれないけれど。それでは、比較的長続きした東条英機はどうだろう。軍人としては、出世はしたけれど……という程度かな？　政治家としては、これは日本を太平洋戦争に引っぱりこんだ張本人。戦争が不利になるとさっさとやめてしまう。

●戦いで名をあげた軍人たち

日本海海戦の東郷平八郎と真珠湾攻撃の山本五十六が有名かな。

東郷平八郎は、連合艦隊司令長官として日本海海戦を指揮した。とても有名な人だけれど、この人ひとりの力ではない。山本権兵衛や斎藤実が国内から指令を出し、参謀長として加藤友三郎がいた。でも、戦争には英雄が必要だから、東郷平八郎がそうなった。この人はひょっとしたら、「すぐれた政治家に使われた、すぐれた軍人」だったのかもしれない。

⬆東郷平八郎

その点、山本五十六はすこしちがう。太平洋戦争が始まるとき、日本の国力をきちんと考えていた。この戦争は長く続けることはできない、ってね。長生きをしていたら、すぐれた政治家になったかもしれない。

ほかにもいろいろな軍人がいるけれど、結局最後の戦争で負けた日本にとって、軍人という存在は何だったのか、考えてみる必要があるだろうね。

⬆日本海海戦

58

300 400 500 600 700 800 900 1000 1100 1200 1300 1400 1500 1600 1700 1800 1900 2000
弥生 | 古墳 | 飛鳥 | 奈良 | 平安 | 鎌倉 | 室町 | 安土桃山 | 江戸 | 明治 | 大正 | 昭和 | 平成 | 令和

吉田　茂

1878～1967年

戦後日本の道を定めた「ワンマン宰相」

サンフランシスコ講和会議で日本は独立回復を達成。その後の日本の歩みはどうなったのだろうか？

1951年9月8日、サンフランシスコ・オペラハウスで吉田茂は対日講和条約（p168 サンフランシスコ平和条約）に調印した。調印を拒否したソ連、ポーランド、チェコスロバキアの3国を除く48か国の全権代表がすべて調印を終えたのは、午前11時44分であった。同日午後、長々とした演説も儀式もなく、吉田はもうひとつの条約に調印した。日米安全保障条約（p168）であった。これらの条約の調印によって、日本は独立を回復することになると同時に、冷戦（p169）のもと、アメリカ陣営の最前線に立つことになった。

戦前、親米英派の外交官であった吉田が内閣総理大臣になったのは、日本占領が始まった翌年、1946年5月だった。約1年間続いた第1次吉田内閣では、占領軍（GHQ）（p168）のマッカーサー最高司令官の指令のもとで、労働関係の民主化や農地改革（p168）、6・3制の義務教育の実施などさまざまな改革が断行された。中でも、日本国憲法（p168）の公布と施行は、その後の日本の歩みを決定するものだった。

その後、吉田は4度内閣を組織することになる。その間は、まさに占領から独立回復への歩みの時期だった。1950年、朝鮮戦争（p169）が始まると、マッカーサーは警察予備隊（p169自衛隊）の創設を指令する。のちの自衛隊である。そして、朝鮮戦争による特需景気もおこる。日本経済復興の基礎が、このとき築かれたともいえる。事実、吉田にとって、日本経済を立て直すことが大きな課題になっていた。日米安全保障条約を結ぶことによって、軍事費の負担からのがれることができる。その分を、経済復興に回すことができる。こうした吉田の政治方針は、その後の総理大臣にも引き継がれていく。

1954年12月7日、第5次吉田内閣は総辞職した。後任は、保守大合同によって成立した自由民主党を率いる鳩山一郎。戦後の混乱期を経てようやく世の中が落ち着いてきたときだった。しかし、その後も吉田は元老として日本の政治に影響力を持ち続けた。高度経済成長期（p169）の首相の池田勇人（p137）、佐藤栄作（p136）は、ともに「吉田学校」の門下生であった。

入試でのポイント

●総理大臣となり、戦後の民主化を行う

GHQの指令にもとづき民主化政策を実行。

日本国憲法の制定、**農地改革**、**財閥解体**を実施。

●朝鮮戦争勃発時には警察予備隊を結成→自衛隊

●1951年、サンフランシスコ平和条約を結ぶ

連合国48か国と締結し、日本は独立を回復。

沖縄、小笠原諸島はアメリカが統治。

アメリカとは**日米安全保障条約**も結ぶ。

歴史のあれこれ

バカヤロー解散

1953年２月、社会党の西村栄一議員の質問に、吉田首相が「バカヤロー」と答弁。取り消しも間にあわず、懲罰動議が可決されました。その後、内閣不信任案が可決されましたが、総辞職を拒否した吉田首相は衆議院を解散、総選挙になりました。いわゆる「バカヤロー解散」です。

吉田首相は大声でどなったわけではなくひとり言だったという説もありますが、いずれにせよ、イライラした首相が思わずつぶやくことばとしても不適切でしょう。しかし、こんなところにも「ワンマン」といわれた吉田茂の性格があらわれているようです。

白足袋と葉巻

吉田茂の父は土佐藩出身の自由民権家である竹内綱。横浜の裕福な貿易商の養子となり、成長すると外交官になりました。養子さきでは、「若様」として大切に育てられました。そのような育ちが吉田の貴族趣味をつくったといえるでしょう。

総理大臣をやめたあとの吉田茂といえば、和服に白い足袋という姿が有名でした。また、戦中から戦後にかけての物がない時期でも、愛用の葉巻を切らしたことがないともいわれています。そんなところにも吉田の貴族趣味があらわれているようです。しかし、その吉田が葉巻を50日以上やめていたときがありました。それは、対日講和条約が結ばれるまでの日々でした。

⊖対日講和条約に署名する吉田茂

関連人物

マッカーサー（ダグラス・マッカーサー）

1880～1964年

戦後の日本の復興を主導したGHQ司令官

アメリカの陸軍元帥であり、日本占領の連合国軍最高司令官。日本の占領政策を指揮し、「青い眼の大君」とよばれた。朝鮮戦争が始まると、司令官として朝鮮におもむくが、トルーマン大統領と意見が対立、解任され帰国した。

トルーマン（ハリー・トルーマン）

1884～1972年

アメリカ合衆国第33代大統領。ルーズベルト大統領の急死により、副大統領から大統領に就任。原爆投下を決意し、第二次世界大戦の早期終結に力を注いだ。朝鮮戦争勃発直後にアメリカ軍出動を決定。

59

湯川秀樹

1907～1981年

戦後の日本に希望をあたえたノーベル賞受賞者

ノーベル賞ってどんな人がもらう賞なんだろう？　そして、湯川秀樹はどんな功績が認められて賞をとったのだろう？

物理学者、湯川秀樹が日本人として初めてノーベル賞を受賞したのは、戦後間もない1949年のことだった。ＧＨＱ（p168）の占領下にあって、国民の多くが苦しい生活を強いられていたそのころ、湯川の受賞の知らせは国民の明るい希望となったにちがいない。

湯川秀樹がノーベル賞を受賞した「中間子の予言」の理論を構築したのは、1934年27歳のときであった。この予言とは、「原子核を構成する中性子と陽子の間には、電子の200倍の重さを持つ、新しい粒子が存在するにちがいない」というもので、当時としては常識はずれの理論だった。大阪大学の助教授として、新しい量子力学の世界に飛びこんだばかりの湯川は、このころ寝てもさめても原子の世界のことばかり考えていたという。ノーベル賞受賞決定後、おしかけた新聞記者相手に「この理論はベッドの中で生まれた」といっておどろかせたのは有名な話である。

しかし、この理論も考え出した当初はまったく認められなかったという。学会に論文を出しても、あっさり送り返されたりもした。結局、湯川の予言した新しい粒子は、アメリカの物理学者アンダーソンがその存在を発見して初めて認められた。ノーベル賞受賞は予言からなんと15年後、湯川秀樹42歳のときであった。

受賞後の湯川は、京都大学の基礎物理学研究所の所長となり、日本の物理学の発展につくした。さらに1955年には、「世界平和アピール７人委員会」に参加。原水爆禁止（p169）など、世界平和をうったえる運動に取り組んだり、原子力時代に生きる人類についてさまざまな場所で活動し、発言した。

湯川秀樹は幼いころから、好奇心が人一倍強く、人のまねや常識にとらわれることをきらったという。また、わからないと感じたことをほうっておくのがいやで、とことんまで議論を続け、調べつくす性格の持ち主でもあったらしい。60歳を過ぎても、新しい理論を求めて研究し続けたその創造力こそが、偉大な物理学者の原点だったのかもしれない。

入試でのポイント

●**日本人初のノーベル賞を受賞**

1949年、中間子理論の研究で物理学賞を受賞。

●**核兵器禁止など、平和運動にも貢献**

●**日本人のおもなノーベル賞受賞者**

川端康成→初の文学賞を受賞。

佐藤栄作→初の平和賞を受賞。

福井謙一→初の化学賞を受賞。

利根川進→初の生理学・医学賞を受賞。

歴史のあれこれ

ノーベル賞ってどんな賞?

「前年度に人類に対して最大の貢献をした人物」に賞をさずけようというのがノーベル賞の目的です。スウェーデンの化学者、アルフレッド・ノーベルの遺言によってつくられました。第1回の授賞式は1901年。現在、物理学、化学、生理学・医学、文学、平和、経済学の6分野があります。

湯川秀樹が平和運動に力を入れた理由

ノーベル賞受賞後の湯川秀樹が原水爆禁止などの平和運動に積極的だったのは、自らの研究と深いつながりがあります。物理学、中でも湯川らの専門分野であった量子力学は原子や中性子の世界のしくみを解明しようとするもの。この分野の発展は、原子力の開発や核兵器の進歩に直結してしまうのです。

湯川秀樹はある対談の中でこう言っていたといいます。

「はじめは物理学を研究するのが唯一の生きがいと、単純に考えておったが、原子爆弾などがあらわれるとそうはいかない。……とくに自分が世間的に認められるようになってくると、なおさら社会的責任を考えなければならない。このことについてはもう20年以上なやんでいるんだよ…」

❶核兵器に関するできごとと科学者が参加したおもな平和運動

年	できごと	内容
1945年	アメリカによる広島・長崎への原爆投下	広島で14万人以上、長崎で7万人以上(1945年当時)が死亡。
1954年	アメリカによるビキニ環礁での水爆実験	日本の漁船第五福龍丸が被ばくし、死者が出た。
1955年	ラッセル・アインシュタイン宣言(1955年)	イギリスの数学者・哲学者ラッセルとアメリカの物理学者であるアインシュタインが中心になってまとめた核兵器廃絶と科学技術の平和利用をうったえた宣言。湯川をふくむ著名な科学者11人が署名した。
1955年	世界平和アピール7人委員会(1955年)	平和問題に関する意見表明のための知識人7人の会。
1957年	パグウォッシュ会議(1957年)	すべての核兵器およびすべての戦争の廃絶をうったえる科学者による国際会議。
1962年	科学者京都会議(1962年)	パグウォッシュ会議の国内版。核兵器の全廃と戦争廃絶の道をうったえた。
1975年	核抑止を超えて:湯川朝永宣言(1975年)	核抑止論による安全保障は誤りとうったえる。

関連人物

ノーベル(アルフレッド・ノーベル) 1833~1896年

ダイナマイトを発明したスウェーデンの化学者

スウェーデンの化学技術者。クリミア戦争のあと、父親の仕事の影響もあって、爆薬の改良や研究に没頭するようになる。ダイナマイトを発明し、ノーベル工業会社を設立した。2人の兄は油田の開発に成功したため、ノーベル家はヨーロッパ最大級の大富豪となった。

朝永振一郎 1906~1979年

湯川秀樹の中間子理論について共同で研究を行った物理学者。電子など、素粒子の研究を続け、1965年、日本人で2人目のノーベル賞受賞者となった。その後は、教育や平和の分野で活躍、原子力の平和利用のための活動に力を注いだ。

60

300 400 500 600 700 800 900 1000 1100 1200 1300 1400 1500 1600 1700 1800 1900 2000

弥生 古墳 飛鳥 奈良 平安 鎌倉 室町 安土桃山 江戸 明治 大正 昭和 平成 令和

佐藤栄作

1901〜1975年

高度成長期の長期政権、沖縄返還を成しとげた首相

長期政権のもとで、国内外の課題にどのように取り組んだのだろう？

1965年８月19日、アメリカ統治下の沖縄を訪問した佐藤栄作は、空港での演説の中で、「沖縄の祖国復帰が実現しない限り、わが国の戦後は終わらない」と述べ、沖縄返還（📖 p169）への強い思いを示した。

終戦から20年、日本の総理大臣が沖縄をおとずれたのはこれが初めてのことだった。佐藤は琉球政府の代表と会談したあと、ひめゆりの塔などをおとずれ、戦争で犠牲になった人びとを慰霊した。佐藤の訪問に反対するデモ隊が宿舎を取り囲むなどの混乱もあったが、佐藤ら政府一行は沖縄各地で歓迎を受け、人びとの祖国復帰への願いを肌で感じたのだった。

沖縄訪問の前年、病気を理由に退陣した池田勇人のあとを受けて、佐藤は第61代内閣総理大臣に就任した。

1965年には、15年にもおよぶ交渉が続いていた韓国との間で日韓基本条約（📖 p169）を結び、国交を樹立した。1967年には、当時深刻化していた公害問題に取り組むために、公害対策基本法を成立させた。また、同じ年の12月の国会答弁では「核兵器を持たず、作らず、持ちこませず」という非核三原則（📖 p169）を表明した。これはその後の歴代内閣の方針ともなっている。さらに1968年には沖縄と同じく戦後アメリカ統治下にあった小笠原諸島の返還が実現した。

1969年、佐藤はアメリカのニクソン大統領と会談し、日米安全保障条約（📖 p168）の延長と引きかえに沖縄を返還することを約束させた。そして1971年に沖縄返還協定に調印し、1972年５月15日、ついに沖縄の本土復帰が実現した。佐藤が沖縄を訪問してから７年の歳月がたっていた。そして沖縄返還を成しとげた佐藤は翌月退陣を表明し、総理大臣の職を辞した。就任してから７年８か月という長期の政権であった。

佐藤が政権をにぎっていた当時の日本は高度経済成長期（📖 p169）のまっただ中であり、こうした好調な経済が長期政権を維持できた理由のひとつとされる。また、佐藤は「人事の佐藤」ともよばれ、のちに総理大臣となる田中角栄や福田赳夫といった有能な人材を政府の重要な役職につかせ、政権の運営を安定させた。

総理退任後、佐藤は非核三原則などが評価され、1974年にノーベル平和賞を受賞する。しかし翌年病にたおれ、74歳で亡くなった。葬儀は1922年に亡くなった大隈重信以来の国民葬でとり行われた。

入試でのポイント

- ●在任期間7年8か月におよぶ長期の政権
- ●日韓基本条約を結び、韓国と国交樹立
- ●非核三原則を表明、以後歴代内閣の方針となる

「核兵器を持たず、作らず、持ちこませず」

- ●アメリカとの領土返還交渉に取り組む

1968年、小笠原諸島の返還。

1972年、**沖縄の返還**。

- ●首相退陣後、ノーベル平和賞を受賞する

歴史のあれこれ

返還後の沖縄に残る基地問題

本土に復帰した沖縄には、今も広大なアメリカ軍基地が残っています。沖縄県には、日本国内にあるアメリカ軍基地の約70%が集中し、その面積は県のおよそ8%、沖縄本島の15%をしめています(2020年3月末現在)。

そのため、基地の周辺では軍用機の騒音や事故の危険性が問題になっています。また、米軍兵士による犯罪もたびたび発生しています。こうした沖縄県の基地負担をどのように軽減していくかが大きな課題となっています。

マスコミぎらいだった佐藤栄作

佐藤栄作は以前からマスコミぎらいで知られていました。退陣表明のさいには、記者会見が始まるとすぐ「テレビカメラはどこかね?」とたずね、「(今日は)新聞記者の諸君とは話さないことにしてるんだ。ぼくは国民に直接話したい。偏向的な新聞はきらいなんだ。…(記者は)帰ってください。」と発言しました。そして「新聞よりテレビを優先する考えは許せない。」と抗議した新聞記者に対し、「それならば出てってください。かまわないですよ。」と答えました。このあとおこった新聞記者たちは全員退席し、佐藤はだれもいない会見場でひとりテレビカメラに向かって話すという、前代未聞の記者会見となりました。

❶歴代首相の連続在職日数

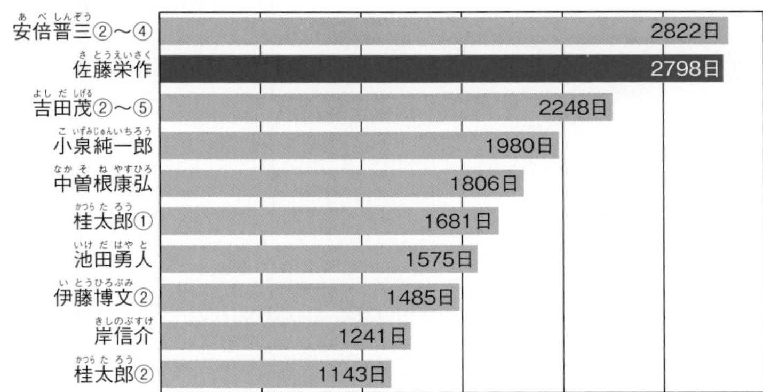

①…は就任回数

関連人物

田中角栄 (1918～1993年)

秀吉になぞらえ「今太閤」とよばれた首相

1972年、佐藤内閣のあとを受けて首相に就任。直後に中国を訪問し、日中共同声明を発表。戦後とだえていた中国との国交回復を実現する。高等教育を受けずに首相にまで上りつめたことから、農民から天下人になった豊臣秀吉になぞらえて「今太閤」ともよばれた。1974年、金脈問題を批判され退陣。その後ロッキード事件で逮捕された。

池田勇人 (1899～1965年)

1960年、安保改定にともなう混乱の責任を取って辞職した岸信介の後継として首相に就任。話し合いの政治を重んじる「寛容と忍耐」をスローガンとし、国民所得倍増計画を発表、高度経済成長をおし進めた。1964年、東京オリンピック閉会のあと、病気を理由に退陣。

時代コラム

戦後日本をつくった人たち

1956年、経済白書は、その巻頭で「もはや戦後ではない」といった。これはどういうことなんだろうか。経済白書だから、日本経済のことをいっているにちがいない。そう、日本経済が戦争の痛手からぬけ出した、そういうことなんだ。そして、それから先の日本は、いってみれば「バブルの崩壊」に向かって少しずつ進んでいった時代。長い「高度経済成長」の時代になるんだ。そして、それを演出した人が戦後の日本をつくった人びと。もちろん演出した人だけではなく、「演じた人」たちもいるわけだ。

●演じた人

経済成長で重要な役を演じるのは、もちろん企業。そうした企業をつくり、あるいは育てた人が「演じた人」になるんだろう。もっとも、日本の企業は戦前の財閥の流れをくむものが多い。三井や住友、三菱がその代表。そう考えると、「演じた人」は江戸時代や明治時代までさかのぼる。

そうした企業とは別に、ひとりの人がつくりあげ、戦後になって急成長した企業もある。松下幸之助が創業した松下電器産業(現在のパナソニック)や、本田宗一郎が創業した本田技研工業、井深大や盛田昭夫が創業したソニーなど、戦後いち早く世界的になった企業だ。多くの場合、こうした企業が中心になって戦後日本の産業が世界的になっていき、日本の高度経済成長を実現していったんだ。とくに、松下幸之助という人は、戦後日本を代表する経営者といってもいいだろう。

松下幸之助は、9歳のときから働かなければならなかった。火鉢屋、自転車屋、セメント工場、そして電灯会社と、いくつもの職を経験したんだ。こうした仕事がもとになり、23歳のとき電気部品の工場をつくって独立した。そのちっぽけな工場が松下電器産業の出発点。

松下幸之助は、「儲ける」に徹した人だった。儲けるためには売れるものをつくらなければならない。そのために良いものをつくる。こうした考えが、松下幸之助ばかりでなく、日本を儲けさせることになったんだ。

➊主要耐久消費財普及率の移り変わり

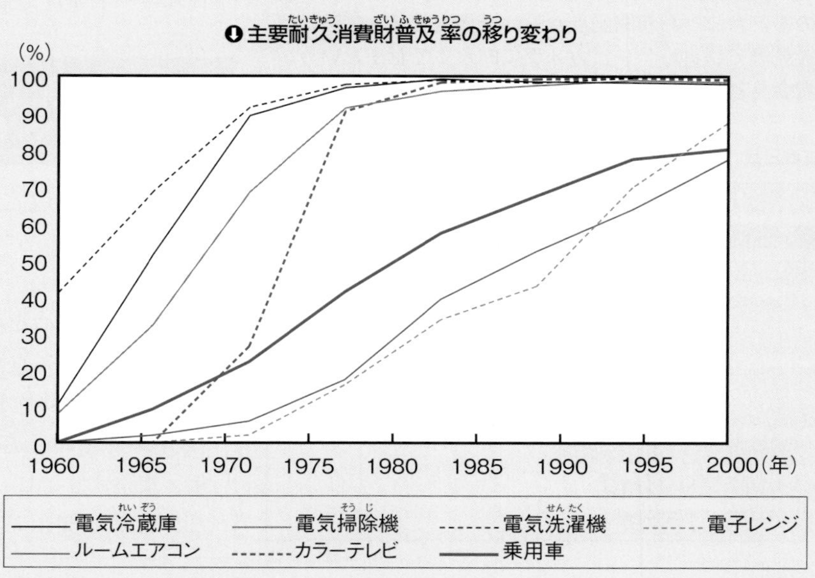

●演出した人

日本の1960年代を「高度経済成長期」という。この時期、日本の産業は飛躍的に発展し、国民生活も豊かになってきた。そうした高度経済成長を演出した人は、なんといっても池田勇人。岸信介の跡を継いで、1960年に総理大臣になった人なんだ。国が積極的に産業発展の後おしをして、経済成長を達成しようとした。「国民所得倍増」という政策をかかげてね。それどころか、池田勇人自らが日本の電気製品の優秀さを外国の元首に宣伝して歩いた。当時フランスの大統領だったド・ゴールという人は、池田勇人のことを「トランジスタのセールスマン」と言ったそうだ。

池田勇人は、1964年、東京オリンピックが開かれた年に佐藤栄作に総理大臣の座をゆずった。癌だった。でも、そのあとの総理大臣＝日本政府のやってきたことは、大げさでなく、この池田勇人の政策の延長線上にある。

もちろん、池田勇人だって突然あらわれたわけではない。

戦後日本の道筋をつくった人といえば、吉田茂。池田勇人も佐藤栄作もこの吉田茂の弟子みたいな人たちだ。吉田茂という人の残したものが、今だに日本という国を、良い意味でも悪い意味でもしばっているのかもしれないね。

❶月ごとの勤労者世帯の家計（収入と支出）の移り変わり

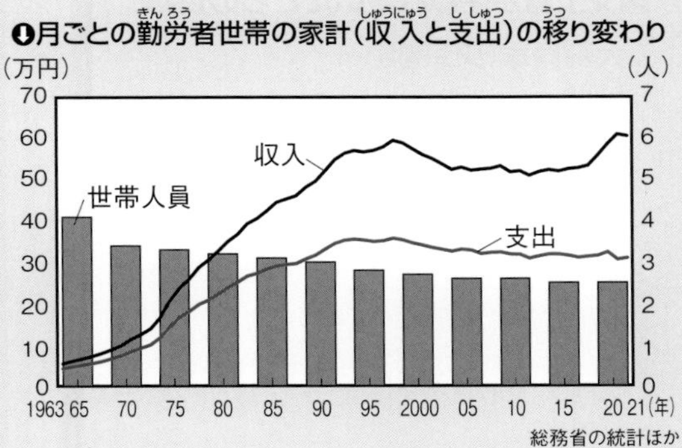

総務省の統計ほか

●これからの日本をつくる人びと

「ICT 化」とか「グローバル化」とか、いろいろなことがいわれている。「ＩＴ革命」をおこしたインターネットが広く使われるようになってから、もう20年もたつんだね。

これからの社会がどう変わっていくのか、なかなか予測できない時期にさしかかっているのかもしれない。日本だって、今までのように経済的な発展だけを追いかけていたのでは世界から取り残されてしまう。経済のグローバル化がこれだけ進んでいると、国内の景気だけで一喜一憂しているわけにはいかないだろう。

そうした時期、どんな人がこれからの日本をつくっていくのだろうか。少なくとも、世界的な視野で物事を考えることができる人でなくてはならないだろう。それから、経済的な面だけではなく、政治的にも発言力を持つ人でなければならないだろう。それには、世の中の事象を多角的にとらえ、ぼう大な情報を使いこなす能力も要求されてくる。

ある意味では、ひとつの目的に向かってつき進んできた日本のあり方が、バブル景気以降、いろいろな意味で再評価されているのだと思う。

もちろん後もどりはできないから、そうした評価のもとでこれからの日本のあり方を考えなければならない。そんなとき、幅広い能力が必要になる。でも、そうした能力をひとりの人が持つ可能性は少ない。これからの日本をつくっていくのは、ひとりの英雄ではなく、多くの人びとの知恵や力になるのではないだろうか。その意味では、きみたち一人ひとりがこれからの日本をつくっていく人になるんだろう。

テーマ別年表　古代日本のようすを知るための遺跡

国としてのまとまりができるまでの日本のようすというのは、じつはわからないことが多いのです。そのころ、日本ではまだ文字が使われていなかったため、文字での記録は一切ありません。しかし、過去の人間の残した跡、つまり遺跡の発掘によって、今では当時のようすがかなりわかってきました。中には今までの歴史観をくつがえすような発掘もあります。こうしている間にも、遺跡の発掘は続いているのです。

縄文時代までは狩猟・採集にたよる生活だったので、富をたくわえることができず、貧富の差、身分のちがいが生まれませんでした。しかし、弥生時代に稲作が始まったことで、水や土地、収穫した米などをめぐる争いがおこるようになりました。

これらの戦いの結果、最終的には日本を支配する大和政権があらわれ、日本は国としてのまとまりを持つようになったのです。

時代	内容	おもな遺跡
旧石器時代	**岩宿遺跡**の発掘により、それまで日本にはないものと考えられていた旧石器時代(先土器時代)の存在が明らかになった。 **相沢忠洋**は、群馬県の岩宿の**関東ローム層**の中から人の手によって加工された黒曜石(黒い石)を発掘した。関東ローム層は、今から１万年以上前に積もった地層であることから、すでにこのころから人類が日本列島で生活していることが明らかになった。 また、長野県北部の野尻湖からはナウマン象の化石が発掘され、当時の食生活の一部をうかがうことができる。	**土器が使われていなかった時代(先土器時代)の遺跡** ・岩宿遺跡(群馬県) ・野尻湖遺跡(長野県)
縄文時代	縄文時代の人びとの食生活を明らかにしたのは、お雇い外国人**モース**による**大森貝塚**の発見によるところが大きい。 貝塚とは、貝がらだけでなく動物の骨や魚の骨、木の実、土器の破片などがふくまれた縄文時代のごみ捨て場で、これを調べることにより、縄文時代の人びとが意外に豊かな食生活を送っていたことがわかってきている。	**縄文土器が使われていたころの遺跡** ・大森貝塚(東京都) ・鳥浜貝塚(福井県) ・加曽利貝塚(千葉県) ・三内丸山遺跡(青森県)

また、貝塚の位置を調べることで、当時の海岸線が今よりもずっと内陸に入っていたということもわかっている。

最近では**三内丸山遺跡**の発掘などにより、縄文時代にすでに農作物の栽培が行われていたこと、そしてこの時代、すでに大規模な集落や大型の建物がつくられていたことが明らかになりつつある。

縄文土器

弥生時代

全国各地から水田や水路の跡が発掘された。近くには当時の人びとの住居である**竪穴住居**の跡がまとまって発掘され、収穫した米を保存しておく**高床倉庫**の跡なども発掘された。これらの集落の規模を考えると、縄文時代とは生活や社会のしくみが大きく変化したことがわかる。

1989年、この時代の遺跡で、最大規模の集落の跡、**吉野ヶ里**遺跡が見つかった。この集落のまわりには2重のほりがめぐらされていただけでなく、敵を見張るためのものか、物見やぐらもつくられていた。また、矢のささった人骨や首のない人骨なども発見されている。

銅剣や銅鉾など、武器があらわれるのもこのころからだ。

これらのことから、当時は小国が分立し、激しい戦いがあったことが予測できる。

弥生土器が使われていたころの遺跡

- 登呂遺跡（静岡県）
- 板付遺跡（福岡県）
- 吉野ヶ里遺跡（佐賀県）
- 荒神谷遺跡（島根県）

弥生土器

古墳・飛鳥時代

邪馬台国のあと、日本の歴史は中国の書物から姿を消し、いったんとだえる。

4世紀半ばになると、大和政権が日本をほぼ統一。5世紀ころには、勢力の大きさを示すための巨大な前方後円墳が多くつくられるようになった。

今までの時代と比べ、支配者である大王や豪族に、いかに権力と富が集中していたかがうかがえる。

古墳がつくられていたころの遺跡

- 箸墓古墳（奈良県）
- 大仙（大山）古墳（大阪府）
- 稲荷山古墳（埼玉県）
- 石舞台古墳（奈良県）
- 高松塚古墳（奈良県）

テーマ別年表　文化史

数千年にわたって私たちの祖先が残してくれたさまざまな文化が土台となって、今の文化のかたちがつくられています。これらの文化を理解することに、今を理解するヒントがあるはずです。

各時代の文化は、その時代の政治と大きく関係してきます。とくに島国である日本は、外国文化をどのように受け入れてきたか、ということがその時代の文化の特色をあらわします。

時代	文化	特色	おもな文化遺産・人物
古墳・飛鳥時代	古墳文化	中国や朝鮮からわたってきた渡来人がさまざまな技術をもたらした。	・漢字、仏教、土木技術 ・機織り、養蚕などの技術  大仙(大山)古墳
	飛鳥文化	聖徳太子のころの仏教の影響の強い文化。中国や朝鮮をとおして、遠くインド・ペルシャ・ギリシアなどの広い地域の影響を受けた。	・法隆寺 ・法隆寺金堂、釈迦三尊像(止利仏師) ・法隆寺玉虫厨子  法隆寺
奈良時代	天平文化	聖武天皇のころの仏教の影響の強い文化。唐との行き来がさかんだったため、唐の文化の影響を強く受けた。	・東大寺大仏 ・正倉院(校倉造) ・唐招提寺 ・『古事記』 ・『日本書紀』 ・『万葉集』
平安時代	国風文化	894年の遣唐使の停止により、外国文化の影響を受けずに国内で発達した、京都の貴族中心の文化。かな文字の発達により、多くの女流作家が活躍した。	・平等院鳳凰堂 ・寝殿造 ・『源氏物語』(紫式部) ・『枕草子』(清少納言) ・『土佐日記』(紀貫之) ・十二単

<table>
<tr><td>鎌倉時代</td><td>鎌倉文化</td><td>京都を中心に、公家によって伝統的な文化が受け継がれる一方、鎌倉を中心として、そぼくで力強さに満ちあふれた、武士らしい文化が生まれた。</td><td>・東大寺金剛力士像（運慶ら）
・『平家物語』
・円覚寺舎利殿
・鎌倉仏教
東大寺金剛力士像（阿形）
（写真提供　東大寺）</td></tr>
<tr><td rowspan="2">室町時代</td><td>北山文化</td><td>3代将軍義満のころの北山の金閣を中心とした文化。幕府が京都に置かれたことにより、公家と武士の文化が融合した。</td><td>・金閣
・能（観阿弥・世阿弥）
・狂言</td></tr>
<tr><td>東山文化</td><td>8代将軍義政のころの東山の銀閣を中心とした文化。禅宗の影響を強く受けた。</td><td>・銀閣（書院造）
・水墨画（雪舟）
・御伽草子（絵入り小説）</td></tr>
<tr><td>安土桃山時代</td><td>桃山文化</td><td>信長・秀吉のころの、有力な大名や大商人などを中心とした、活気のある雄大で豪華な文化。当時貿易をしていた南蛮（ポルトガルやスペイン）の影響も受けた。</td><td>・安土城（天守閣を持つ）
・大阪城
・姫路城
・障壁画（狩野永徳）
・茶の湯（千利休）</td></tr>
<tr><td rowspan="2">江戸時代</td><td>元禄文化</td><td>5代将軍綱吉のころの、上方（京都・大阪）の大商人中心の文化。江戸幕府は鎖国政策をとっていたため、外国文化の影響はほとんど見られなかった。</td><td>・歌舞伎・人形浄瑠璃（近松門左衛門）
・俳諧『おくのほそ道』（松尾芭蕉）
・浮世草子（井原西鶴）
・浮世絵（菱川師宣など）</td></tr>
<tr><td>化政文化</td><td>11代将軍家斉のころの江戸後期の文化。幕府や藩の財政悪化のため、厳しい統制の中で生まれた退廃的で成熟した文化。皮肉やしゃれ、こっけいなものが好まれた。</td><td>・狂歌・川柳
・『東海道中膝栗毛』（十返舎一九）
・「東海道五十三次」（歌川広重）
・「富嶽三十六景」（葛飾北斎）
・学問の発達（国学・蘭学）</td></tr>
</table>

テーマ別年表 農民の暮らしと経済

貨幣が流通する前、米がお金の役割を果たしていました。それゆえ政権をにぎる者にとって、「農民からいかに米(税)を取るか」ということは非常に大きな問題でした。また、貨幣の使用が始まると、商人たちが力を持つようになり、やがて政治にも影響をあたえるようになりました。

時代	農業技術の発達と農民の暮らし	貨幣の使用と経済の発達
弥生時代	・**稲作の開始** →**貧富の差・身分のちがい**が生まれる	**自給自足の世**…自作や物々交換で、ほしいものは手に入れる ↓
古墳・飛鳥時代	・**班田収授の法**のもとで、農民は**租調庸**の税を負担	
奈良時代	・**口分田**が不足、重税、逃亡する農民 ↓ ・開墾をすすめる **三世一身の法**(723年) **墾田永年私財法**(743年) ↓ 公地公民制のくずれ ↓ 荘園の発達	
平安時代	・一部の有力農民は豪族化 ↓ ・農民の中には武装する者があらわれる ↓ **武士のおこり**	↓
鎌倉時代	・農民は朝廷と幕府の二重支配を受ける(荘園の管理者としての地頭) ・**二毛作**が近畿地方で始まる ・肥料の改良(**刈敷・草木灰**) ・**牛馬耕**が行われる ↓ 生産性が上がり、**余剰生産物**をつくる余裕が生まれる	・余剰生産物を売るための**定期市**(月1回や月3回の**三斎市**)が開かれる ・貨幣(**宋銭**)の使用が始まる ・**座**(商工業者の同業者組合)ができる →材木座、綿座、油座など
室町時代	・**二毛作**が全国へ広まる ・肥料の改良(**下肥・堆肥**)	・定期市(月6回開かれる**六斎市**)が開かれる

<table>
<tr><td>室町時代</td><td>・水車や龍骨車などのかんがい設備が整い、耕地面積が広がる
↓
生産性が上がり、農民の生活に余裕が出てくる
→惣村(農民の自治組織)ができる
→土一揆がおこる
・戦国大名が富国強兵のため、治山治水に力をつくすが、農民も自分たちの土地は自分で守るようになる</td><td>・貨幣(宋銭・明銭)の使用が全国に広まる
→金貸しがあらわれる(土倉・酒屋)
→運送業者(馬借)があらわれる</td></tr>
<tr><td>安土桃山時代</td><td>・秀吉の太閤検地により農民は土地にしばりつけられるようになる</td><td>・楽市楽座→座を廃止、商業が発展</td></tr>
<tr><td>江戸時代</td><td>・士農工商の身分制度
・田畑の売買を禁止、五人組
→農民の生活は厳しい制限を受ける

・新しい農具・肥料(金肥…干鰯・油かす)、土木技術が発達
・新田開発が進み、耕地面積が倍増
↓
商品作物の栽培がさかんになり、全国に特産物が生まれる

・18世紀、冷害などの自然災害により、ききんがたびたびおこる
↓
三大改革を行う
百姓一揆が各地でおこる</td><td>・貨幣経済が発達
(幕府は金・銀・銅貨をつくる)
・両替商の活躍、大商人の成長
・交通が発達(五街道・西廻り・東廻り航路)、飛脚の活躍
・都市が発達
(城下町・宿場町・港町・門前町)
・三都(江戸・大阪・京都)のにぎわい
・株仲間(商工業者の同業者組合)が発達</td></tr>
<tr><td>明治〜昭和(戦前)</td><td>・地租改正
→土地(農地)の所有者が地価の3%を税金として現金で納める。税負担は江戸時代と変わらず
↓
重税に苦しむ農民
↓
土地を手放す
↓
小作農の増加と大地主の成長</td><td>・中央銀行(日本銀行)の設立
・財閥の成長</td></tr>
<tr><td>昭和(戦後)</td><td>・農地改革
→地主から強制的に土地を買い上げ、自作農を増やす</td><td>・財閥解体
・経済の民主化</td></tr>
</table>

テーマ別年表 外交史

日本は外国からさまざまな影響を受け、発展してきました。

古くは中国・朝鮮から、政治制度や仏教や漢字などをはじめ今の日本の土台となるもの学び取り、また、16世紀以降はヨーロッパ諸国との交流により、新たな世界へと目を向けました。

江戸時代、鎖国体制により外交関係はほとんどなくなりました。しかし、明治時代、いち早く近代化をむかえた欧米諸国を目指すため、日本はアジアを支配下に入れようとしましたが、失敗。終戦をむかえました。

現在の国際関係を理解するには、今までの外国との関係を見のがすわけにはいきません。

時代	日本の外交の特色	中国・朝鮮	欧米諸国
弥生時代		倭人、漢に貢物を持ってやってくる 漢の光武帝が倭奴国王に金印をあたえる 邪馬台国の卑弥呼が魏に使いを送る 倭の五王、宋に使いを送る	
古墳・飛鳥時代	大陸文化が伝来した時代	渡来人により高度な文化が伝えられる 538（552）年　百済より仏教伝来 562年　任那日本府が滅亡 607年　第１回遣隋使の派遣 630年　第１回遣唐使の派遣	
奈良時代	中国の政治制度を消化した時代	663年　白村江の戦い 754年　鑑真の来日	
平安時代	中国の影響を直接受けない時代	894年　遣唐使の停止 日宋貿易（宋銭を輸入）	
鎌倉時代	元による侵攻のあった時代	1274年　文永の役 1281年　弘安の役 （以上、元寇）	マルコ・ポーロの『東方見聞録』により、日本がヨーロッパで紹介される
室町時代	ヨーロッパ文明が伝えられた時代	倭寇が東シナ海を荒らす 1404年　日明貿易（勘合貿易）（明銭を輸入） 朝鮮王朝との貿易（木綿を輸入）	1543年　ポルトガル人が種子島に鉄砲を伝える 1549年　ザビエルが日本にキリスト教を伝える 南蛮貿易（ポルトガル・スペイン）

安土桃山時代	キリスト教を受け入れ、のちに排除に向かった時代	朱印船貿易 （東南アジア各地に日本町がつくられる） 1592年 文禄の役 1597年 慶長の役 朝鮮出兵	1582年 天正遣欧使節 （4人の少年をローマに送る）
江戸時代	外国との関係を制限する、いわゆる鎖国の時代	清との貿易（長崎） 朝鮮との交流が再開（朝鮮通信使）	1639年 ポルトガル船の来航禁止 （その後オランダとは長崎の出島で貿易） 1792年 ロシアのラクスマンが来航 1853年 浦賀にアメリカのペリーが来航 1854年 日米和親条約 1858年 日米修好通商条約 1862年 生麦事件 1864年 四国艦隊下関砲撃事件
明治時代	欧米諸国に追いつこうとした時代	1894年 日清戦争（下関条約） →三国干渉 1910年 韓国併合	1871年 岩倉遣米欧使節団 1894年 治外法権の撤廃（イギリス） 1902年 日英同盟 1904年 日露戦争（ポーツマス条約） 1911年 関税自主権の回復 条約改正
大正時代	日本が大国の仲間入りをした時代	1915年 中国に二十一か条の要求を出す	1914年 第一次世界大戦 1918年 シベリア出兵
昭和（戦前）	戦争により孤立化した時代	1931年 満州事変→国際連盟脱退 1937年 日中戦争 1941年 太平洋戦争 1945年 ポツダム宣言	1939年 第二次世界大戦 1941年 太平洋戦争 1945年 ポツダム宣言
昭和（戦後）	平和共存を目指す時代	1950年 朝鮮戦争→特需景気 1951年 サンフランシスコ平和条約 1972年 日中共同声明 1978年 日中平和友好条約	1951年 サンフランシスコ平和条約 1956年 日ソ共同宣言 →国際連合加盟 1960年 日米安全保障条約

歴史用語集

ここからは、本文では十分にあつかえなかった、歴史を学ぶうえでたいへん重要な「ことば」「できごと」「各時代の政治や生活などの特長」を、時代ごとにまとめ、わかりやすく解説しています。

6～137ページの本文の中に、この「歴史用語集」に載っていることばがあるときには、（📖 p100）というふうにアイコンで解説ページを示してあるので、そのページを開いて解説を読むと歴史への理解が深まります。

もくじ

安土桃山時代

江戸時代

明治・大正・昭和(戦前)時代

昭和(戦後)時代

旧石器時代

氷河期の日本

今から１万年以上前の氷河期のころ、日本列島は大陸と陸続きだった。このころ大陸からやってきた、マンモス、ナウマン象やオオツノジカなどの大型の動物が九州や北海道の先からわたってきた。それを追いかけて人もやってきた。人びとはほら穴などに住み、石を打ちくだいてつくった打製石器を使い、動物をかり、肉を火であぶるなどして食べていた。しかし、旧石器時代の後期になると氷河期が終わり、海面が上昇し、日本は大陸から切りはなされ、独自の歴史を歩んでいく。

大陸と陸続きだったころの日本列島

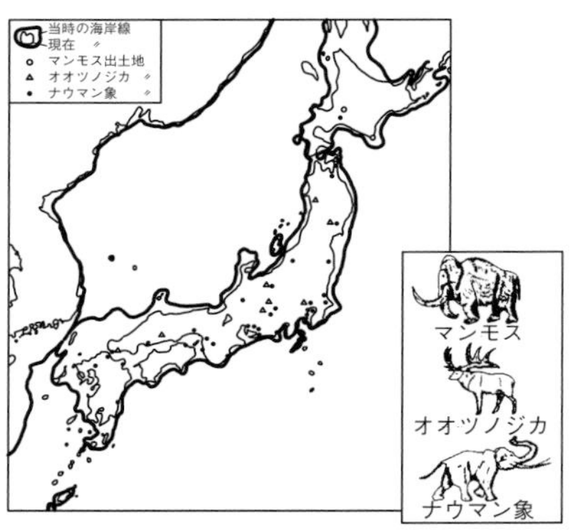

縄文時代

狩猟・採集の生活

縄文時代になると、気候が温暖になったため、大型動物に代わってうさぎ・いのしし・しかなどの中型・小型動物があらわれた。これらの動物はすばやく動くため、人びとは弓矢を使い、これらをかって食料にした。また、海では魚や貝をとり、森では木の実をとって生活していた。縄文(式)土器が使われるようになってからは、ドングリなどはにてアクをぬき、やわらかくして食べていたようである。当時のゴミ捨て場である貝塚から、こうした当時の食生活のようすがうかがえる。しかし、余分な食料はほとんどなく、たくわえることもなかったので、それをめぐる争いはほとんどないに等しかった。

縄文時代の食料ごよみ(鳥浜貝塚)

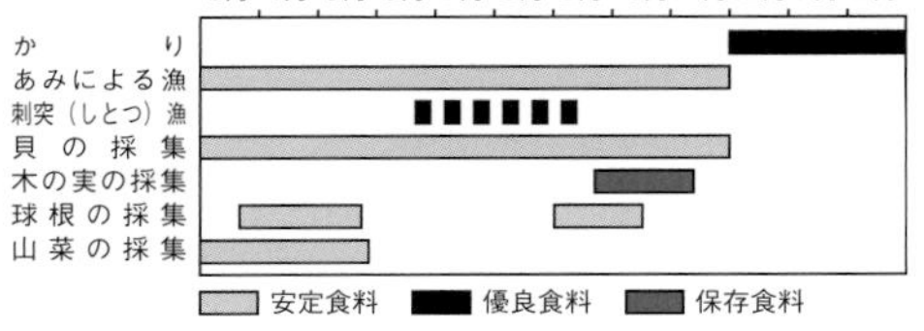

竪穴住居

地面をほり下げて、まわりに柱をたて、その上に屋根をかぶせてつくられている。周囲に濠がめぐらされていることもある。縄文時代～鎌倉時代まで存在していた住居。

アニミズム

狩猟と採集にたよる縄文人は、山や石、川や海など、自然界におけるすべてのものに精霊が宿っていると考えた。縄文人は自然に宿る神をしずめるため、さまざまな儀式を行っていたらしい。

土偶

土偶は土でつくられた人形で、縄文時代の代表的な遺物。土偶には、女性を形どったと見られるものが多く、子どもがたくさん生まれることや自然のめぐみをより多く得ることができるように願う儀式で使われたのではないかと考えられている。

土偶

続縄文文化・貝塚文化

弥生時代に伝来した稲作は東北地方まで広まった。しかし、北海道はサケやニシンなどの自然のめぐみが豊かだったため、米づくりをする必要がなかった(続縄文文化)。同じく、沖縄でも亜熱帯性の気候で、木の実や海産物が豊かだったため、明治時代になるまで、米づくりとは縁がなかった(貝塚文化)。これらの地域では、狩猟・採集の暮らしで十分生きていくことができた。こうして、これらの地域は本土とはまったく異なる歴史を歩むこととなった。

弥生時代

稲作の始まりとクニのおこり

紀元前3世紀ころ、大陸から稲作の技術が伝えられた。これ以降、人びとは獲物を求めて旅をする移住生活から、水田をつくり、低地に住居を定める定住生活へと、生活スタイルを大きく変えた。収穫した米は高床倉庫で保管され、食料の面では人びとは安定した生活をおくるようになった。

稲作は社会の構造にも大きな変化をもたらした。稲作の共同作業をとおして支配者が生まれ、とれた米の分配により貧富の差が生まれ、そして身分のちがいができていった。支配者を中心にひとつの集団が村としてまとまり、さらに土地などをめぐって、村と村とが対立し、より強い力を持つものがさらにそれらの支配者の上に立ち、王となる。このようにして、富をめぐって戦争がくり返されていくうちに、日本にも大きなクニのまとまりができていった。

弥生土器

金属器の使用

稲作が伝わってきたのと同じころ、日本でも鉄器と青銅器が使用されるようになった。かたくて実用的な鉄器は、剣などの武具に使われた。一方、青銅器は銅とすずの合金で、鉄ほどかたくないが加工しやすいため、銅鐸などの祭器やネックレスやイヤリングなどの装飾品に使われた。

銅鐸

邪馬台国

『魏志』倭人伝に登場する3世紀前半ころの、倭(日本)にあった国のひとつ。邪馬台国が存在していた位置はいまだにはっきりとしないが、九州地方に存在したという説と近畿地方に存在していたという説が有力。女王卑弥呼によって治められていた国で、30あまりの国を従えていたといわれる。

中国の歴史書に見る日本

弥生時代までの日本の姿は、いまだなぞに包まれており、中国の歴史書の記述にたよる部分が大きい。

『漢書』地理志には、紀元前1世紀ころの日本のようすが書かれており、「倭国(日本)は100あまりの国に分かれており、毎年みつぎものを持ってきた。」とある。『後漢書』東夷伝には、紀元後1世紀ころ、中国の皇帝が倭の奴国という国の王に金印をあたえたとある。また、『魏志』倭人伝には、邪馬台国の卑弥呼が30あまりの国を治めていたとある。

これらの書物と発掘される遺跡をとおしても、古墳時代までの日本の姿はほんの部分的にわかっているにすぎない。

『宋書』倭国伝には、倭の五王のころ(5世紀ころ)のようすが書かれている。

古墳・飛鳥時代

渡来人

古墳時代から奈良時代にかけて、日本に移住してきた人びと。多くは朝鮮からであったが、中国からの亡命者もふくまれ、技術者や知識人も多かったことから、古代日本の国家形成に大きく貢献した。

大陸文化の伝来

朝鮮半島との行き来がさかんになると、中国や朝鮮から日本へ移り住む人が多くやってくるようになった。このような人びとを渡来人という。渡来人によって伝えられたものには、漢字や仏教、土木技術、金属器や土器の製作技術、養蚕・機織りの技術などがある。

大和政権

大和(奈良)地方からおこり、4世紀半ばごろまでには九州から関東までの大部分を支配した勢力。いまの天皇の祖先である大王を中心とした、大和地方の豪族たちによる連合政権。朝廷では豪族たちは、家柄(氏)ごとにさずけられた役職(姓)を行った。このしくみを氏姓制度という。

巨大な古墳の出現

3～7世紀にかけて、日本各地に死者をほうむるために、土を盛った墓(墳墓)がつくられるようになった。古墳時代に入り、豪族や大王などの権力者があらわれると、その力の大きさを見せつけるために、より大きな古墳がつくられるようになった。墓の形は、円墳、方墳などさまざまだが、巨大な古墳では日本独特の前方後円墳が多くつくられた。

仏教の伝来

日本に正式に仏教が伝えられたのは、百済の聖明王から欽明天皇に仏像が送られた552年、あるいは538年と考えられている。今まで目に見えない神を信じていた人びとにとって、異国の宗教はそう簡単に受け入れられなかった。聖徳太子や他の豪族たちは、教えそのものよりも、寺院や仏像の美しさに心をひかれ、まずは形から仏教を取り入れていったといわれる。奈良時代に入ると、聖武天皇のころ全国に国分寺が建てられ、仏教は国教として定着していった。

任那(伽耶)

古代南朝鮮にあった地域の名。4世紀半ばに大和政権が進出し、支配したと考えられている。以後、日本の朝鮮支配の軍事的拠点となったが、6世紀半ば、強大化した新羅によりほろぼされた。

聖徳太子の政治

推古天皇の摂政となった聖徳太子は、天皇中心の国をつくるため、政治改革に着手した。

それまでの氏姓制度をあらため、新たに冠位十二階の制度をつくり、有能な人材を家柄に関係なく取り立てた。また、十七条の憲法をつくり、朝廷につとめる役人のこころがまえとした。また、小野妹子らを遣隋使として中国につかわし、隋と対等な立場で国交を結ぼうとした。

大化の改新

蘇我氏をたおした中大兄皇子と中臣鎌足は、天皇中心の国をつくるためにつぎつぎと改革を行い、律令国家のしくみを築いていった。この蘇我氏の打倒に始まった一連の政治改革を大化の改新という。その内容は、全国の土地を天皇のものとする公地公民制を基礎に、6歳以上の男女に口分田をあたえ、税として米を納めさせる制度(班田収授の法)、租調庸の税制、全国を国・郡・里に分け、天皇が都でこれらを統制する中央集権のしくみなどを定めた。

大宝律令

701年に定められた大宝律令は、中国の隋・唐の政治制度を導入したもの。藤原不比等・刑部親王らによって編さんされた。「律」は今の刑法にあたり、笞・杖・徒・流・死という5段階の罰があった。国家・君・父などに対する罪は八虐といわれ、もっとも重い罪にあたった。一方、「令」では国の制度などを定めている。律6巻、令11巻から成っているが、現在は残っていない。しかし、その内容は718年につくられた養老律令と同じとされている。この律令の完成によって、国の制度が整えられた。

律令制度

平安時代になると荘園の増加により、公地公民は形だけの制度となったが、その官職名などは封建制度のかげで、明治時代まで続いた。

租調庸

律令制度のもとでの税制。租は口分田を持つ6歳以上の男女に課せられ、地方の役人に納めたが、調と庸は男子のみに課せられた税であり、都まで運ばなければならなかった。そのため、当時戸籍上では女子の割合がはるかに高かったという。

- 租はとれた米の3％を納める税。
- 調は地方の特産物を納める税。
- 庸は1年のうち5日から10日を都で働くか、そのかわりに布を納める税。
- 雑徭は一定の期間、地方の国司のもとで働かなければならない労役。そのほかにも京都で皇居などの警備にあたる衛士や、九州北部の守りにあたる防人に命じられることもあった。

調・庸の都までの運搬日数(平安時代)

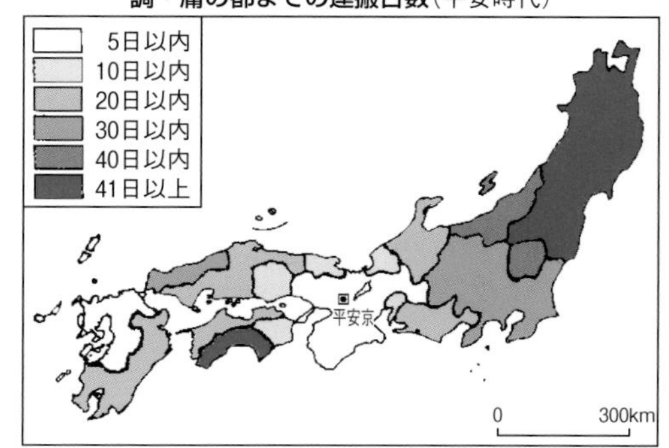

※西国は大宰府までの日数

白村江の戦い

663年、百済とそれを援助した日本軍と、新羅・唐の連合軍との戦い。白村江は、朝鮮南西部。戦いに敗れた百済は滅亡。多くの百済の人が日本へ移り住んだ。日本は以後、国内の政治に専念するようになる。

白村江の戦い

大宰府

古代、九州を統轄した役所。律令制のもとでは、中央の出先機関として軍事や外交を担当し、九州における朝廷のような役割を果たした。財源には西国の調庸があてられた。

皇朝十二銭

律令制のもとで発行された銅銭のことで、708年の和同開珎から958年乾元大宝までの12種類を指す。これらを流通させようと試みたが、貨幣を使用するほど社会が発達していなかったので、平安時代中ごろにはしだいに使われなくなっていった。

奈良時代

平城京

710年、元明天皇のとき、平城京は奈良盆地の北部につくられ、以後784年までの間都として栄えた。都は東西約4.3㎞、南北約4.8㎞、東西南北とも約530m ごとの大路で区切られていた。都の中央を朱雀大路がはしり、その東を左京、西を右京といった。このような都は、それ以前につくられた藤原京と同じく、唐の長安を手本としたものである。なお、最近の調査で、十条大路の遺溝が見つかり、平城京の当初の計画が、今考えられているものよりさらに広かったことがわかった。

平城京

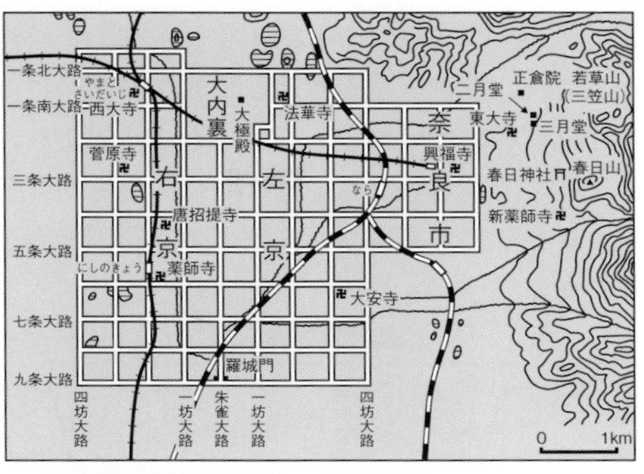

『古事記』・『日本書紀』

『古事記』は、神武天皇から推古天皇までの間のできごとを人物ごとにまとめた歴史書。天武天皇の命で、太安万侶がまとめた。『日本書紀』は神武天皇から持統天皇までの間のできごとを年代順にまとめた歴史書。720年に舎人親王によってつくられた。

『風土記』

奈良時代の地理や歴史が国ごとにまとめられた本。諸国の産物や自然、地名の由来、その地方につたわる話などを報告するようにとの命令で713年につくられた。現在残っているのは、出雲・常陸・播磨・豊後・肥前の風土記のみ。

木簡

文字を墨で書いた木の札のこと。多くはたて長の短冊形で、藤原京や平城京、地方の役所などから多く出土している。その書かれている内容から、年代の特定や、当時の人びとの生活を知る貴重な史料として注目されている。

木簡

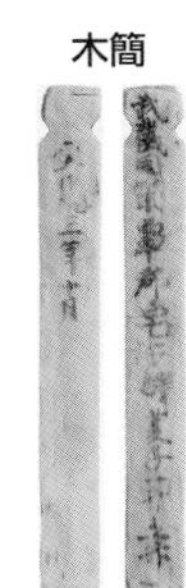

奈良時代の政治

奈良時代は、律令にもとづいた天皇中心の国づくりが進められていった。しかし、政治の実権は着実に藤原氏に移っていった。奈良時代は７人の天皇が位についたが、そのうち４人(１人は２度天皇の位についている)が女帝であり、男子でも聖武天皇のように、藤原氏の血を引いた天皇だった。また、奈良時代は政治における仏教勢力が強まった時期でもあった。桓武天皇が遷都した理由のひとつには仏教勢力を排除したかったことがあげられる。

国分寺

奈良時代、聖武天皇が政治と仏教を結びつけるために、国ごとに置いた寺。国府の近くに置かれ、国司によって管理された。尼寺として国分尼寺も各地に置かれた。都である奈良に建てられた国分寺が東大寺である。

国分寺の分布

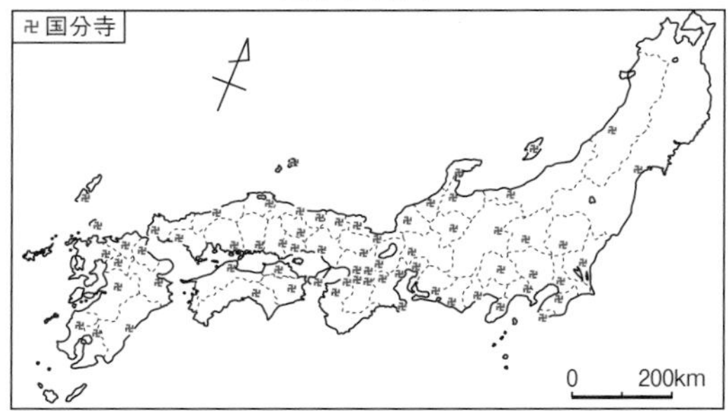

東大寺

奈良の国分寺。743年、聖武天皇の命により盧舎那仏(奈良の大仏)がつくられた。1180年、源平の合戦のさいに寺は焼失するが、鎌倉時代に源頼朝などにより再建された。

三世一身の法

723年に出された開墾を奨励するための法。新たにかんがい用水を引いて開墾したものには、本人、子、孫の代にいたるまでその墾田の私有を許した。しかし、結局３代ののちには公地となるため、あまり効果はなかった。

墾田永年私財法

743年に出された開墾を奨励するための法。国司の許可を得、３年以内に開墾し終わるなどの条件で、墾田の永久私有を許した。このため全国で墾田が急増したが、やがて荘園を発生させることにつながり、律令制の基礎である公地公民の原則が崩壊した。

平安時代

平安京

794年、桓武天皇により現在の京都市にあたる場所につくられた都。以後、1100年間、日本の都となる。東西約4.6km、南北約5.3kmの規模で、つくりは、平城京と似ている。

律令政治のくずれ

723年に三世一身の法、743年に墾田永年私財法が相次いで出され、朝廷は土地の私有を認めるようになった。このように奈良時代には公地公民の原則は早くもくずれ始め、律令政治はほころび始める。

京都へ都を移した桓武天皇は律令制の立て直しをはかろうと、さまざまな改革を行った。改革はある程度の効果はあげたものの、荘園という私有地を認めている以上、根本的な解決にはいたらなかった。今さら貴族たちの荘園を取り上げ、公地公民制にするのは無理だった。荘園はしだいに増加し、藤原氏など一部の貴族の財源となっていき、次の摂関政治の土台となった。

不輸・不入の権

荘園に国家権力を立ち入らせないこと。不輸とは租税免除のこと。不入とは国司らの荘園への立ち入り禁止のこと。

遣唐使の停止

894年、菅原道真の進言により、遣唐使は停止されることになった。その理由は、朝鮮半島の新羅との関係が悪化したため唐までの航海が危険なことや、唐そのものがおとろえを見せ始めたことなどといわれる。

遣唐使の交通路

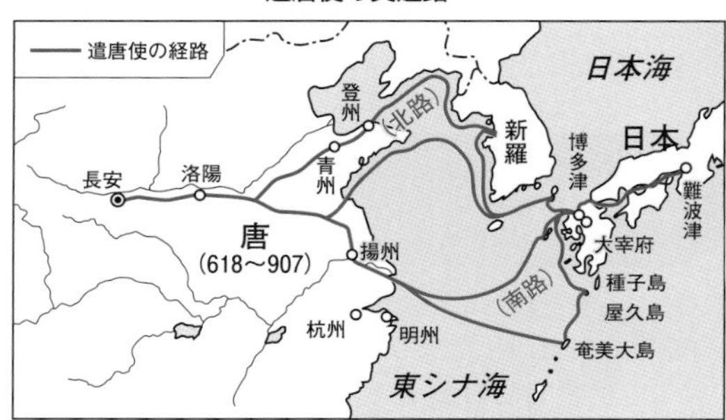

武士のおこり

律令政治がみだれてくると、地方の有力な農民や豪族の中には、自分の領地を守ろうと武装するものがあらわれた。このような一族がまとまって、大武士団となり、やがて源氏や平氏があらわれた。武士が歴史に名を残すのは935年の平将門の乱、939年の藤原純友の乱が初めて。この２つの乱をまとめて、承平・天慶の乱という。

平将門の勢力範囲

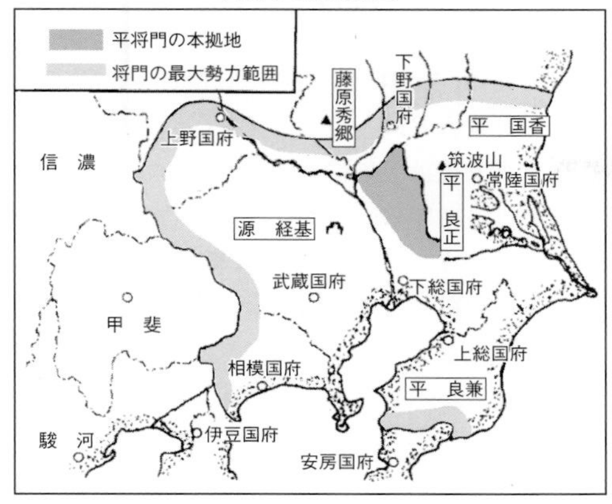

藤原氏の摂関政治

平安時代、中臣鎌足を祖とする藤原氏は摂政や関白の位につき、しだいに政治の実権をにぎるようになった。藤原良房は清和天皇の幼いときに摂政になり、成人すると関白となって政治を独占した。そして后には藤原氏の娘をとつがせ、天皇家と藤原氏は血縁関係を結ぶようになった。藤原道長のころには４人の天皇に４人の娘をとつがせ、全盛期をむかえる。しかし、その子頼通は天皇にとつがせた娘に皇子が生まれなかったため、摂関家と関係のうすい後三条天皇が天皇親政を始め、摂関政治はおとろえていった。

藤原氏の系図

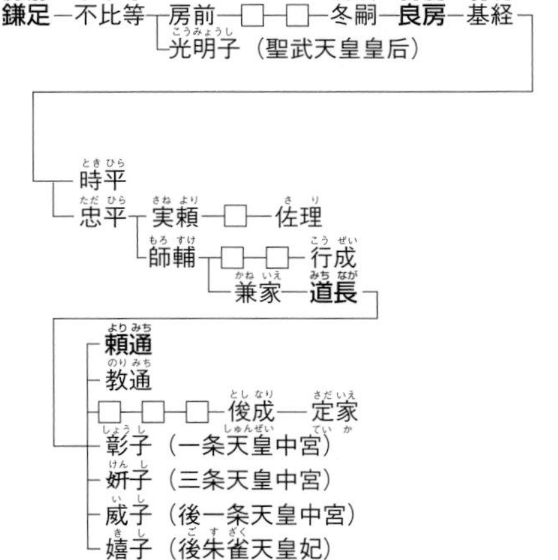

前九年合戦・後三年合戦

平安末期、東北地方でおこった２つの戦争。前九年合戦は朝廷に反発する陸奥の豪族安倍氏をたおすため、朝廷が源頼義・義家父子を派遣したことから始まった。頼義らは苦戦したが、出羽の豪族清原氏の助けを借り、勝利を収めた。これにより、源氏の勢力は関東を中心に東北地方まで広がった。後三年合戦は、前九年合戦後、力をのばした清原氏の内部争いから生じた。この乱をしずめた奥州藤原氏は以後、約100年間、清衡・基衡・秀衡の３代にわたって平泉を中心として全盛期をむかえた。藤原氏に協力した源氏は、東国を中心に勢力をのばしていった。

保元の乱・平治の乱

平安末期の内乱。1156年におこった保元の乱は、後白河天皇と崇徳上皇の対立、摂関家内での対立によっておこった。天皇方には源義朝、平清盛などの武士が味方につき、上皇側を破った。この乱は、武士が政治の世界に進出するきっかけとなった。1159年におこった平治の乱は、保元の乱後勢力をにぎった平清盛が源義朝をたおし、政界へ進出するきっかけとなった。

院政

天皇の位を退いたあとも、上皇の位につき、政治の実権をにぎること。院庁で政治を行ったことから院政といわれる。1086年に白河上皇が始めた。

平氏政権

平治の乱後、平清盛の行った政治。平氏は藤原氏と同じように、娘を天皇家にとつがせ、権力を強めようとした。また大輪田泊(今の兵庫港)を整備し日宋貿易を行った。これにより宋銭が大量に輸入され、のちの貨幣経済の発達を促した。

太政大臣

律令の官職の中では最高の位。必要なときにだけ置かれ、右大臣、左大臣とともに天皇を補佐し政治を行う。平清盛・足利義満・豊臣秀吉・徳川家康らは武家でありながらこの位についた。

源平の戦い

平安末期の源氏と平氏の一連の戦い。1180年の石橋山の戦いに始まり、1185年、壇ノ浦の戦いで平氏がほろび、終わる。

検非違使

平安、鎌倉時代の官職。京都の治安維持をおもな仕事とした。

奥州藤原氏

中尊寺金色堂

（写真提供　中尊寺）

平安末期の約100年間、平泉を本拠地として東北を支配した豪族。平将門の乱で活躍した藤原秀郷の子孫といわれる。前九年合戦・後三年合戦をへて、東北地方の支配を固めた。清衡ののち、基衡、秀衡と全盛期が続くが、泰衡のとき、源義経をかくまったとして頼朝にせめられ1189年に滅亡した。平泉にある中尊寺金色堂は当時の面影を残している。

鎌倉時代

征夷大将軍

奈良時代、東北地方の蝦夷を征伐するために臨時に置かれた軍の総指揮官をあらわす官職。797年には、蝦夷平定のために坂上田村麻呂が任命された。のちに源頼朝が鎌倉に幕府を開き、征夷大将軍の位を得ると、以後武家の最高の地位をあらわすようになった。

鎌倉幕府

鎌倉幕府は1192年よりも前にそのしくみのほとんどは整っていた。頼朝が征夷大将軍に任命された年である1192年が一般に鎌倉時代の始まりとされている。しかし、1180年にはすでに侍所が、1184年には公文所（のちの政所）、問注所が、また1185年には全国に守護・地頭がそれぞれすでに置かれていたため、この年が幕府の始まりだという意見もある。

頼朝によって整えられた武家政治のしくみは、以後、武家政治の基本とされた。

鎌倉幕府のしくみ

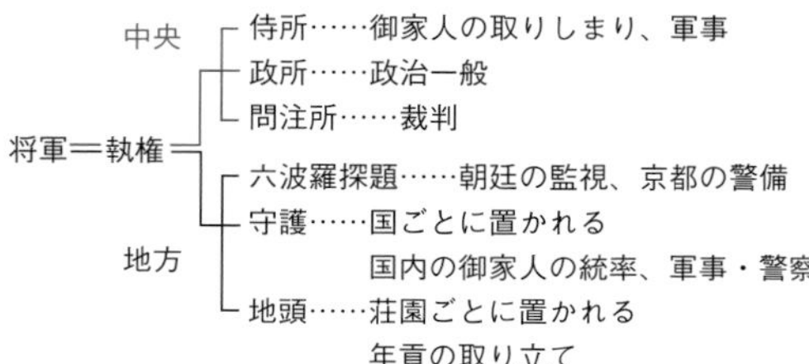

御恩と奉公

鎌倉時代の、土地を仲立ちとした将軍と御家人との関係。御家人とは、将軍と主従関係を結んだ武士のこと。御家人は、京都や鎌倉を守る仕事や、いざというときに将軍のもとへかけつけ（奉公）、それに対し将軍は今までの領地を保障し、また新たな領地をあたえた（御恩）。このように土地を仲立ちとした支配関係を封建制度という。

将軍と御家人の関係

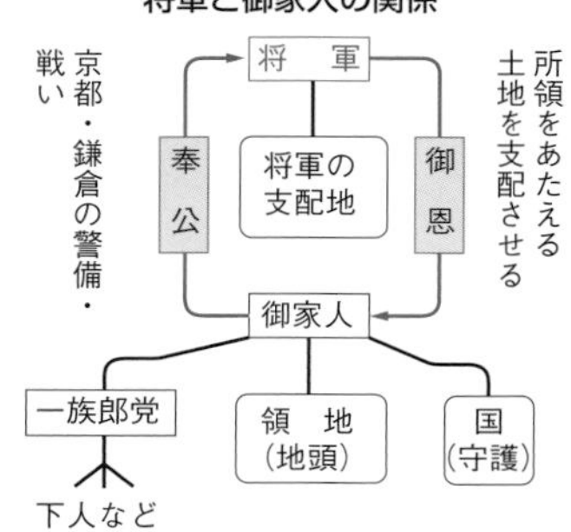

承久の乱

1221年、後鳥羽上皇が鎌倉幕府をたおそうとしておこした事件。結局、上皇側は幕府軍に負け、かかわった３上皇は島流しとなった。朝廷を監視する六波羅探題が京都に置かれたのはこのときから。乱後、幕府の力は全国へと広まっていく。

御成敗式目

1232年、北条泰時によってつくられた、武家社会のきまり。今まであいまいだった裁判の基準を定めた。51か条から成る。

『平家物語』

「祇園精舎の鐘の声　諸行無常の響あり　沙羅双樹の花の色　盛者必衰の理をあらわす　おごれる人も久しからず　ただ春の夜の夢のごとし　猛き者もついにはほろびぬ　ひとえに風の前の塵に同じ」

これは平家物語の書き出しの部分である。平家物語は鎌倉中期ごろに成立。作者は不明。平家一門の数十年の栄枯盛衰をえがいた物語。この平家物語は、盲目の琵琶法師によって節をつけて全国に語り広められた。

鎌倉時代の農民の暮らし

鎌倉時代になると、近畿地方で二毛作が始まり、麦を裏作として栽培するようになった。また、からすきを牛馬にひかせるなどして、農業技術の向上につとめた結果、収穫は増えるようになった。農民の中には、武具やなべ・かまなどをつくる職人もあらわれ、こららの品物を売買する定期市が全国で開かれるようになった。市では宋銭がさかんに使われた。

モンゴル帝国

チンギス・ハンが遊牧民族のモンゴル民族を統一。その後、ユーラシア大陸の大半を支配下に入れる。チンギスの孫、フビライ・ハンは中国の南宋をほろぼし、元を建てた。高麗（朝鮮半島）を手中に収めたのち、日本にもせめてきたが失敗。1274年の文永の役と1281年の弘安の役の２度にわたる元の襲来を元寇という。

元の進路

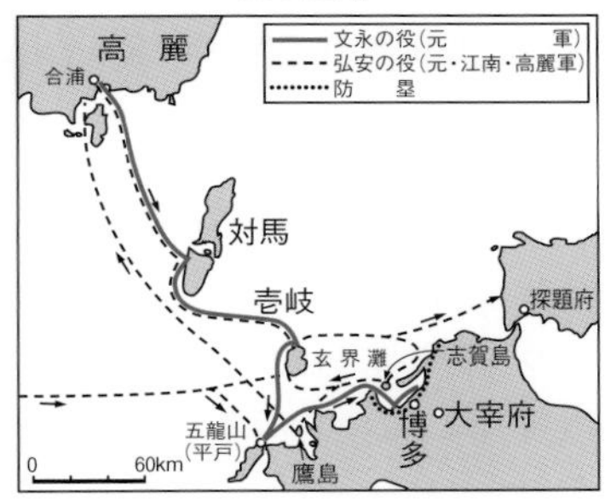

モンゴル帝国

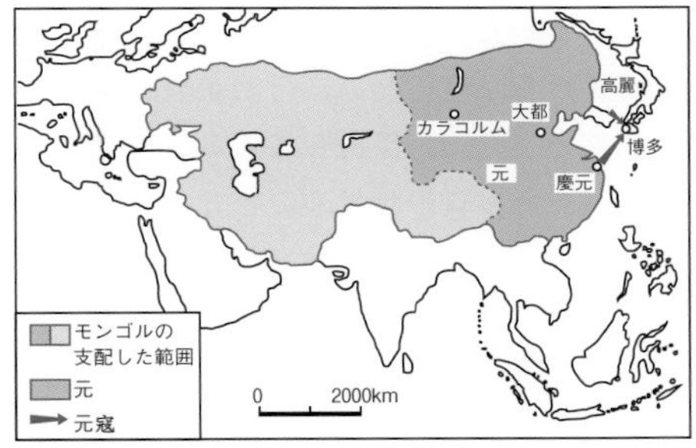

執権政治

源頼朝の死後、執権職についた北条氏が事実上の最高権力者となった政治体制のこと。３代執権北条泰時は執権の補佐役である連署を置き、また有力御家人で構成された評定衆による政治を行った。1232年の「御成敗式目」の制定により、北条氏による支配体制はじょじょに固まっていった。

源氏と北条氏の系図

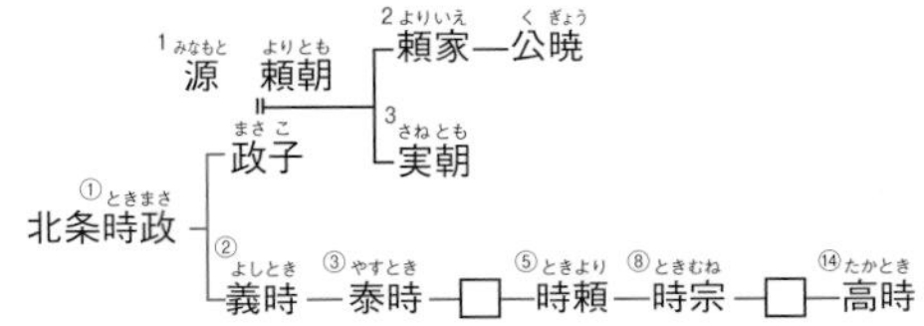

（１～３は将軍の順序　①～⑭は執権の順序）

永仁の徳政令

徳政とは本来、良い政治のことをあらわす。しかし、1297年に出された永仁の徳政令以降、借金のぼう引きを意味するようになった。元寇により、御家人は生活に困ったため多額の借金をし、武具や土地を手放すものまででてきた。これを見た幕府は徳政令を出した。しかし、効果はまったくなくかえって世の中の混乱を招き、だれも御家人には金を貸さなくなったため、御家人たちは幕府からしだいにはなれていった。

室町時代

建武の新政

1334年、鎌倉幕府滅亡後後醍醐天皇が行った独裁政治。しかし、武家政治を望む世に合わず、足利尊氏ら武家の反感を買ったため、失敗。のちに天皇は吉野へのがれた。

室町幕府

1338年、足利尊氏が征夷大将軍に任命されたのち、京都に開いた幕府。

室町幕府のしくみ

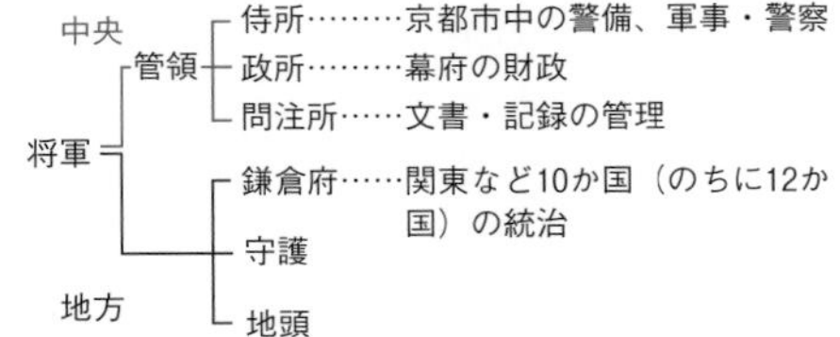

南北朝の対立と合一

鎌倉末期、後嵯峨天皇の跡継ぎ争いが朝廷を二派に分けた。後深草天皇の系統の持明院統と亀山天皇の系統の大覚寺統が争いをやめないため、幕府は両派から交代で天皇を出すことに決めた。ちなみに、鎌倉幕府をたおした後醍醐天皇は大覚寺統。後醍醐天皇が、のがれた吉野に大覚寺統の朝廷を置いたことから南朝とよばれ、両派の争いを南北朝の対立という。この両派が合一するのは３代将軍義満のときだが、本来なら後醍醐天皇が亡くなったすぐあとにでも合一できたはずだ。しかし、幕府内部で足利尊氏と弟の直義とが争っていたため、南北朝の統一は予想以上におそくなった。

応仁の乱

1467年から京都をおもな戦場とした戦乱。８代将軍足利義政の跡継ぎ争いをきっかけに、守護大名の細川氏と山名氏が対立し、全国の守護大名をまきこんだ戦乱。この乱以降、室町時代は秩序のない戦国時代へとなった。

応仁の乱の当時の京都

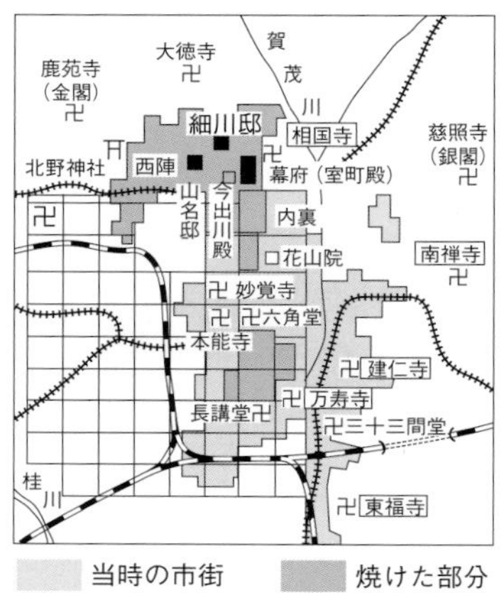

管領

将軍の補佐役。管領には足利氏の一族である、細川氏、斯波氏、畠山氏の３氏が交代でついた。

日明貿易

室町・戦国時代に日本と中国の明の間で行われた貿易。明が周辺の海域を荒らし回る倭寇の取りしまりと国交を求めたのがきっかけ。足利義満は貿易の利益で、とぼしい幕府の財源を補おうとし、積極的に取り組んだ。明からは明銭(永楽銭)・生糸・陶磁器などを輸入し、日本からは刀剣・銅などを輸出した。貿易船には勘合という証明書を持たせたため、勘合貿易ともいわれる。

勘合

明銭(永楽通宝)

琉球王国

15世紀初め、尚巴志が沖縄島全域を統一、首里城を中心として発展。アジアの中心に位置することから、東南アジア諸国と明・朝鮮・日本などを結ぶ中継貿易で栄えた。江戸時代になると薩摩藩の支配を受けるようになり、明治時代になると沖縄県として日本の領土に組みこまれた。

朝鮮王朝

1392年、高麗をほろぼした李成桂によって朝鮮半島に建てられた国。室町時代、日本への木綿の輸出がさかんだった。16世紀末に豊臣秀吉による朝鮮侵略が行われ、以後国交は断絶。江戸時代、将軍の代替わりごとに朝鮮通信使が派遣されたため友好関係は保ったが、幕府滅亡後、朝鮮は鎖国。明治政府は日朝修好条規を結び開国させたが、朝鮮を属国とする清と対立し、日清戦争の原因となった。1910年、韓国併合により滅亡した。

室町時代の農民の暮らし

鎌倉時代から室町時代にかけて、農業技術が進歩した。水車の利用により、今まで水の引けなかったところに田畑を開くことができるようになり、また家畜のふんなどを肥料として利用する堆肥や人糞尿を利用する下肥の利用も広まった。また二毛作や牛馬耕などもさかんに行われるようになった。このころから農民たちは惣村という自治組織をつくるようになり団結を強めた。農民らによる土一揆がおこるようになったのもこの時代のことである。

座

鎌倉・室町時代の商工業者などの同業者組合。支配者に一定の貢納をするかわりに、営業権の独占などを認めさせた。安土桃山時代になると、価格の高騰や流通をさまたげる原因となった。

正長の土一揆

1428年、農民らは徳政を要求して、京都や奈良の酒屋や土倉をおそい、借金の証文を破り捨て、質に入れていたものをうばった。結局徳政令は出され、これが農民のおこした初めての一揆である。以後、1485年には山城の国一揆、1488年には加賀の一向一揆など、全国で一揆がひんぱんにおこった。

室町幕府の滅亡

織田信長は、15代将軍足利義昭と対立したため、1573年、京都から将軍を追放、室町幕府をほろぼした。

戦国大名

戦国時代、実力によって成り上がった大名。室町幕府との関係を持っていた守護大名とちがい、戦国大名は分国法とよばれるきまりをつくり、自力で領国の経営にあたり、富国強兵につとめた。

下剋上

下の者が実力で上の者を打ち負かすこと。応仁の乱後、とくにこの風潮が強まった。このような戦国時代の社会の風潮を指すときもある。

鉄砲伝来

1543年、種子島に漂着したポルトガル人により、火縄銃(鉄砲)が伝えられた。やがて和泉の堺、近江の国友などでさかんにつくられるようになる。火薬は輸入にたよった。以後、鉄砲は戦国時代の戦法・築城に大きな影響をあたえた。

キリスト教伝来

1549年、スペイン人宣教師フランシスコ・ザビエルが布教のため鹿児島に来日して以来、西日本を中心にキリスト教は広まり、キリシタン(キリスト教徒)の数は急増した。秀吉以降は、民衆支配のさまたげになるとして、禁止、弾圧された。

安土桃山時代

楽市楽座

特権を持つ座などが市場を独占することを禁止し、自由に商人の出入りや営業をさせ、商業をさかんにするためにとられた政策。信長は安土を楽市楽座としたため、安土には諸国から多くの商人が集まった。

太閤検地

秀吉の行った検地のこと。検地帳をつくり、耕作人の名、田の面積、土地のよしあしなどが記録された。農民は土地の保有を認められたが、一方で年貢を確実にとられるようになった。また、今まで統一のとれていなかったますやものさしの統一も行われた。

刀狩

1588年、諸国の農民たちの武器所有を禁止した命令。これにより、武士と農民の区別が明らかになった。

関ヶ原の戦い

1600年、豊臣秀吉の死後、美濃の関ヶ原で行われた「天下分け目」の合戦。東軍は徳川家康、西軍は石田三成を大将とし毛利氏・島津氏などが味方についた。戦いは小早川氏の寝返りにより、家康の勝利に終わった。以後、徳川家の力はゆるぎないものとなり、その一方で豊臣家は急速におとろえていった。

江戸時代

江戸幕府

1603年、徳川家康が征夷大将軍に任命されたあと、江戸に開かれた武家政権。15代徳川慶喜が政権を朝廷に返還する1867年まで、265年間続いた。

江戸幕府のしくみ

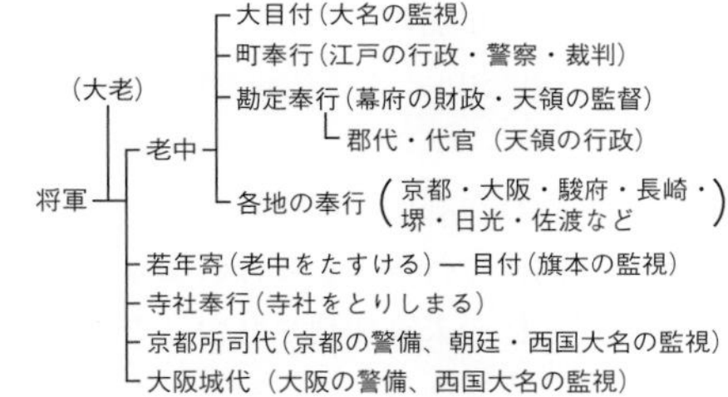

幕藩体制

江戸幕府と、その支配下にありながら全国各地で独立して領国を治めた藩による支配体制。幕府や藩が農民を支配し、農民から取り立てる年貢を基礎とする。

幕府の支配体制の構造

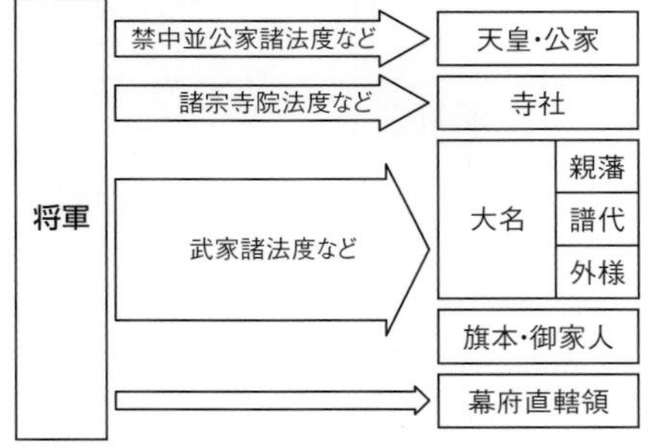

大名の配置

江戸幕府は1万石以上の領地を持つものを大名とし、それ以下の将軍直属の家来を旗本・御家人とした。大名は下のように3種類に分けられ、外様を遠隔地に置くなど、その配置には工夫がなされた。

親藩…徳川家一門の大名。親藩の中でも、尾張・紀伊・水戸を御三家といい、そのあつかいは別格であった。将軍家に跡継ぎがいない場合、ここから将軍の跡継ぎが出ることもあった。

譜代大名…関ヶ原の戦いより前から徳川氏に従っていた大名。

外様大名…関ヶ原の戦い以後、徳川氏に従った大名。

大阪の陣

1614・15年の、徳川家康が総力をあげて大阪城の豊臣氏をほろぼした2度の戦い。

武家諸法度

江戸幕府が大名を統制するために定めた基本法。1615年、2代将軍秀忠が出した元和令が最初。1635年、3代将軍家光のときの寛永令で参勤交代制度や、大船建造の禁止などが加わった。

参勤交代

1635年に定められた制度。これにより、大名は1年ごとに江戸と国元を行き来しなければならなくなり、妻子は江戸に住むよう強制された。これによる諸大名の出費は莫大であった。しかし、五街道が整えられ、宿場が発達するなど、経済効果は大きかった。

参勤交代

（仙台市博物館蔵）

絵踏・寺請制度

絵踏は、幕府が行った、キリシタンを探し出すための方法。銅製の聖画を板にはめこみ、これをふませた。寺請制度は、すべての人を必ずどこかの寺に属させ、檀家がキリシタンではないことを証明させるというしくみ。

絵踏

島原・天草一揆

1637～38年にかけておこったキリシタンと農民による一揆。大将は天草四郎(時貞)。

鎖国

江戸幕府が権力を独占するために外国との関係を制限した政策。この政策をとった目的はいくつかあった。まず、貿易の利益を独占するためである。貿易はキリスト教の布教に関係のないオランダ・清(中国)のみと行い、港は長崎に限った。こうすることで貿易の利益を独占することができた。もうひとつは、キリスト教を禁止するためである。キリスト教の、神の前ではみな平等、という考え方は幕府の支配体制とそぐわなかったからである。

本百姓と水呑百姓

江戸時代、土地を所有し、年貢を納める義務を負った農民が本百姓。土地を持たず、年貢を納める義務もない農民が水呑百姓。水呑の多くは他人の田畑を借りて耕作し、生計を立てていた。江戸時代も半ばを過ぎると、商品経済の発展で、本百姓から商品作物を中心に耕作する水呑になる者も多かった。

三都

政治の中心地で「将軍様の御膝元」といわれた江戸、商業の中心地で「天下の台所」といわれた大阪、文化の中心地で「天子様の御膝元」といわれた京都のこと。

農業の発達

江戸時代には、新しい農具がつぎつぎと開発された。備中ぐわ・千歯こき・とうみなど。これらの農具が開発されたことにより、農作業にかける時間は短くなった。また、干鰯や油かすなどの金肥といわれる肥料を手に入れ、高く売れる商品作物が各地でつくられるようになった。こうして農民も貨幣を手にするようになった。こうした農業の発達が、貨幣経済の発達をまねいた。

株仲間

江戸時代に幕府や藩が許可した、独占的な商人・職人の同業者組合。田沼時代になると市場を独占するため、運上・冥加金などの税を、幕府や藩に納めるようになった。1841年、水野忠邦は株仲間解散令を出したが効果はなかった。

両替商

貨幣経済の発達により、江戸時代、金・銀・銅の３貨の交換をはじめ、貸し付け・預金・為替・手形の発行など、今の銀行のような役割を担った商人のこと。三井・鴻池などは、豊かな資金を元手に両替商となり、大商人に成長し、明治時代以降、財閥として経済界をリードすることになる。

江戸の三大改革

商業の発達によって、貨幣経済が広まると、農村を土台としていた幕府体制はしだいにゆらいできた。支出が増えるばかりで窮乏する財政を立て直すため、幕府は次の３つの改革を行った。

- **享保の改革**…目安箱、公事方御定書、足高の制、上米の制、漢訳洋書の輸入、さつまいもの栽培
- **寛政の改革**…帰農令、棄捐令、寛政異学の禁、囲い米
- **天保の改革**…株仲間の解散、人返しの法、上知令

百姓一揆

江戸時代の農民一揆のこと。18世紀後半になると、凶作などにより、一揆の規模は拡大、件数も激増した。幕末には全国でひんぱんにおこり、幕府に大きな打撃をあたえた。

百姓一揆・打ちこわしの発生件数

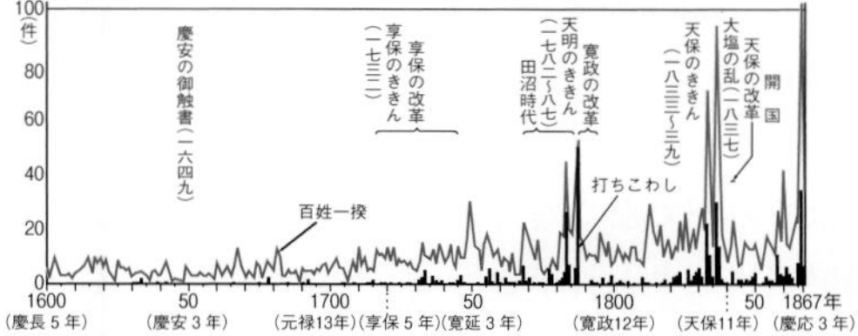

打ちこわし

江戸時代の、米価の高騰などが原因で、都市でおこった暴動。米屋・質屋・酒屋などをおそい、米の安売りを要求したり、金や商品をうばった。幕末には全国でひんぱんにおこり、農民一揆と同様、幕府に大きな打撃をあたえた。

朱子学

中国の孔子の教えを中心にした思想である儒学(儒教)は、古くから日本人の思想や考え方に影響をあたえてきた。江戸時代、幕府は君臣・父子などの上下の秩序を重んじることを説いた、儒学の一派である朱子学を重んじ、武家の道徳教育に利用した。封建的な秩序を守ろうとする幕府にとって都合のよい理論だった。

国学

『古事記』、『万葉集』などをもとに、古い時代の日本人の心を明らかにしようとする学問。のちの尊王論と結びついていく。

蘭学

オランダ語を通じて、西洋の学問やことばの研究をする学問。学問をとおして外国のようすを知った蘭学者たちは幕末に開国論を唱えた。

外国船の接近

1792年、ロシアのラクスマンが根室に来航後、欧米列強はつぎつぎと鎖国中の日本にやってきた。しかし、日本はこれを拒否し続けた。1842年、アヘン戦争で清がイギリスに負けると、日本は異国船打払令を取り止め、1853、54年のペリーの来航により開国した。

外国船の接近

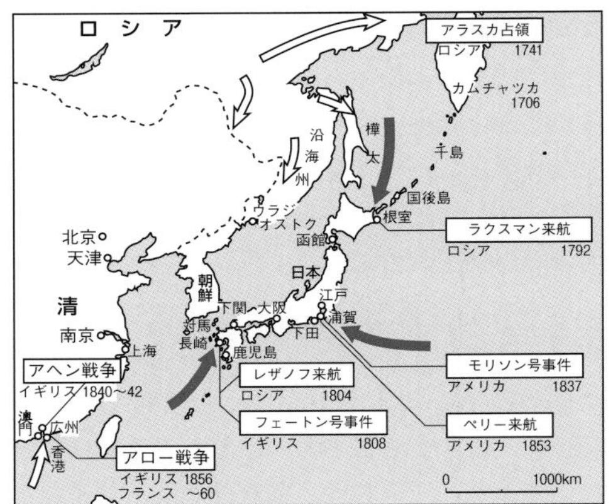

蛮社の獄

1837年、アメリカの商船モリソン号が浦賀に来航した。そのとき幕府は異国船打払令により、商船を追い返した。この幕府の政策を批判した蘭学者、渡辺崋山や高野長英らが処罰された事件。

異国船打払令

外国船が日本に接近することが多くなった1825年に出された、沿岸に近づく外国船を砲撃せよ、という命令。1840～1842年のアヘン戦争で清がイギリスに敗れたあと、廃止された。

日米和親条約

1854年にアメリカのペリーとの間で結ばれた条約。下田と函館の２港を開き、燃料・水・食料などをアメリカ船に供給することを約束した。その後、同じ内容の条約をイギリス・ロシア・オランダとも結んだ。この条約により、約200年あまり続いた鎖国は終わりをつげた。

日米修好通商条約

1858年に大老井伊直弼とアメリカのハリスとの間で結ばれた条約。函館・神奈川・長崎・新潟・兵庫の５港を開き、自由な貿易を行うことを約束した。しかし、この条約は日本側が自由に関税をかけられず(関税自主権がない)、また、日本にいる外国人を日本の法律で裁くことができない(治外法権を認める)という２点で、不平等なものだった。その後、同じ内容の条約をイギリス・ロシア・オランダ・フランスとも結んだ。

安政の大獄

1858年、大老井伊直弼が、日米修好通商条約を天皇の勅許を得ないまま調印したことや、14代将軍に家茂を決めたことに反対した大名などを処罰した事件。橋本左内、吉田松陰らが処刑され、水戸藩主徳川斉昭、一橋(徳川)慶喜らも処分を受けた。これにより反感を買った井伊は、水戸藩の浪士に江戸城の桜田門で暗殺された。これを桜田門外の変という。

西南雄藩

薩摩藩・長州藩・土佐藩・肥前藩のこと。いずれの藩も幕末に財政再建・軍事力強化などの藩政改革に成功し、のちの倒幕運動の中心となった。

公武合体

弱体化した幕府を維持するために、幕府と朝廷との結びつきを強める政策。14代将軍家茂と皇女和宮との結婚は、この政策をおし進めるために実現した。

尊王攘夷運動

開国後、世の中に混乱をもたらした外国勢力を打ち払い(攘夷)、朝廷を中心とした政治を行おう(尊王)という２つの考えが幕末に広がった。薩長両藩は攘夷を実行しようとしたが、薩英戦争や四国艦隊下関砲撃事件で、共に攘夷は無理と判断。のち倒幕がその目的となる。

薩長同盟

土佐の坂本龍馬がその仲介役をつとめ、薩摩藩と長州藩が倒幕のために1866年に結んだ同盟。以後倒幕運動の最大の力となる。

大政奉還

1867年10月、15代将軍徳川慶喜が朝廷に政権を返上したこと。

王政復古の大号令

薩長が朝廷側と計画を立て、ひそかに実行されたこの号令によって、大政奉還で約束された幕府の地位はまったくなくなった。その後、新政府は15代将軍慶喜に征夷大将軍を辞し、領地を朝廷に返すよう命じた。このあと、これを不服とする旧幕府軍と明治新政府軍の戦いである戊辰戦争が始まる。

戊辰戦争

1868年の鳥羽・伏見の戦いに始まり、1869年の函館五稜郭の戦いに終わる、旧幕府軍と明治新政府軍の一連の戦い。約1年5か月におよぶこの戦いは新政府軍の勝利に終わった。

明治・大正・昭和(戦前)時代

五箇条の御誓文・五榜の掲示

五箇条の御誓文は1868年に出された明治政府の基本方針。政治は会議を開いて決める、外国のよいところは取り入れる、などがその内容。

一方、五榜の掲示(五枚の立て札)は民衆に対して出された禁止事項。その内容は一揆やキリスト教の禁止など、江戸時代とたいして変わらないものだった。

明治維新

1868年から始まった、一連の政治改革。

- **版籍奉還**(1869年)…これまで大名が治めていた土地(版)と人民(籍)を朝廷に返させ、藩主は知藩事としてそのまま領地を支配した。
- **廃藩置県**(1871年)…藩を廃し、府・県を置いた改革。中央政府から府知事・県令が任命され、元の知藩事は東京に在住させた。これにより中央集権のしくみが整えられた。

府県制の動き

1869年	蝦夷地を**北海道**と改称（11国86郡） 開拓使設置
71	**廃藩置県**（３府302県→３府72県）
76	３府35県
79	**沖縄県**設置
82	北海道に札幌・函館・根室3県をおく
86	北海道庁設置（内務省直轄）
88	３府43県716郡（除北海道）
90	府県制・郡制公布
1943	**東京都**制施行、１都２府43県
45	敗戦、１都２府42県（沖縄県を失う）
47	地方自治法（48年北海道も適用） １道１都２府42県
72	１道１都２府43県（沖縄復帰）

- **地租改正**(1873年)…土地の私有を認め、地主には地価(土地の値段)の３％を現金で納めさせた。これにより、政府の財源は豊作、凶作に関係なく安定した。

政府が地主にあたえた地券

(新潟県立文書館提供)

- **徴兵令**(1873年)…20歳以上の男子すべてに兵役の義務を負わせる法令、国民皆兵制度をとった。

文明開化

明治初期の欧米諸国を手本とした近代化現象をさすことば。明治政府は「殖産興業・富国強兵」をスローガンに、近代的な技術や社会制度、風俗や習慣の輸入を進めた。学制の施行、鉄道の開通、お雇い外国人を招くなど、このとき流入した西洋文化が人びとの生活にあたえた影響は大きかった。

銀座通りの文明開化をえがいた錦絵

(神奈川県立歴史博物館蔵)

岩倉遣米欧使節団

岩倉具視を全権大使とし、1871年に欧米に派遣された使節団。２年あまりでアメリカ・イギリス・フランス・ベルギー・オランダ・ドイツ・ロシア・デンマーク・スウェーデン・イタリア・オーストリア・スイスの12か国をおとずれた。大久保・木戸・伊藤などの政府関係者のほか、留学生などもふくめ、107名が進んだ欧米のようすを目にした。条約改正が目的のひとつだったが、欧米の進んだ文化を取り入れるのがまず必要と考えた政府は、帰国後、欧米諸国を手本とし、近代化につとめた。

征韓論

幕末から明治初期におこった。朝鮮を武力でせめこみ開国させようという考え。西郷隆盛・板垣退助らが主張した。しかし、大久保利通・木戸孝允らの反対で実現せず、敗れた征韓派らは政府をやめた。

西南戦争

1877年、征韓論に敗れたのち、薩摩へ帰った西郷隆盛が、不平士族らとともにおこした、最後で最大の武力による士族の反乱。

自由民権運動

板垣退助は、特定の藩の出身者によって行われている今の政治は藩閥政治であると批判し、国民のための政治を行うべきだ、と全国に運動を広めた。彼は国民の選んだ議員から成る国会を開設せよとうったえ、1890年に国会を開く約束をさせた。

内閣制度

1885年、今までの太政官制に代わって設けられた、政治を行う最高機関。初代内閣総理大臣は伊藤博文。

政党

同じような政治の考えを持つ政治家の集まり。

大日本帝国憲法

1889年２月11日発布。君主の力が強いプロシアの憲法を手本としてつくった。国民の基本的人権は、条件付きで認められていた。伊藤博文が制定の中心となった。

帝国議会

大日本帝国憲法下における立法機関。衆議院と貴族院から成る。貴族院は特権階級の貴族の中から天皇が選出し、衆議院は選挙により代表者を選出した。現在の国会と比べると権限は弱い。大正時代以降は政党政治が行われ、衆議院の地位が高まったが、軍部の台頭により、議会の地位は低下していった。

日清戦争

朝鮮半島をめぐる、日本と中国(清)の戦争。朝鮮でおこった甲午農民戦争をきっかけに日本と清が衝突、戦争となった。日本は近代的な軍隊・武器をそろえていたため、日本が勝利した。戦争後下関条約を結び、日本はリャオトン半島、台湾、多額の賠償金を手に入れた。しかし翌年、ロシア・フランス・ドイツはリャオトン半島を返すように申し入れてきた。これを三国干渉という。軍事力が十分でない日本は、リャオトン半島を清に返した。

日清戦争での日本軍の進路

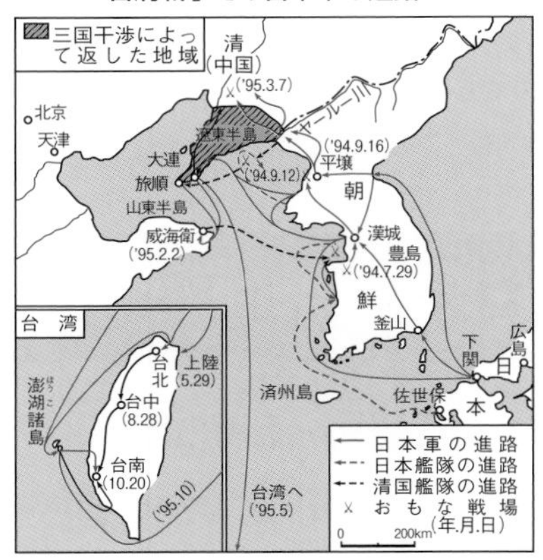

日英同盟

イギリスはロシアの南下を防ぐことを目的として、1902年に日本とイギリスとの間で結ばれた同盟。日本が第一次世界大戦に参戦したのはこの同盟を結んでいたためである。

日露戦争

清・朝鮮半島をめぐる、日本とロシアとの戦争。清でおこった義和団の乱をきっかけに、日本とロシアが衝突、戦争となった。日本は日本海海戦で勝利したが、兵器弾薬不足でこれ以上戦争が続けられなくなり、ロシア国内でも内政が不安なことから、翌年、アメリカのセオドア・ルーズベルト大統領の仲介でポーツマス条約を結び、日本は朝鮮半島における指導権、リャオトン半島の南端の旅順、大連、南満州における鉄道の権利、樺太の南半分などを得た。しかし、賠償金は得られなかった。

日露戦争での日本軍の進路

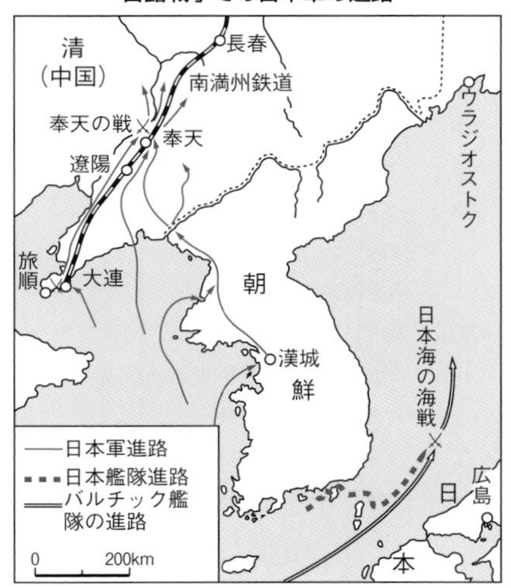

条約改正

幕末に結ばれた不平等条約の改正は、日本の近代化が整うに従い進んだ。1894年には外務大臣陸奥宗光がイギリスと治外法権の撤廃に成功し、1911年には外務大臣小村寿太郎がアメリカと関税自主権の回復に成功した。

韓国併合(日韓併合)

日露戦争後、朝鮮半島への侵略を進めていった日本は、伊藤博文を初代統監とする統監府を置いた。伊藤がハルビンで暗殺された翌年の1910年、日本は朝鮮半島を植民地とし、以後1945年まで、朝鮮総督府による支配が続き、人びとに日本語の使用を強制させたり、神社に参拝させたり、日本で労働させるために強制連行したりするなどした。

第一次世界大戦

ヨーロッパは三国同盟(ドイツ・オーストリア・イタリア)と、三国協商(イギリス・フランス・ロシア)の２つに分かれて対立していたが、1914年のオーストリアの皇太子がセルビアの青年に暗殺された事件をきっかけに戦争が始まった。日本は日英同盟を結んでいたため連合国側として参戦。飛行機・戦車・毒ガスなどの新兵器が登場し、死傷者は莫大な数になった。1917年、アメリカが連合国側として参戦すると、ドイツを中心とする同盟国側が負け、1919年、フランスのパリでベルサイユ条約が結ばれた。

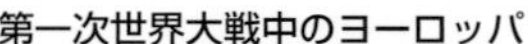
第一次世界大戦中のヨーロッパ

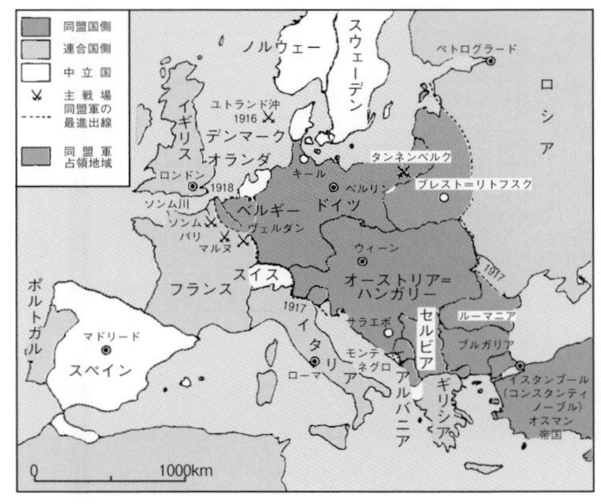

大戦景気

第一次世界大戦中、欧米諸国が戦争で手いっぱいのとき、日本は中国をはじめとするアジア市場で急速に輸出をのばした。とくに軍需産業のいちじるしいのびなどで、船成金、鉄成金などといわれるにわか金持ちがあらわれた。この景気により、日本の経済状況は好転したが、この景気が一時的なものに終わったため、戦後、大部分の人びとは米価の高騰などの物価高に苦しむようになった。

第一次世界大戦後の物価の動き

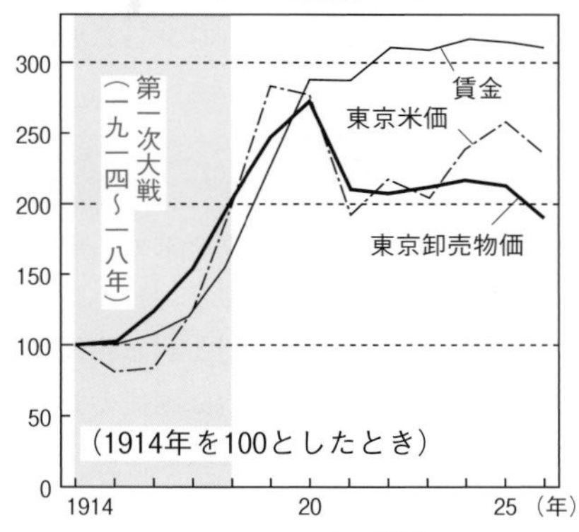

第一次世界大戦前後の貿易

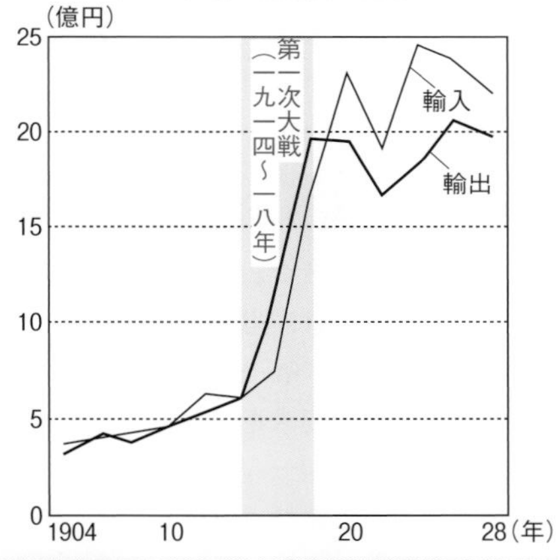

国際連盟

第一次世界大戦後の1920年、世界平和を維持するために設立された国際組織。本部はスイスのジュネーブ。アメリカ大統領ウィルソンの提案による。日本は常任理事国。アメリカは不参加。

ワシントン軍縮会議・ロンドン軍縮会議

ワシントン軍縮会議は、1921年、日・米・英・仏・伊の５か国間で軍艦の保有トン数を取り決めた会議である。1930年にはロンドン軍縮会議が開かれ、補助艦の保有総トン数を取り決めた。日本は米・英の６割ほどしか保有を認められなかったが、浜口雄幸内閣は批准した。しかし、そのためのちに浜口は暗殺された。

二十一か条の要求

第一次世界大戦中の1915年に、日本が中華民国に対してつきつけた要求。その内容は、山東省におけるドイツ権益をそのまま日本が引き継ぎ、また、政府の重要なポストに日本人を採用するという、実質的に中国の独立をうばうような内容であった。抵抗する中華民国政府をおさえ、5月9日に要求を認めさせた。

大正デモクラシー

第一次世界大戦後、民主主義を求める風潮が世界中で広まった。大正時代になると、日本では吉野作造がデモクラシーを「民本主義」と訳し、民主主義の必要性を説いた。吉野は、政治は国民の意見を尊重して行われるべきだとし、議会政治や政党政治、普通選挙の実現などを主張した。これにともない、都市では労働運動が活発になり、農村では小作料の引き下げを要求する小作争議がさかんになった。また、差別されていた人びとが全国水平社を結成し、部落解放運動を始めた。

憲政擁護運動(護憲運動)

藩閥政治に反対し、政党政治を行うことを求める運動。政友会の尾崎行雄、国民党の犬養毅や新聞記者などが中心となった。第一次護憲運動では、第2次西園寺内閣が軍部の要求を聞き入れなかったため総辞職に追いこまれたことから始まり、つぎの桂太郎内閣を総辞職に追いこんだ。1924年、政府が貴族院を基盤とした内閣をつくると第二次護憲運動が盛り上がりを見せ、総選挙の結果、政党による内閣が生まれた(護憲三派内閣)。これ以降、1932年の五・一五事件で犬養毅が暗殺されるまで、政党内閣は「憲政の常道」となった。

普通選挙運動

納税額の制限がない選挙権の獲得を目指した運動。1889年、衆議院議員選挙に始まった日本の選挙は、その後、長く納税額による制限選挙が行われていた。しかし、大正デモクラシー以降、運動は盛り上がりを見せ、ついに1925年、普通選挙法が成立。25歳以上のすべての男子が選挙権を持つようになった。しかし、婦人参政権が実現するのは戦後のことである。

婦人参政権運動

女性が政治に参加する権利の獲得を目指す運動。大正・昭和時代に市川房枝らを中心に本格的な活動を行った。戦後の民主的改革によって、20歳以上の男女に参政権が認められ、婦人参政権は実現した。

政党内閣

議会で多数をしめた政党を基礎につくられた内閣のこと。最初の政党内閣は、1898年の第1次大隈重信内閣。本格的な政党内閣は1918年の原敬内閣が初めて。以後、1932年の五・一五事件で犬養毅が暗殺されるまで政党内閣による政治が続いた。

米騒動

1918年、第一次世界大戦中の大戦景気後の物価高、そしてシベリア出兵による米価の高騰により、富山の漁村の主婦らが米屋をおそった。これが新聞で報道されると、全国に米騒動が広がり、寺内正毅内閣はこれを軍隊の力でしずめた。

普通選挙法・治安維持法

1925年、普通選挙法が制定され、25歳以上のすべての男子に選挙権が認められ、納税額による制限のない普通選挙となった。しかし、これと同時に治安維持法が制定され、国の政治の批判をするなどの社会運動はこれまで以上に厳しい取りしまりが行われるようになった。

選挙権の拡大

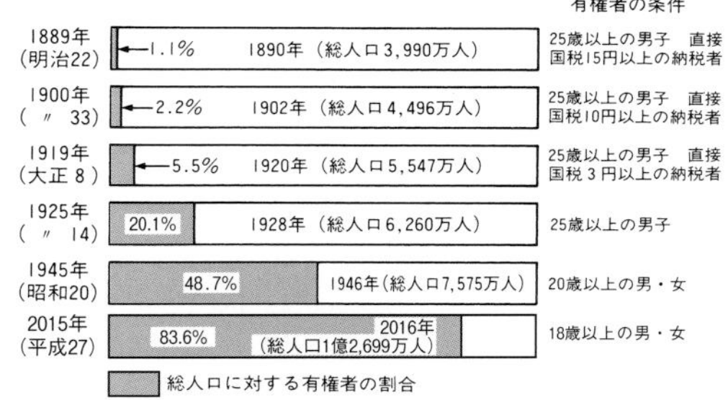

満州事変

1931年、柳条湖事件を口実に、関東軍(満州に駐留する日本の陸軍部隊)は中国を攻撃。翌年、中国の東北部に、日本のかいらい政権である満州国を建国した。

国際連盟脱退

満州事変の不当性を問われた日本は1933年、国際連盟を脱退した。以後、国際的に孤立した日本は戦争への道へとつき進んでいく。

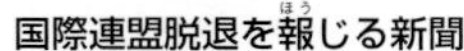
国際連盟脱退を報じる新聞

聯盟よさらば！
總會勸告書を採擇し
我が代表堂々退場す
四十二對一票、棄權

五・一五事件・二・二六事件

1932年５月15日に犬養毅首相が暗殺され、1936年２月26日には若い陸軍将校らが政府の要人を殺傷し、東京を占拠した。これら２つの事件により、日本の政党政治は終わりをむかえ、軍部主導による政治が本格的に始まった。

日中戦争

北京郊外の盧溝橋事件をきっかけにして、1937年、日本と中国との間でおこった戦争。首都南京を占領したのは、同年の12月だが、民衆の抵抗が激しく、都市と線路を占領するだけで、戦争は長びき、これに行きづまった日本は、太平洋戦争へ突入する。

日本の中国侵略

第二次世界大戦

1939年、ドイツがポーランドにせめこんだことで始まった世界戦争。1940年ころには日本は豊富な資源を手に入れるため、東南アジアへも手をのばし、ドイツ・イタリアとともに日独伊三国軍事同盟を結んで、連合国側の米・英・仏などと対立を深めていった。1941年12月８日、日本はハワイの真珠湾を攻撃してアメリカ・イギリスに宣戦布告し、太平洋戦争が始まった。

第二次世界大戦中のヨーロッパ

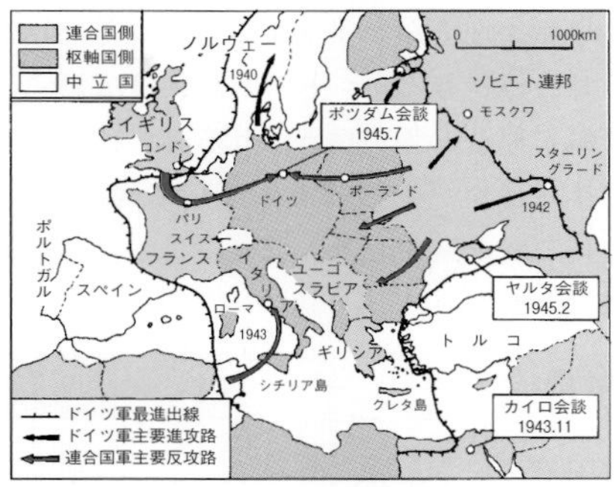

太平洋戦争

日中戦争での行きづまりのため、資源の豊かな南に目を向けた日本は、1940年フランス領インドシナに侵入。これによりアメリカと対立し、ついに1941年12月８日、陸軍はイギリス領マレー半島に上陸し、海軍はアメリカのハワイにある真珠湾を攻撃、アメリカやイギリスに宣戦布告した。はじめ日本は勝ち進み、アジアの広い地域を占領したが、1942年のミッドウェー海戦でアメリカに敗れると、しだいに戦況は悪くなっていった。日本本土もアメリカ軍の空襲を受け、また1945年４月にはアメリカ軍が沖縄に上陸し多数の犠牲者を出した。

1945年８月６日に広島に、８月９日に長崎に原子爆弾が投下され、日本は８月14日にポツダム宣言を受諾して無条件降伏し、翌15日にこれを発表した。

この1931年の満州事変から太平洋戦争までの一連の戦いを、まとめて15年戦争ともいう。

真珠湾攻撃

（ロイター＝共同）

昭和(戦後)時代

ポツダム宣言受諾

アメリカ・イギリス・中国の首脳の名で発せられた日本に無条件降伏を要求する共同宣言。日本ははじめこれを無視したが、8月6日には広島に、9日には長崎に原子爆弾が投下されると、1945年8月14日、日本はポツダム宣言を受諾して無条件降伏し、翌15日にこれを発表した。以後、日本は連合国の占領下に置かれた。

GHQ

連合国最高司令官総司令部のこと。太平洋戦争後の日本を占領・管理するために、1945年、東京に設置。初代最高司令官はマッカーサー。1952年のサンフランシスコ平和条約の発効により廃止されるまで、日本国憲法の制定、教育基本法の制定、農地改革、財閥解体、軍隊の解散、治安維持法の廃止、選挙権の拡大などを行い、日本の民主化を進めた。

厚木に降り立ったマッカーサー元帥

(写真提供 共同通信社)

農地改革

GHQの指令によって行われた、戦後の民主化政策のひとつ。農村の民主化をはかるため、地主制の解体と自作農の創設を目的とした。不在地主の全小作地と、在村地主の保有限度をこえる農地が対象。こうした農地を政府が買収し、小作農に売りわたすという方法で実施された。この農地改革によって、1947年から1950年の間に、全国の小作地の88%弱の買収・売りわたしが行われた。

財閥解体

GHQの指令によって行われた、戦後の民主化政策のひとつ。経済の民主化をはかるため、一部大企業による日本経済の支配をなくすことを目的とした。具体的には、三井や三菱、住友などの財閥や大企業の資産の自由な運用を停止し、財閥系企業の持ち株会社(財閥本社)を解体。そうすることによって、大企業の独占状態をなくし、より多くの企業が自由に競争することができるようにしようとした。しかし、占領政策の転換から、大企業の分割・再編は着手はされたものの、不徹底に終わった。

サンフランシスコ平和条約

1951年、日本と連合国48か国との間で結ばれた講和条約。日本からは吉田茂首相が出席。この条約によって日本は主権を回復。朝鮮の独立を承認し、台湾・千島列島・樺太などを放棄し、小笠原・沖縄などをアメリカが統治することに同意した。ソ連は、条約の内容に反対したため、日本との間に平和条約を結ばず、また、中国は会議に出席しなかった。

日米安全保障条約

サンフランシスコ平和条約と同時にアメリカと結んだ条約。日本の安全と極東の平和を守るという理由で、日本は国内にアメリカ軍が駐留することと基地の使用を認めた。

日本国憲法

1946年11月3日に公布、1947年5月3日に施行。国民主権・平和主義・基本的人権の尊重を三原則とする。

国際連合

第二次世界大戦後につくられた国際平和組織。本部はニューヨーク。日本は日ソ共同宣言後の1956年に加盟。

ニューヨークの国際連合本部

(DPA／共同通信イメージズ)

冷戦

第二次世界大戦後の、アメリカを中心とする資本主義陣営と、ソ連を中心とする社会主義陣営との対立をいう。２つの陣営を率いるアメリカとソ連が直接戦火を交えることなく対立したために、「冷戦(冷たい戦争)」といわれた。この冷戦のもとで行われた戦争には、朝鮮戦争やベトナム戦争などがあり、多くの犠牲者を出した。また、ドイツにあるベルリンの壁は冷戦の象徴であったが、1989年にこわされ、翌年東西ドイツは統一した。

朝鮮戦争

朝鮮では北緯38度線を境に、北の朝鮮民主主義人民共和国と南の大韓民国が対立していたが、1950年、両国の間で戦争が始まった。米軍を主とする国連軍が南の大韓民国を応援すると、中華人民共和国が義勇軍をおくりこんで北を応援し、戦争は激化した。1953年に休戦協定が調印された。日本はこの戦争により、今の自衛隊の前身である警察予備隊を発足させた。また、アメリカからの軍需品の注文が大量に入ったため、朝鮮特需をむかえ、戦前の水準にまで経済が復活した。

自衛隊

1950年に朝鮮戦争が始まると、アメリカは日本を自国の資本主義陣営に組みこもうとする政策を打ち出し、日本に自衛力を持つように指示した。これを受けて警察予備隊がつくられ、1952年には保安隊と名を変え、さらに1954年には自衛隊と名を変えて自衛力を増強させた。陸上自衛隊・海上自衛隊・航空自衛隊から成る。

日ソ共同宣言

1956年10月19日調印。日本とソビエト連邦(現ロシア連邦)との間の国交を回復するための宣言。全９条から成り、戦争状態の終結、日本の国連加盟支持、通商貿易関係の再開などが定められた。また、平和条約締結後の歯舞群島・色丹島の日本への引きわたしも合意された。これにより、同年12月、日本の国連加盟が実現した。

日韓基本条約

1965年12月18日、ソウルで批准書を交換。これによって、日本と大韓民国との間の外交関係が開設された。また、1905年の保護条約や1910年の併合条約の無効、大韓民国を朝鮮にある唯一の合法政府であることの確認なども定められた。

沖縄返還

1972年５月15日、沖縄がアメリカから返還され、沖縄県が誕生した。沖縄返還を実現させた佐藤栄作首相は、「核ぬき、基地本土並み」を宣伝したが、現在でも、沖縄のアメリカ軍基地をめぐる問題は解決していない。

日中共同声明

1972年９月29日、中国をおとずれた田中角栄首相と中国の周恩来首相とによって、日中共同声明の調印が行われ、日中国交回復が実現した。この共同声明によって、日本は、中華人民共和国を中国で唯一の合法政府と認め、日中両国の外交関係が樹立された。なお、1978年には日中平和友好条約が結ばれた。

原水爆禁止運動

1954年、中部太平洋でまぐろ漁をしていた第五福竜丸は、アメリカの水爆実験に出あい、放射能を浴びた。これによって、乗り組んでいた久保山愛吉氏が亡くなった。この事件がきっかけとなり、原水爆禁止運動が全国的な高まりを見せ、1955年、広島で第１回原水爆禁止世界大会が開催された。

非核三原則

「核兵器を、持たず、作らず、持ちこませず」という原則で、日本政府の核政策を表明している。1967年に当時の佐藤栄作首相が初めて表明。その後、沖縄返還交渉で「核ぬき、本土並み」を主張し、この原則を明確化していった。この原則の中で、とくに問題になったのは、「持ちこませず」という原則であった。日米安全保障体制のもとで、アメリカ軍の艦船や航空機が核兵器を搭載していないかどうかを確認する手段もなく、疑惑が持たれた。しかし、政府は、アメリカ側からの事前協議がない以上、持ちこまれていない、との立場を堅持した。

高度経済成長期

1950年半ばから、1970年代の初めまでの経済成長がいちじるしかった時期。とくに発展したのは1960年代である。いち早く戦後の復興を成しとげた日本は、経済大国への道へとつき進んでいった。国民の生活水準は向上したが、公害問題や過疎・過密問題など、多くの社会問題を生み出した。

鉱工業生産ののび

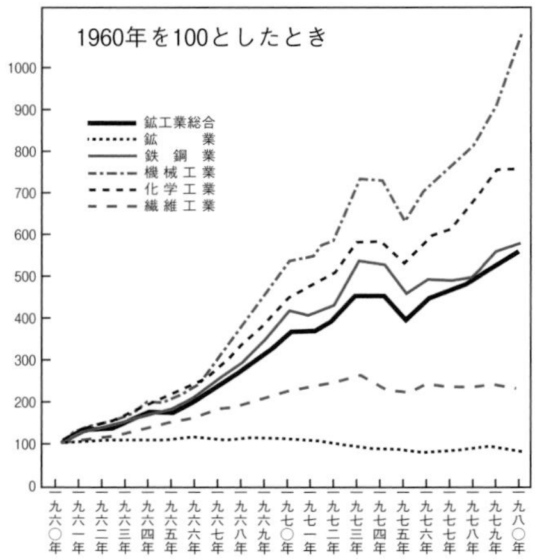

石油危機

第一次石油危機とは、第４次中東戦争をきっかけとして1973年から始まった、原油価格の高騰とそれによる経済的混乱のことである。エネルギーの大部分を原油にたよっていた日本は深刻な打撃を受けた。イラン革命をきっかけとしておこった1979年の第二次石油危機では、日本はそれほど深刻な影響を受けなかった。

バブル景気

「平成景気」「円高景気」ともいう。1986年12月から1991年２月にかけて51か月にわたって続いた景気の拡大のことである。この好景気の中で、円高による資金蓄積は、各企業のさかんな設備投資をもたらした。また、不動産投資もきわめて活発になり、それが、バブル崩壊後の不良債権問題の大きな原因になった。

人名さくいん

本書では、日本の歴史をつくりあげた重要人物60人を取りあつかっています。しかし、60人だけで日本の歴史がつくられてきたわけではありません。多くのライバルや協力者、仲間などとの関係があって歴史は動いてきたのです。ここには、重要人物60人のほかにもこの本に出てくる多くの歴史人物の登場ページをのせてあります。

人物名が太字になっているものは、本文であつかっている重要人物60人とその関連人物をあらわします。また、ページ数が太字になっているところがその人物のメイン解説ページです。

あ行

か行

さ行

た行

な行

は行

ま行

や行

ら行

わ行

【資料提供・協力】

飛鳥園
生駒市教育委員会
AFP 通信
延暦寺
大阪市文化財協会
大阪大学湯川記念室
神奈川県立歴史博物館
九州大学附属図書館
共同通信社
宮内庁正倉院
久能山東照宮博物館
国立国会図書館
ColBase
金剛峯寺
埼玉県立さきたま史跡の博物館
滋賀県立琵琶湖文化館
時事通信社
慈照寺
渋沢史料館
清浄光寺(遊行寺)
仙台市立博物館
艸藝社
太宰府天満宮
中尊寺
鶴岡八幡宮
DNP アートコミュニケーションズ
ドイツ通信社
東京国立博物館
東京都立中央図書館
唐招提寺
東大寺
長崎歴史文化博物館
長浜城歴史博物館
奈良県ビジターズビューロー
新潟県立文書館
林原美術館
PIXTA
平等院
文化庁
法隆寺
毎日新聞社
松本市立博物館
薬師寺
悠工房
郵政博物館
立石寺
ロイター
鹿苑寺
早稲田大学

【表紙デザイン】

長田年伸

【イラスト】

堀坂文雄